내부고발자 그 의로운 도전

| 박흥식 · 이지문 · 이재일 지음 |

한울
아카데미

차 례

추천사 5

책을 내며 9

제1장 내부고발자, 그들은 누구인가 … 17

1 내부고발을 했던 사람들 · 18

2 조직의 보복, 그러나 사회는 응원한다 · 47

3 내부고발자와의 대화: 경험과 고백 · 57

제2장 내부고발자의 고난과 시련 … 71

1 내부고발의 결정과 위험: 무엇이 문제인가 · 72

2 성공적인 내부고발을 위한 가이드라인: 진실의 싸움 · 96

3 법적 보호, 얼마나 충분하고 믿을 만한가 · 99

4 대비, 또 대비 · 103

제3장 자기보호 전략과 방법 … 109

1 단계별 자기보호 전략과 방법: 20개 가이드라인 · 110

2 1단계: 불법 또는 비윤리적 행위 인식 · 113

3 2단계: 신고 결정 및 이행 · 136

4 3단계: 신고 이후 · 169

제4장 한국의 보호 · 보상제도와 사례 ··· 201
1 한국의 보호 · 보상제도 · 202
2 부패방지 및 국민권익위원회의 설치와 운영에 관한 법률(권익위법) · 203
3 공익신고자 보호법 · 223

제5장 교훈과 과제 ··· 237
1 내부고발이라는 희망 · 238
2 보호의 노력 · 243

제6장 미래의 내부고발자를 위하여 ··· 247
1 내부고발, 정직과 진실의 역사를 쓰다 · 248
2 마치며 · 253

참고문헌 257
찾아보기 260
부록: 관련 기관 및 단체 268

추천사

이 책은 이론과 실천 면에서 각각 우리나라 공익제보의 역사를 대표한다고 해도 무방할 필자들이 자신들이 직접 경험한 공익제보자들의 꿈과 현실, 그리고 미래를 진솔하게 정리한 글이다. 공익제보자들의 사례를 분석하고 그들의 육성을 통해 공익제보 이전과 이후의 솔직한 심경을 채록해 놓았으니 이런 유의 글로는 우리나라에서 처음이고 가히 '공익제보자 실록'이라고도 할 만하다.

공익제보의 역사를 돌이켜보면 공익제보자들의 고고한 꿈 그리고 공익제보 후 대중의 열렬한 찬사에도 불구하고 삶의 현장에서 그들이 맞닥뜨리는 현실은 이상이 높을수록, 찬사가 화려할수록 그에 반비례하여 실망스럽다고 하지 않을 수 없다. 실망스럽다는 표현만으로는 부족하며 사실은 '비참하다'고 해야 엇비슷하다고 생각되고 때에 따라서는 '처절하다'는 표현이 딱 들어맞는 상황도 있다. 오랜 시간 번민 끝에 힘들게 제보를 했는데 사건 처리 수준은 기대에 못 미치는 데 반해, 제보의 반작용으로 자신의 삶이 위태로워진 경우가 대부분이다. 그럼에도 불구하고 이들은 다시 같은 상황을 맞닥뜨리게 된다면 그때도 제보를 할 수밖에 없을 것이라고 한다. 공익제보는 이처럼 '순교'와 비슷한 양상을 띤다.

하극상의 모양새를 띠는 공익제보의 특성상 동서양을 막론하고 공익제보자는 곤경에 처하는 것이 공통된 특징이라 할 수 있다. 그러나 우리나라에서의 현실은 유독 더 심각하다. 이른바 '의리'라 불리는 소집단 중심주의가 대중에게 더욱 강력한 행동의 동기가 되기 때문이다. 물론 '의리' 그 자체는 악이 아니라 집단을 조직하고 단결시키는 기초적인 행동원리일 뿐이다. 그러나 공공의 이익을 위해 사적 이익이 양보되어야 할 상황에서 의리라는 이름이 소집단의 이기적 사익 추구를 합리화하는 도구로 전락할 때 공적 가치는 희생된다. '의리의 남용'이라고나 할까. 공익제보자가 전체 사회의 이익을 위해 자기희생적 고발을 했음에도 자기 조직으로부터는 배신자로 낙인찍히는 이유가 여기에 있다. 자신의 조직이 아닌 다른 곳에서 내부고발이 발생하면 손뼉을 치지만, 자기 기관에서 나오면 반기지 않는 우리 사회의 이중적 의식구조, 그리고 관피아니 해피아니 철피아니 하는 소집단 이기주의를 비판하지만, 막상 자신이 그 일원이 되면 오히려 이에 영합하고 편승하는 행태가 습관처럼 굳어버린 것이 현실이다. 공공의 이익을 뒷전으로 팽개친 채 살아온 불행한 역사를 생각하면 그런 현상이 이해되지 않는 것도 아니다. 그러나 첨단의 기술문명의 혜택을 누리는 오늘날에도 이러한 어두운 유산을 청산하지 못하고 있으니 참으로 안타까운 일이다.

이 책에 쓰인 대로라면 우리 사회는 아직은 제도 따로, 의식 따로인 상태이다. 국민권익위원회 담당자는 신고 사건 처리 중 피신고자 조사를 진행하다 보면, 대부분의 피신고자가 자신의 부패행위에 대한 조치나 처벌에 관해서가 아니라 신고자가 누구인지를 먼저 묻는다고 한다. 심지어 본인의 잘못을 순순히 인정하는 피신고자들도 그렇게 한다고 한다. 신고자를 색출해 조직에서 제거하고야 말겠다는 굳은 결심이 느껴지지 않는가? 공익제보를 조직을 파괴하는 행위로만 인식하는 이러한 현실은 가히 우리 사회의 소집단 이기주의가 얼마나 뿌리 깊은지 짐작하게 한다.

이 책은 이런 척박한 현실을 고려해 공익제보를 고려하는 잠재적 공익제보자들에게 너무 안이하게 생각하지 말라고 경고한다. 억만금을 갖기 전에는 공익제보를 생각지도 말라는 경험자의 억지스러운 충고도 소개한다. 조직·자금으로 무장한 골리앗을 상대로 단기필마(單騎匹馬)로 수년간 송사를 벌일 것도 각오하라고 한다. 다행히 자리를 지킨다 해도 주위 동료들로부터 냉소와 무시를 당하며 인간적인 모멸감을 느끼게 되는 등 이른바 '왕따'를 견뎌야 하고, 과거 쌓아온 모든 인간관계 전체가 일시에 파탄 날 것을 예상하라 한다. 잠재적 공익제보자는 섣불리 자신을 드러내기 이전에 주도면밀하게 증거를 모으고, 믿을 수 있는 동료와 상의하여 자신이 '오버'하는 것은 아닌지 확인하고 점검하며, 전문가를 찾아 최악의 상황에 대비하라고 한다.

이 책은 그간의 성과에 자족하는 정책 당국의 자만에도 일침을 가한다. 법과 제도로 규율할 수 없는 일상적인 대인관계에서 공익제보자들이 더 큰 고통을 받고 있기 때문이다. 지금과 같은 수준의 법과 제도만으로는 공익제보자를 보호하기에 턱없이 부족하다는 것이다. 진정 '국가 개조'를 고려한다면 어렵게 생각할 것 없이 도덕적 행동의 표상이라 할 수 있는 공익제보자들을 우대하는 정책부터 시행할 일이다. 오늘날 우리 사회에서 가장 결핍된 것이 공공의 윤리인데, 공익제보자들은 그러한 공공의 윤리를 몸소 실천한 비타민과 같은 존재이기 때문이다. 이순신 장군이 상관의 지시를 거부하면서 "관아의 오동나무는 나라의 것"이라고 외쳤던 그 결기로 그들이 좌고우면하지 않고 나아갈 때, 대중은 무심코 저지르는 자신의 처신을 새삼 되돌아볼 것이다.

오랜 굴곡진 역사에서 형성된 사회의 도덕 수준이 일만으로 쉽게 변하지는 않을 것이다. 그럼에도 우리는 계속 외쳐야 한다. 이 책이 보여주는 공익제보자들의 경험이 소집단 이기주의에 포획된 우리 사회를 구원해내는 양약(良藥)이 되기를 진심으로 기원한다.

김창준(변호사, 전 참여연대 공익제보지원센터 소장)

책을 내며

이 책은 내부고발자의 도전과 성취, 고난과 시련, 그리고 자기보호를 위한 전략과 방법을 제시한다. 내부고발은 개인이 양심의 목소리에 귀 기울여 용기를 낸 것이고, 사회를 위한 것이며, 자신이 속한 조직의 이익보다 사회 전체의 이익과 안녕을 위한 것이다. 시민이 주권자로서 범죄행위를 발견하면 신고하고, 국가기관에 사실대로 진술하고 증언해야 하는 것은 납세자의 의무이며, 공직자에게는 당연한 본분이자 책임이다. 따라서 특별한 것도 아니고, 누구 눈치를 볼 일도 아니며, 직장에서 뿌리 뽑히고 배척될 일은 더더욱 아니다. 하지만 현실은 그렇지 못하다. 불법과 비윤리적 행위를 거부하고 신고에 나서는 것인데도 당사자는 오히려 희생을 감수해야 한다. 흔히 내부고발자를 가리켜 '칭송받지 못한 영웅(unsung hero)'이라고 부른다. 사회적 선을 위한 전쟁에서 리더십을 발휘하고 상처를 입은 영웅이지만, 정작 찬양이나 칭송은 받지 못하는 사람이라는 뜻이다. 내부고발이란 이선제악(以善制惡), 즉 선의 의지로 악을 다스리는 것이다. 그래서 보호가 필요하다. 이것은 건강한 사회의 구축, 사회의 불건전성을 덜어내는 데 선한 세력을 중심에 두자는 것이다. 올바르고 도덕적인 세력이 자신의 이익을 위해 비양심적인 행동을 서슴지 않고 사회를 위험에 빠뜨리는 나쁜 사람들을 밀어내도록 도와서, 사회적 선의 균형과 회복을 이루어야 한다. 이는 악화가 양화를 구축하는 사회에서 옳지 못한 것을 보고 바로잡고자 나선 사람이 오히려 화를 당하는 일이 없도록 보호하는 것으로부터 시작될 수 있다. 그것은 잘못된 곳에서 바른 곳으로, 비정상에서 정상으로 가는 길이다.

내부고발자를 보호하는 법률이 시행된 지 10년이나 지났다. 하지만 현실은 애초에 기대했던 바와 거리가 멀기만 하다. 법을 통해 내부고발자를 보호한 사례도 있지만, 내부고발자가 적절하고 충분하게 보호받지 못하고 있다는 소식 역시 끊임없이 들려온다. 사회가 법을 만든 단계까지는 왔으나 그 법이 깊이가 얕고 폭이 좁아 필요한 보호를 제공하는 데 사실상 역부족인 까닭이다. 사회 구성원 역시 이들을 진정으로 끌어안는 학습과 노력이 부족하다. 직장인들은 대부분 사회 전체의 건강이나 안전을 위협하는 문제를 알게 되더라도 그것을 고발하는 일이 자신의 조직 또는 동료에게 피해가 간다고 생각하면 문제를 묵인하거나 고발을 주저하게 된다. 법과 더불어 사회적 인식과 태도의 변화가 절실한 때이다. 국가의 품격을 생각한다면, 그리고 일류 국가를 꿈꾼다면, 구성원이 먼저 사회 전체에 대한 자신의 책임과 의무를 다하는 학습이 필요하다. 내부고발에 대한 법적 보호 수준이나 사회의 태도 변화가 부족한 만큼, 내부고발자도 스스로 보호받고 살아남기 위해 해야 할 일이 많다. 내부고발은 의로운 일이지만, 내부고발자는 자신의 도전과 성취에 앞서 자신을 보호하기 위한 준비도 함께 하지 않으면 안 된다. 이 책의 집필은 필자들의 이러한 인식과 의도, 소망에 기초한 것이다.

내부고발자의 도전과 성취, 시련, 자기보호에 관한 책은 그 절실한 필요 때문에 몇 해 전부터 계획되었으나, 번번이 결심만 확인했을 뿐 구체적 방법을 찾지 못한 채 시간만 허비했다. 그러는 사이 최근 10년간 세계적으로 내부고발에 관한 책들은 100권도 넘게 출간되었다. 근래에는 탐 디바인(Tom Devine)과 태렉 마사라니(Tarek Maassarani)의 『기업 내부고발자 가이드북(The Corporate Whistleblower's Survival Guide: A Handbook for Committing the Truth)』(2012)과 스티븐 콘(Stephen Kohn)의 『내부고발자 핸드북(The Whistleblower's Handbook: A Step-by-step Guide to Doing What's Right and Protecting Yourself)』(2011)이라는 책이 발간되어 내부에서 발생한 문제를 세상에 알리려는 사람들에게 필독서가 되고 있다.

이 두 권의 책을 놓고 보면 금세 여러 공통점이 눈에 들어온다. 먼저 하나는 두 권 모두 내부고발자 보호 NGO 전문가들이, 그것도 자신의 일평생을 내부고발자 보호에 바쳐온 사람들이 쓴 책이라는 점이다. 전자는 미국의 대표적인 내부고발자 보호 NGO인 '정부책임프로젝트(Government Accountability Project: GAP)'의 법률담당이사(legal director)인 디바인 등이 쓴 것이고, 후자는 미국의 또 다른 내부고발자 보호 NGO인 '전국내부고발자센터(National Whistleblower Center)'의 상임이사(executive director)인 스티븐 콘이 쓴 것이다. 특히 GAP은 전 세계 내부고발자 NGO 가운데서도 역사가 가장 오래된 곳으로, 미국 연방공무원법에 내부고발자를 보호하는 법 조항이 포함되기도 전인 1975년에 세워졌다. 디바인과 콘 둘 다 워싱턴 D.C.에서 활동하는 변호사이고, 물경 30년 이상 내부고발자들의 법적 보호에 몸담아온 사람들이다. 내부고발자 보호에 대한 사회적 필요성을 일찍부터 알아보고, 오랜 시간 법적·제도적 보호의 필요와 논리를 제공했고, 미국의 내부고발자 법적 보호체계의 구성과 개발 및 보완 작업에 두루 참여했다. 내부고발자 법적 보호의 발전 과정을 지켜본 사람들이라고도 할 수 있을 것이다.

두 권의 또 다른, 그리고 가장 중요하다고 할 수 있는 공통된 특징은 필자가 직접 목격하고 경험한 다양한 사례, 내부고발자들의 생생한 경험, 교훈에 바탕을 둔 것이라는 점이다. 디바인과 마사라니의 책은 기업 내부고발자의 생존 방법에 관한 것으로, 비록 글자 크기가 크긴 하나 무려 524페이지에 달하는 방대한 내용을 담고 있다. 콘의 것도 분량이 332페이지이다. 그만큼 경험과 할 말이 많다는 뜻도 될 것이다. 내부고발을 하려는 이들에게 가장 도움이 되는 것은 다른 사람들의 경험이다. 두 책 모두 풍부한 사례를 담고 있는 것이 장점으로, 내부고발을 했던 사람들이 어떻게 조직의 보복에 대응했는지, 그리고 어떻게 보호받을 수 있었고, 또는 왜 보호받지 못했는지에 관해 다양한 경험과 교훈을 제공한다. 하지만 두 책의 한계라면, 이들의 설명이 어디까지나 미국의 내부고발자들을 위한 것이어서 한국의 사정에 딱 들어맞지는 않는다는 것이다.

한국 사회에도 그간 많은 내부고발 사례가 축적되어왔다. 그런데 안타깝게도 한국 사회에서 내부고발자는 옳은 일을 하고도 무방비 상태로 고난을 당하는 상징과도 같은 존재였다. 그럼에도 우리에게는 앞서 말한 것과 같은 책은 없었다. 내부고발을 직접 경험했던 사람들의 아픈 교훈을 듣고 싶으나, 그들을 중심에 둔 책은 일찍이 없었다. 그래서 진실을 말함으로써 오히려 혹독한 대가를 치렀던 내부고발 경험자들의 경고나 조언, 충고를 채집하고 체계적으로 정리해 책으로 만듦으로써, 조직의 불법이나 부도덕한 것을 발견하고 이를 세상에 어떻게 알릴 것인지를 고민하거나 실행을 준비하는 사람들에게 조금이나마 도움이 되었으면 하는 바람으로 집필을 시작했다. 이에 따라 책 내용도 이들이 반드시 알고 있어야 하고, 가장 궁금해 할 것으로 생각되는 것들로 구성했다. 이론이나 규범적 주장은 가급적 빼고, 내용을 대부분 생생한 경험의 목소리로 채웠다. 내부고발을 할 때 맞닥뜨릴지도 모르는 위험이나 불이익은 무엇인지, 어떻게 하면 이를 비켜 가거나 불이익을 조금이라도 적게 받으면서 기대했던 것을 온전히 이루어낼 수 있을 것인지, 무엇을 어떻게 준비할지 등에 관해 기술했다.

우리는 먼저 내부고발자의 의로운 도전과 이를 통해 어떠한 성취가 있었는지를 정리했다. 이어서 내부고발을 준비하는 사람들이 혹시 만나게 될지 모르는 상황의 엄중함에 초점을 맞추어, 내부고발을 직접 결행했던 33명의 내부고발자들로부터 경험과 자기보호에 관한 조언을 듣고, 지난 20년 넘게 내부고발자의 법적 보호, 사회적 지원을 맡아왔던 7명의 전문가들(변호사, 보건학 박사, 노무사, 조사관, 연구자, NGO 운동가 등)의 다양한 참고 의견도 모았다. 그리고 이를 스무 가지 어드바이스로 정리했다. 이에 더해 최근 관련 연구 결과도 살피고 인용하면서, 이론적 경향, 보호 방향과 전망도 함께 언급했지만, 기본적으로 이 책은 그간 내부고발을 했던 분들의 도전과 성취, 이들을 보호하기 위해 헌신하고 애썼던 모든 사람들의 지식과 지혜, 권고와 충고, 애타는 아쉬움과 교훈을 함께 엮은 것이다.

초고 집필을 끝낸 후, 원고에서 언급된 조언을 중심으로 워크숍도 하면서 내용을 더 탄탄하게 다듬었다. 이 책은 이러한 의미에서 집합적 노력의 산물이고, 내부고발로 갈등하고 고민하는 많은 이들을 위한 충고이자 자문이 될 것이다. 독자들은 이 책을 읽는 동안 이곳에서 역사의 살바를 잡고 분투했던 사람들의 도전과 성취의 기록, 육성 증언, 언뜻언뜻 어둠의 켜를 걷어내면서 우리 사회가 해결해야 할 화두를 잡고 밝은 곳으로 견인해내려고 도전에 나섰던 이들의 고통과 희생, 절망과 고달픔, 그리고 희망도 함께 보게 될 것이다.

이 책은 많은 분의 격려와 땀, 노고, 배려의 산물이다. 원고를 집필하는 동안 많은 분에게서 격려와 물질적·정신적 지원을 받았다. 그분들의 뜻을 기리자면 한 분 한 분 소개해야 하나, 그 수많은 이름을 모두 낱낱이 밝히기가 마땅치 않아 그러하지 못하는 것에 대해 너그러운 이해를 부탁드린다. 누구보다 이 책이 완성되는 데 가장 큰 공헌을 한 것은 내부고발을 했던 분들이다. 그분들은 우리의 어려운 부탁에 직접 자신들의 가슴 떨리는 경험을 하나하나 기억해내어 조언과 교훈을 제공해주셨다. 이 책에 담긴 내부고발자의 생생한 경험에 근거한 육성 증언은 모두 이러한 배려에 힘입은 것이다. 이것은 우리 사회가 내부고발자들을 끌어안지 못하는 동안 그들이 홀로 시련을 감내하면서 내었던 고통의 신음이며, 사회의 성장통이고, 우리 사회가 아직 풀지 못한 숙제이다. 필자들이 집필하는 동안 만났던 내부고발자들은 모두 강직하고, 자신의 조직과 직업에 헌신적이며, 우리 사회의 건강과 발전을 위해 힘든 일을 자청하고 나섰던 사람들이다. 우리는 정답을 준비해 시작한 것도 아니었던 터라, 그들의 말 하나하나를 존중할 뿐, 어떤 가상적 상황 구성이나 섣부른 판단, 자의적 해석 등으로 본의를 훼손하지 않고자 했다. 이것은 이 책을 집필한 의도에 관한 것이기도 하고, 틀림없이 고집했던 집필 방식이다. 그 모든 것을 떠나 우리가 내부고발을 감행했던 분들의 협조와 지원을 받을 수 있었던 것은 특권이자 영광이며 기쁨이었다. 그래서 특별히 감사를 표하지 않을 수 없다. 모든 것이 그분들로부터 시작될 수 있었던 까닭이다.

김창준 변호사는 20년 넘게 내부고발자에 대한 법적 지원을 통해 내부고발을 생각하는 사람들이 준비 부족 또는 부주의로 불이익을 당하지 않도록 돕는 여러 가지 방법을 찾아왔고, 우리가 내부고발자들의 도전과 성취, 시련, 자기보호 등에 관한 책을 내겠다고 했을 때, 내부고발자의 직접 경험과 육성 어드바이스를 중심에 둔 책을 만들어볼 것을 권했다. 국민권익위원회 김기선 과장(전 국제교류담당관)은 미국의 내부고발자 보호 NGO인 GAP과 영국의 내부고발자 보호 NGO인 '직장과 공적 관심(Public Concern at Work: PCaW)'으로부터 자국의 내부고발자 보호 노하우, 경험과 교훈에 관한 원고를 받도록 도와주었다. 덕분에 GAP의 법률담당이사인 디바인과 PCaW의 사무총장(chief executive)인 변호사 캐시 제임스(Cathy James)에게서 원고를 받아 이 책의 어드바이스 일부로 넣을 수 있었고, 나아가 이 책의 내용을 더욱 내실 있고 탄탄하게 채울 수 있었다. 이에 깊은 감사를 표한다.

국민권익위원회 소속 이상범 과장, 박정만 조사관, 김영수 조사관, 그리고 현준희 전 감사원 직원, '공익제보자와 함께하는 모임' 김용환 대표, 참여연대 공익제보지원센터 소장 신광식 박사, 이상희 변호사, 이철재 노무사, 명광복 서울특별시 공익제보위원회 팀장, 서울대학교 이근영 박사, 고려대학교 정부학연구소 장용진 박사는 우리가 내부고발자를 어떻게 도울 것인가를 주제로 워크숍을 열었을 때, 다들 바쁜 시간에도 기꺼이 참석하여 내부고발자 보호와 관련한 전문지식과 경험, 아이디어를 보태주었다.

우리가 이 책을 집필하는 동안 가장 어려웠던 관문은 내부고발을 하신 분들로부터 육성 어드바이스와 더불어 설문을 받는 것이었다. 참여연대 공익제보지원센터 선임간사였던 명광복 팀장과 한국공익신고지원센터 사무국장이었던 정진극 호루라기재단 사무차장은 우리가 이러한 작업을 하는 동안 직접 참여해 힘을 보탰고, 우리의 집필 작업은 덕분에 큰 탄력을 받을 수 있었다. 특별히 이름을 적어 감사를 드리고자 한다. 진기양, 김은실, 박건우, 김효열 조교는 전문가들의 자문, 내부고발을 하신 분들로부터 어드바이스 원고를 모으고, 설문을 코딩하고 몇 차례에 걸쳐 교정도 보았다. 또한 한국연구재단은 우리의 뜻을 평가해 연구비를 지원했고, 도서출판 한울은 겉장, 면지를 고르고 신선하고 품위 있는 색채와 도안으로 장정을 꾸몄다. 이 모든 분들에게 감사 인사를 전한다. 이러한 분들의 도움으로 이 책은 세상에 나올 수 있었다.

이 책의 두 공저자에 관해서는 특별한 소개가 필요하다. 이지문 씨는 군 부재자투표 부정을 고발했고, 이재일 씨는 국책연구기관의 연구원으로서 출장비 횡령 실태를 고발했다. 이분들이 집필에 참여한 덕분에 이 책은 교과서 형식에 빠지지 않았고, 현실에 곧바로 천착할 수 있게 되었으며, 구성도 탄탄해질 수 있었다. 또한 독자들에게 진정성과 호소력도 갖게 되었다.

우리는 이 책을 통해 내부고발자의 사회적 기여, 중요성이 아직도 미흡하게 평가되고 있다는 안타까움, 그 의로운 도전에도 불구하고 참을 수 없는 고통을 당하고 있음을 언급하고자 했다. 내부고발이 누구로부터의 비난을 감수해야 할 일이 결코 아님을 함께 깨달을 수 있는 기회가 되기를 바랐고, 무엇보다 우리가 더 안전하고 편안하고 자유롭고 품위 있게 살 수 있는 길이 거기에 있음을 전하고 싶었다. 누군가 부패에 맞서고 곤경에 처하는 일은 이 땅에서 더 이상 일어나지 말아야 한다. 막연히 신고하면 보호받을 수 있을 것이라는 기대감보다는 철저한 준비가 요구된다는 점을 알려, 혹시라도 누군가 선(善)의 의지 하나만 믿고 나섰다가 불이익을 당하는 일이 있어서는 안 된다고 말하고 싶었다.

우리는 내부고발을 한 분들의 의지가 건강한 사회의 중심축을 이루어 가는 날을 꿈꾼다. 법을 지키며 양심에 따라 사는 사람들을 세상의 중심에 두고 싶다. 우리의 뜻이 이러함에도 불구하고, 부족한 것, 독자들에게 불편함을 주는 것이 있다면 이는 온전히 필자인 우리의 몫이다.

2014년 11월을 마무리하는 날

필자들을 대표하여

박홍식

제 1 장

내부고발자,
그들은 누구인가

1 내부고발을 했던 사람들

내부고발자는 공공선(公共善)을 목적으로, 자신의 희생과 불이익을 감수하면서 진실을 말함으로써 재난을 막고 사회를 위험으로부터 구하고자 한 사람이다. 다시 말해, 스스로 나서서 불법과 부정에 맞선 사람이다. 그래서 우리는 이들을 '진실을 밝히고자 했던 용기 있는 사람', '양심적인 사람', '정직한 사람'이라 부른다. 이들의 행동은 공직자로서, 기업의 직원으로서, 전문가로서, 자신의 직업윤리에 기초한 것일 수도 있고, 다음 세대를 향한 책임 또는 의지에 따른 것일 수도 있으며, 부모로서 자녀의 안전을 위한 것, 아니면 한 인간으로서 종교적 믿음이나 개인의 양심에 충실하고자 했던 것일 수도 있다. 공직자라면 의무이고, 시민이라면 책임일 터이다. 하지만 조직이나 상관은 단지 이들의 고발이 자신의 이익이나 권위에 대한 도전이라는 생각에 온갖 수단과 방법을 동원해 밀어내고, 그 결과 이 '어 퓨 굿 멘(a few good men)'은 일자리를 잃는다. 어떤 사람은 이들을 두고 '뿌리가 뽑힌다'고도 한다. 사실 보통 사람들의 태도는 자주

이율배반적이다. 불의에 맞선 그들의 용감한 행동과 그에 따르는 희생을 보며 칭송하면서도, 막상 자신 또는 자신이 속한 조직에 관련된 문제가 되면 나서기를 꺼리고 어떤 직접적 언급을 하는 것마저 주저하곤 한다. 내부고발이 필요하다고 하고 누군가 나서주기를 바라면서도 막상 자신에게 일이 닥치면 자신이 아닌 특별한 사람만이 할 수 있는 행동쯤으로 치부하고, 편견에 사로잡힌 사람들은 심한 경우 내부고발자를 '배신자'라 하면서 조롱이나 손가락질도 서슴지 않는다. 하지만 이러한 현실에서도 그동안 내부고발에 나선 사람은 적지 않았다. 그들 중 일부를 소개한다.•

1'1 이문옥 감사관의 감사원 감사 비리 고발

≪한겨레신문≫은 1990년 5월 11일 및 12일 자에서 "23개 재벌 계열사의 비업무용 부동산 보유 비율이 43%로 드러났는데도, 업계의 로비에 따라 상부의 지시로 감사원 감사가 중단되었음"을 폭로했다. 이문옥 감사관은 이러한 보도가 자신의 제보에 의한 것임을 감사원 측에 스스로 밝혔고, 감사원은 이 감사관에게 잘못을 시인하는 각서의 작성과 사표를 낼 것을 종용했다. 대검찰청 중앙수사부는 이 감사관이 실제 내용과 크게 다른 자료를 언론기관에 유출해 정부의 공신력을 떨어뜨렸다는 사유로 공무상 비밀누설죄를 적용해 구속했고, 감사원은 이 감사관이 문책성 인사에 대한 반발로 누설했다는 등 서울특별시와 함께 관련 사실을 부인하고

• 여기에서 소개하는 사례는 내부고발자들 가운데 이번 설문 및 인터뷰에 참여해주신 분들의 관련 자료를 토대로 정리한 것이다. 소개 순서는 내부고발을 한 시기를 기준으로 했다. 실명 및 익명 여부에 대한 논의 끝에 이분들의 행적을 기리는 차원과 기존 자료에 실명으로 표시되어 있다는 점을 고려해 실명으로 기재했다. 이지문(2010), 호루라기재단(2013), 참여연대(2012, 2013)를 참고했으며, 자료에 없는 내용은 당사자와의 인터뷰를 통해 요약했다.

석연찮은 해명을 내놓으며 동기의 순수성을 훼손하는 행위로 일관했다. 이 감사관은 구속 적부 청구심에서 8대 의혹을 추가로 고발했고, 이 내용 중 상당 부분이 잇따라 사실 또는 사실에 가까운 내용으로 밝혀짐에 따라 정경유착에 대한 세간의 의심이 사실로 판명되면서 사회에 큰 파문을 일으켰다. 그러나 이 감사관은 구속과 파면 처분을 받았으며, 그 후 6년에 걸친 긴 법정투쟁 끝에 1996년 4월 대법원으로부터 공무상 비밀누설죄 부분에 대해 이 감사관이 고발한 내용은 상당한 근거에 바탕을 둔 것으로서 직무상 얻은 비밀로 볼 수 없으며, 당시 부동산 투기 문제가 심각했던 상황에서 국민의 알 권리 등에 비추어 볼 때 이를 공개하는 것이 정부나 국민에게 이익이 된다면서 무죄 확정 판결을 내렸다. 또한 이 감사관은 같은 해 10월 파면 처분 취소 청구소송에서도 승소하여 감사원으로 복직해 감사교육원 교수로 근무하다가 지난 1999년에 정년퇴직했다.

1'2 윤석양 이병의 국군보안사령부 민간인 사찰 고발

국군보안사령부(이하 보안사) 서빙고 분실에서 근무하던 윤석양 이병은 1990년 10월 4일 한국기독교교회협의회 인권위원회 사무실에서 열린 기자회견에서, 보안사가 당시 김대중 평화민주당 총재, 김영삼 민주자유당 최고위원, 김수환 추기경 등 약 1,300여 명의 민간인을 대상으로 불법적인 사찰 활동을 하고 있다는 내용을 고발했다. 앞서 윤 이병은 대학 4학년 재학 중 학생운동과 관련해 제적당했고, 군 복무 중이던 1990년 7월 혁명적 노동자계급투쟁동맹(혁노맹) 사건 피의자로 보안사에 연행되었다. 그는 '프락치'로 일하라는 강압적인 권유에 '수사 협조'를 하기 시작했고, 양심의 가책을 느끼던 중 보안사 서빙고 분실에 있던 자료를 가지고 탈출했다. 그는 동향 파악 대상자 색인표, 개인 신상 서류철, 컴퓨터 디스

켓을 증거로 제시했으나, 국방부는 그가 제시한 민간인 사찰의 명백한 증거들에 대해 "전시나 계엄령이 선포된 때에 대비하여 적 또는 불순세력으로부터 대상자들을 보호 및 차단"하기 위한 자료라고 해명했다. 또한 일개 이등병이 나라를 뒤흔드는 사태를 개탄하면서, 운동권 세력과 연대한 행위로 치부하며 그 동기를 비난했다. 그러나 여론이 악화되자 국방부는 고발 내용이 사실임을 결국 시인했으며, 장관과 보안사령관은 해임되었다. 이후 보안사는 기무사로 개명했다. 윤 이병은 기자회견 후 특수군무이탈 혐의로 수배되었다가 2년 만인 1992년 9월에 체포되어 이듬해 군사법부에서 2년의 실형을 선고받고 공주교도소에서 만기 복역 후 1994년 출소했다. 1998년 대법원은 보안사의 사찰 대상자였던 145명이 국가를 상대로 낸 손해배상 청구소송 상고심에서 국가의 상고를 기각하고, "국가는 원고들에게 각각 200만 원 내외의 위자료를 지급하라"라며 원고 승소 판결을 내린 원심을 확정했다.

1'3 이지문 중위의 군 부재자투표 부정 고발

육군 9사단 이지문 중위는 1992년 3월 22일 공명선거실천시민운동협의회(이하 공선협)에서 기자회견을 통해, 제14대 국회의원 선거 군 부재자투표 과정에서 공개투표, 대리투표와 여당 지지 정신교육이 있었다는 사실을 공개했다. 국방부는 이 중위를 근무지역 무단이탈로 구속했다. 또한 해당 부대 장교와 사병 500여 명을 대상으로 조사한 결과 이 중위의 증언이 허위였다고 발표했다. 이 중위가 좌익 운동 세력과 연계되어 있다며 고발 동기에 대해서도 비난했다. 그러나 현역 군인 200여 명이 공선협과 언론사 등에 익명으로 군 부재자투표 부정에 관해 제보하고, 특히 통신사령부의 이 모 일병이 추가로 관련 사실을 고발하자, 국방부는 여당 지지

정신교육과 대리투표 행위가 실제 몇몇 부대에서 있었음을 인정하지 않을 수 없었다. 이 중위는 그 후 기소유예로 석방되고 이등병으로 파면 조치되었으나, 3년간 법정투쟁을 벌이는 동안 전역 군인들이 이 중위의 고발 내용이 사실임을 입증해줌으로써 1995년 2월 대법원으로부터 파면 처분 취소 확정 판결을 받아 중위 신분을 회복하고 명예전역을 했다. 그의 고발 이후 국방부는 투표제도를 개선했다. 군 부재자투표 장소를 영외로 바꾸고 1992년 12월 대통령선거부터 이를 시행하면서 군 부정선거 시비가 사라지는 계기가 되었다. 이 중위는 이후 제4대 서울특별시 의원에 당선되어 활동했고, 현재는 호루라기재단, 한국공익신고지원센터 등에서 내부공익신고자를 지원하는 활동에 앞장서고 있다.

1'4 현준희 감사원 주사의 감사 비리 고발

감사원 주사 현준희 씨는 1996년 4월, 민주사회를 위한 변호사 모임(이하 민변) 사무실에서 기자회견을 통해, 효산그룹의 콘도 사업 허가 과정에서 발생한 비리를 고발했다. 그에 따르면, 당시 효산그룹은 수도권정비심의위원회를 거치지 않고 경기도 행정심판위원회의 결정으로 사업 허가를 받았고, 그 결과 지가 상승과 부대시설 사업 수익으로 수백억 원대의 부당 이득을 얻은 사실이 확인되었다. 그런데 관련 공무원들에 대한 징계 방침을 확정하고 이들의 예금계좌와 외압 여부 등을 추적하려던 단계에서 갑자기 사건을 다른 국(局)으로 이송하라는 지시를 받았고, 결국 감사가 중단되었다. 청와대에서 압력을 가했기 때문이었다는 것이다. 그의 고발 이후 재조사에 들어갔고, 건설 공사도 취소되었으며, 제일은행이 효산그룹에 특혜성 대출을 해준 사실 등이 밝혀져 현 주사의 주장은 설득력을 얻게 되었다. 검찰은 수사를 통해 당시 청와대 부속실장이 수천만 원을 받았고 김영삼 대통령과 차남 김현철 씨의 측근이 연루되었다는 사실 또한 밝혀냈다. 그러나 감사원은 현 주사가 허위 사실을 폭로해 공직자의 품위와 감사원의 명예를 손상시켰으며 직무상 알게 된 정보를 외부에 누설했다는 이유로 그를 파면했고, 현 주사가 감사 중단 지시자로 지목했던 감사원 간부는 현 주사를 출판물에 의한 명예훼손 혐의로 고소했다. 현 주사는 이 고소 건에 대해 1996년 1심 재판 이후 12년간의 법정투쟁 끝에 2008년 11월 대법원에서 무죄 확정 판결을 받아냈다. 법원은 판결문을 통해 "현 주사의 양심선언은 헌법상 독립적 · 중립적 기관인 감사원의 기능을 공정하게 수행하도록 촉구하고, 공공 이익을 위한 것으로 보기에 충분하다"라고 밝혔다. 하지만 현 주사는 파면 처분 취소소송에서는 재심 청구 끝에 다시 패소하여 복직에는 실패했다.

1'5 청소년 수련원 직원 조성열 씨의 수서청소년수련원 운영 비리 고발

조성열 씨는 수서청소년수련원을 서울시로부터 위탁받아 운영하는 사회복지법인 상희원의 직원으로 참여연대에 비리를 제보했다. 이에 참여연대는 1999년 11월 서울시에 시민감사를 청구했다. 그의 제보에 따르면, 상희원의 이사장은 조 씨 명의의 통장을 개설한 후 4년간 수련원의 체육관, 소극장, 식당 운영과 관련한 수익금 중 일부를 수시로 입출금하여 1억 2,000여 만 원을 조성한 뒤 임의로 사용했고, 수련관에서 운영하는 프로그램 중 일부 운영 수익금을 공식 장부에서 누락하여 약 6,000여 만 원을 별도로 만들어 관리했으며, 수련관 미술원 대관료와 피아노 용역대금을 불법 유용했다. 또한 상희원에 증여된 경남 산청군 소재 고령토 광업권을 상희원 정관 규정에 의한 소정 절차를 거치지 않고 이사장이 공동대표로 있는 농업합자회사에 현물 출자했다. 조 씨는 이러한 비리 과정에 협조하지 않았다는 이유로 해직된 상태였다. 시민감사관은 이사장의 비리 행위와 약 2억 원의 횡령 사실을 밝혀냈고, 적발된 불법 사용 금액에 대한 변상과 수서청소년수련원의 효율적인 운영 방안 강구, 상회원에 대한 허가 취소, 증여받은 광업권의 권리 보전 절차 이행 대책 마련 등을 서울시에 권고했다. 서울시는 수서청소년수련원 위탁 운영법인을 변경하고 이사장 등을 검찰에 고발했으나, 서울중앙지검은 이사장에게 혐의 없음 처분을 내리고 기소하지 않았다. 결국 통장을 만든 조 씨만 공금 횡령 혐의로 기소되어 2001년 11월 25일 서울형사지방법원에서 50만 원 벌금형을 받았다. 조 씨는 중앙노동위원회에서 복직 판정을 받았으나, 소송에서는 패소해 복직에는 실패했다.

1'6 정태원 감리원의 인천신공항 부실시공 고발

인천국제공항터미널 공사 현장에서 3년간 감리원으로 일하던 정태원 씨는 2000년 7월 경제정의실천시민연합(이하 경실련)에서 기자회견을 열고 "인천국제공항공사 감리 과정에서 내화, 불연, 방수 처리 자재를 제대로 사용하지 않는 등 부실 사례와 부적절한 설계 변경이 무더기로 발견되었으나 감리단이 이를 덮어왔다"라고 하면서, 공사 현장의 자재 샘플과 직접 채집한 비디오테이프 등을 증거물로 제시했다. 정 씨는 최우수 감리원으로 선정되기도 했던 사람으로, 시공사 직원들이 부실공사 문제를 지적하는 감리원을 폭행한 사건이 여러 차례 발생하자 2000년 5월 대검찰청 중앙수사부에 관련 자료 일체를 넘겨주고 수사를 요청했다. 하지만 인천국제공항공사와 시공사가 이 사실을 알고 조직적 반발에 나서면서 수사가 제대로 이루어지지 못했고, 오히려 정 씨 등은 집단 따돌림을 당했다. 공사 측에서는 한 감리원의 제보만 믿고 거대한 국책사업을 일방적으로 매도한 데 대해 유감을 표시하면서, 공사 과정에서 부분적으로 발견된 하자에 대해 모두 시정 조치했기 때문에 전체 공정 관리에는 별 문제가 없다고 주장했다. 그러나 여객터미널 방수제 선정 문제로 방수 기능에 결함이 있는 등 부실시공의 문제가 그대로 방치되어 있는 것으로 밝혀졌다. 인천국제공항공사는 정 씨에 대해 명예훼손 혐의로 민·형사소송을 제기했으나, 검찰은 혐의 없음 처분을 했고, 정 씨는 법원 판결에서도 승소할 수 있었다.

1'7 대기업 직원 정국정 씨의 사내 비리 제보

정국정 씨는 LG전자에 취업하여 사내 청년임원회의에 발탁되는 등 적극적이고 열성적으로 직장 생활을 해나가던 컴퓨터 엔지니어였다. 그러던 1996년 11월, 그는 회사 구입 물품이 고가로 매입되고, 그 과정에서 리베이트가 오가는 비리가 있음을 발견하고, 최초 발견 후 회사 본사 감사팀에 이 사실을 제보했다. 그의 이러한 제보에 따라 회사는 구매 담당자와 납품업자를 징계하고 8,500만 원을 회수했다. 하지만 그 후 정 씨는 포상이 아니라 불이익을 당했다. 제보를 익명으로 했으나 익명을 보장받지 못하면서 신분이 드러났던 것이다. 특히 비리 책임자였지만 징계를 받지 않은 실장이 그에게 보복성 불이익을 주기 시작했고, 2년간 승진 대상에서 누락되고, 결국 구조조정 대상이 되어 퇴직을 강요받게 되었다. 회사는 그가 퇴직원 제출을 거부하자 대기 발령을 낸 후, 폭행과 전자메일 ID 몰수, 사물함 회수 등으로 괴롭혔다. 또 그를 따돌릴 것을 지시하는 메일을 사원들에게 발송했다. 이러한 압박을 받던 중 정 씨는 노동위원회에 상담을 받으려고 다녀오던 길에 졸도하여 병원에서 치료를 받게 되었고,

회사는 상사의 업무 지시 불이행, 근무태도 불량, 무단결근 등의 명목으로 2000년 그를 해고했다. 그는 이후 12년에 걸쳐 복직 투쟁을 전개했다. 때로는 이기고 때로는 지다가 2012년 6월 해고 무효 확인 민사소송 상고가 대법원에서 기각되면서 최종 패소했다.

1'8 진웅용 교사의 사립학교 비리 고발

2002년 용화여자고등학교에서 국어교사로 근무하던 진웅용 교사는 학교를 비판한 이유로 퇴학 명령을 받은 학생을 위해 구명 운동을 주도하는 등 학내 비리를 근절하는 데 앞장섰다가 2003년 10월 파면되었다. 당시 학교 측이 내세운 파면 사유는 무단결근, 불성실 수업, 근무시간 중 노조 활동 등 여러 가지였다. 하지만 몇 년 동안 진 교사가 학교 재정 문제 등을 법인과 학교 측에 지속적으로 제기해온 데다 퇴학 학생 구명 운동에 적극 나선 직후 파면되었다는 점에서, 파면은 학교 측의 보복으로 의심되었다. 파면된 이후 진 교사는 서울시 교육청 앞에서 단식농성을 벌이고 학내·외에서 촛불 시위 등을 주도하며 학내 비리를 바로잡기 위해 몇 달 동안 노력했다. 서울시 교육청은 학교 측에 진 교사의 복직을 권고했으나, 재단은 이에 따르지 않았다. 그러나 다시 교육부 결정으로 2004년 진 교사는 복직되었다.

1'9 공무원 이정구 씨의 군수 비리 제보

강원도 고성군청 8급 공무원인 이정구 씨는 2003년 1월 군수가 민원인의 땅을 사들이기 위해 부정한 방법으로 민원인에게 건축 허가를 내주지 않은 사실을 폭로했다. 민원인의 건축을 불허하기 위한 구실을 만들어내고자 서류 위조가 이루어졌다. 건축허가 신청을 반려하기 위해 준도시지역을 준농림지역으로 둔갑시키고 조례에도 없는 해안경관지역을 만드는 식으로 문서를 위·변조했다는 것이다. 이 씨는 군수의 지시를 받고 관련 공무원들이 동조한 사실을 밝히기 위해 서류와 녹취록을 준비하는 등 증거를 수집했다. 민원인의 정보공개 요구를 군청 측이 묵살한 것에 대해 민원인이 제기한 행정심판에서는 민원인 입장을 지지했다. 이 씨는 건축허가 관련 정보에 대한 접근이 원천적으로 차단된 민원인을 위해 건축 불허 처리 과정이 부당함을 증언했지만, 결국 상급 기관인 강원도청이 고성군청의 서류를 정당한 것으로 인정하면서 민원인은 패소했다. 행정심판 이전인 2003년 5월 이 씨는 상경해 부패방지위원회(현 국민권익위원회)에 도움을 요청했다. 군수의 비리를 증언한 군수의 측근과 함께 부패방지위원회를 방문했지만, 군수의 비리 의혹을 조사하겠다던 위원회 직원과 검찰 조사관은 "추후에 꼭 조사할 테니 기다려라"라며 이 씨가 건네준 관련 자료들을 받지 않았다. 아무리 위원회의 연락을 기다려도 소식이 없자, 이 씨는 2004년 1월 양심선언을 한 후 위원회에 자신의 고발 내용을 다시 접수했다. 그러나 위원회는 "조사 권한도 없고 인력도 부족하다"라며 상급 기관인 강원도청에 감사를 이관했고, 결국 강원도청은 행정심판 중이라는 이유로 군수에 대한 감사를 하지 않았다. 그 후 어떤 국가기관도 군수의 부정 의혹을 조사하지 않았다. 해당 군수는 2006년 지방선거에서 재선에 성공했다. 하지만 별건의 건설 관련 뇌물수수 혐의로 징역 5년의 유죄판결을 받았다. 그러는 동안 이 씨는 해임되었으나, 소청심사위원회에서 정직 3개월로 처벌이 완화되면서 공직에 복귀할 수 있었다. 하지만 복직 후 군청이 아닌 면사무소로 발령되는 등 인사상 불이익을 받았다.

1' 10 대한적십자사 직원들의 혈액 관리 부실 고발

2003년 9월 대한적십자사 중앙혈액원 운영과 소속 김용환 씨와 총무과 소속 최덕수 씨는 다른 동료 두 명과 함께 혈액사업본부가 에이즈와 B형·C형 간염, 말라리아 바이러스에 감염된 혈액을 환자 수혈용과 의약품 제조용으로 공공연하게 유통한 사실을 언론에 제보했다. 이들이 오염 혈액 유통 등 적십자사의 부실한 혈액 관리 실태를 공개하게 된 것은 2003년 6월 한 방송사의 '혈액 관리 부실 실태' 취재를 돕게 되면서부터다. 이들은 평소 혈액 관리의 문제점에 관해 적십자사 내부에서 여러 차례 밝히기도 했지만 개선할 조짐이 없자 언론을 통해 실태를 알리기로 결심했다. 그런데 언론에 보도된 후 적십자사는 이들을 찾아내 처벌하고자 했다. 이들은 조직 내의 이러한 움직임에 불안을 느껴, 참여연대의 도움을 받아 부패방지위원회에 같은 내용을 고발했다. 부패방지위원회는 9월 말 적십자사의 부실 혈액 관리 실태를 부패행위로 인정하고 감사원에 조사를 의뢰했다. 감사원 감사와 내부 조사에서, 오염된 혈액을 통해 에이즈에 감염된 사람이 6명, 간염을 얻은 사람이 10명, 말라리아에 감염된 사람도 4명이라는 사실이 확인되었으며, 매독균에 감염된 혈액이 유통된 사실 또한 밝혀졌다. 적십자사는 이런 조사 결과를 확인하고 나서도 한동안 숨겨오다가 일부 언론의 보도로 뒤늦게 인정하기도 했다. 그러나 적십자사가 에이즈 환자 비밀누설 혐의로 이들을 고소하여 2003년 12월 4일 긴급 체포되었다. 하지만 감사원 특별감사를 통해 이들의 제보 내용이 모두 사실이었음이 밝혀져 검찰의 불구속 조치로 풀려났다. 그러나 적십자사는 "언론에 혈액사업에 대한 과장, 왜곡된 내용을 제보해 명예를 실추시키고 근무기강을 문란케 했다"면서 이들을 징계위원회에 회부했다. 하지만 이후 부패방지위원회가 내부고발자로 인정하고 보호해야 한다고 권고하면서 적십자사는 이들에 대한 징계를 철회했다. 이들의 제보로 정부는 혈액의 안전한 관리를 위해 국무총리실 산하에 혈액안전관리개선기획단을 설치했으며, 보건복지부에 혈액 안전 관리 전담 부서인 혈액정책과를 신설했다.

1' 11 대학 강사 김이섭 씨의 연구비 횡령 고발

2004년 1월 김이섭 강사는 연세대 홈페이지에 "나는 고발한다"라는 제목의 글을 연속으로 올려 학과 교수들이 한국학술진흥재단에서 받은 연구비를 횡령한 사실을 공개했다. 이어 한국비정규직교수노동조합과 대학 총학생회, 대학원 총학생회 등은 해당 학과 교수 5명을 횡령 혐의 등으로 고발했다. 법원은 교수 5명 중 3명의 '연구비 유용 혐의'를 인정하고 이들에게 각각 벌금 1,000만 원, 벌금 500만 원, 기소유예 판결을 내렸다. 이어 연세대는 해당 교수들에게 각각 정직 2개월, 견책, 구두 경고 처분을 내렸다. 당초 해당 교수들의 퇴직을 요구했던 한국비정규직교수노동조합과 총학생회, 대학원 총학생회는 대학의 이러한 결정에 대해 징계 수위가 너무 낮다며 강하게 반발했다. 대학의 징계가 끝난 해당 교수들은 다시 강의를 시작하는 등 제자리로 돌아왔으나, 정작 고발자인 김 씨는 2005년 이후 해당 대학에서 강의를 맡지 못했다.

1' 12 이재일 연구원의 국책연구원 출장비 횡령 제보

이재일 씨는 2004년부터 2006년까지 국책연구기관인 한국건설기술연구원에 연구원으로 재직하던 당시 연구원들이 부정한 방법으로 출장비와 연구비를 횡령한 사실을 신고했다. 이 씨에 따르면, 해당 연구원들이 실제로 존재하지 않는 출장 계획을 만들거나 연구 계획을 위조하여 기인하고 금액을 타내는 수법으로 횡령한 금액이 개인카드 사용, PDA 구입 등의 비용으로 유용되었다. 이 씨는 이러한 부당한 행위에 동조할 것을 요구받았으나 거부했으며, 이에 대한 사례를 수집해 내부감사를 의뢰했으나, 감사팀은 공문을 통해 오히려 청구인이 이 씨임을 공개하여 신분을 노출시켰다. 이후 공개적인 집단 따돌림, 언어폭력 및 상해 위협, 허위 사실 유포 등의 피해로 괴로워하다 시민단체의 도움을 받아 국가청렴위원회(현 국민권익위원회)에 신고했다. 국가청렴위원회는 조사를 통해 2004년 10월부터 21개월 동안 직원 318명이 모두 1,235건의 국내 출장을 거짓으로 신고하여 출장비 4억 8,000여 만 원을 횡령한 것을 확인했다. 이 씨는 2006년 8월 해직되었으나, 그녀의 제보를 계기로 공무원 여비 규정은 개선되었다.

1' 13 공직 유관 단체 직원 박경욱 씨의 밀라노 프로젝트 횡령 고발

박경욱 씨는 대구 지역의 전략사업이자 국책사업으로 채택된 밀라노 프로젝트 사업을 수행하는 공직 유관 단체 근무자로 2006년 소속 기관 및 관계 기관이 사업 추진 과정에서 정부 보조금을 횡령해 불법 비자금을 조성하고 연구개발비를 유용하는 등 비리를 저질렀다고 국가청렴위원회에 신고했다. 검찰이 수사한 결과, 조합의 정부 지원금 불법 비자금 조성, 특별회비 수입 위조, 각종 행사 시 관계 공무원의 금품 수수, 간부의 업무추진비 지급을 위한 출장 서류 조작, 회계규정과 국가계약법을 무시한 장비 도입 등이 있었음이 사실로 밝혀졌다. 2003년에는 중앙행정기관과 지방자치단체가 예산으로 출연금을 지급하는 33개 연구 과제를 수주한 뒤 연구에 참여하지 않은 직원을 연구원인 것처럼 사업계획서를 꾸며 인건비

5억 8,300여 만 원을 편취한 사실도 드러났다. 관련 전 · 현직 임원들은 구속 또는 불구속 기소되어 유죄 판결을 받았다. 이를 계기로 정부와 지방자치단체 등의 보조금 및 출연금 지원 과정에서 심사를 강화해야 할 필요성이 제기되었고, 국책사업을 추진하는 위탁기관 및 연구기관의 사업 투명화와 정부예산 낭비 방지에 기여했다.

1'14 공공기관 양시경 감사의 공공기관 토지 감정가 과다 책정 고발

양시경 씨는 공공기관인 제주국제자유도시개발센터(JDC) 감사로 재직하던 중 2006년 12월 기자회견을 통해 JDC가 평당 8만 원 정도인 제주헬스케어 사업 부지를 평당 15만 원에 매입해 토지주에게 특혜를 주려 했다는 사실을 공개했다. 30만 평에 이르는 부지의 토지 감정가를 과다 책정함으로써 200억 원의 세금 낭비가 발생할 수 있다는 것을 알린 것이었다. JDC 이사회는 건설교통부 장관에게 양 감사의 해임을 요청했고, 건설교통부는 내부 기밀을 유출했다는 이유로 2007년 3월 양 감사를 해임했다. 이후 양 감사의 문제 제기로 헬스케어타운 땅값 부풀리기 파문이 커지자 건설교통부와 감사원은 특별감사를 벌여 '의혹이 없다'는 감사 결과를 발표하기도 했다. 양 감사는 2007년 4월 서울행정법원에 해임 취소소송을 제기해 2008년 승소 판결을 받았지만, 건설교통부와 JDC 측의 항소로 4년간 소송을 진행했다. 2010년 5월 19일 서울고등법원은 "양 감사가 제기한 문제가 진실에 부합되어 해임 사유가 되지 않고, 해임 절차도 지켜지지 않았다"라면서, "JDC는 양 감사가 감사직으로 계속 근무했을 경우 받을 임금 등 1억 2,000여 만 원을 지급해야 한다"라고 판결했다. 2010년 9월 대법원은 JDC의 상고를 기각해 원고 승소가 확정되었다.

1' 15 운전기사 권태교 씨의 버스회사 요금 횡령 제보

계약직 버스 운전기사였던 권태교 씨는 2007년, 버스회사 측의 버스요금 횡령을 목격하고 그 사실을 방송사에 제보했다. 버스 준공영제가 도입된 뒤 수익금을 공동으로 관리하고, 적자가 나면 서울시가 보전해주는 구조를 악용해 회사가 현금 승차비를 빼돌려 세금을 횡령하던 사실을 제보한 것이다. 버스회사는 이를 통해 현금 승객을 축소 보고해 그만큼을 횡령할 수 있었다. 이후 서울시는 예전과 달리 버스요금 집계소에 사각지대 없이 24시간 지켜볼 수 있는 CCTV를 달아 버스회사의 현금 횡령을 방지하는 조치를 시행했다. 그런데 버스회사는 버스 내에 설치된 CCTV 등을 분석해 내부고발자를 알아낸 뒤, 근무태도 불량 등을 이유로 내세우며 권 씨와 재계약하지 않았다. 권 씨의 제보로 서울시는 버스업계의 비리를 바로잡을 수 있었다. 그러나 권 씨는 이후 버스 · 택시업체를 돌아다니며 30여 차례 이력서를 냈지만 업계에 소문이 퍼져 재취업 길이 막혔다가 뒤늦게 시민단체의 도움으로 시내버스 운전기사로 재취업할 수 있었다.

1' 16 김형태 교사의 재단 비리 고발

김형태 교사는 2008년 4월 서울시 교육청에 양천고등학교 재단 이사장 등이 학교 돈의 횡령 등으로 수십 억 원을 챙겼다고 신고했다. 김 교사는 서울시 교육청에 양천고에서 학교 공사비 부풀리기, 가짜 동창회비 징수, 학교 운영위원회 회의록 조작, 체육복 불법 판매, 도서실비 부당 징수, 기간제 교사 허위 등록을 통한 교육청 보조금 챙기기 등의 횡령이 있었다는 사실을 알리며 300여 페이지 분량의 근거 자료를 제출했다. 시 교육청은 감사를 통해 횡령이 있음을 확인했지만, “부당 취득한 돈을 환원하고, 잘못된 부분을 개선하라"라며 관련자들에게 경고·주의를 주는 선에서 사건을 마무리했다. 이 후 학교 측에 제보자가 김 교사라는 것이 알려졌고, 그는 이듬해인 2009년 3월 '학교 명예 실추'를 이유로 징계위원회에 회부되어 파면 처분되었다. 이후 교원소청심사위원회에서 절차상의 문제를 이유로 파면 처분을 취소해 복직되었지만, 학교는 5일 만에 다시 이사회를 열어 비공개 자료를 인터넷에 올렸다는 등의 이유로 김 교사를 다시 파면했다. 김 교사는 전국교직원노동조합 서울지부를 통해 서울남부지검에 양천고 비리 의혹을 고발했지만, 경찰서는 3개월 만에 '증거 불충분으로 혐의 없음' 결론을 내리며 사건을 종결했다. 서울고검에서도 이사장이 개인 벌금 수백만 원을 학교 돈으로 낸 것 등 일부 혐의만 적용해 기소유예로 사건을 마무리했다. 김 교사는 218일간 남부지검과 양천고 앞에서 1인 시위를 벌였다. 이후 김 교사는 2010년 6월 지방선거에서 강서·양천·영등포 교육의원으로 당선되었다. 이후 남부지검은 양천고에 대해 압수 수색 및 계좌 추적을 실시했고, 2010년 9월 이사장을 "사실상 자신이 설립·운영하는 급식업체를 통해 급식대금을 빼돌려 5억 7,000만 원을 챙겼다"라며 불구속 기소했다. 이사장은 학교 공사를 맡은 업체로부터 6,500만 원을 받고, 학교 돈 4,600만 원을 횡령한 혐의도 받았다. 한편 서울행정법원은 11월 김 교사가 교육과학기술부 교원소청심사위원회를 상대로 낸 파면 처분 취소 소청심사 결정 취소 청구소송에서 "해임 처분은 과중한 처분이므로 취소해야 한다"라며 원고 승소 판결을 내렸다.

1' 17 김이태 연구원의 대운하 관련 폭로

김이태 박사는 국책연구기관인 한국건설기술연구원의 연구원으로 2008년 5월 23일 포털사이트 '다음'의 토론방 '아고라'에 "대운하 참여하는 연구원입니다"라는 제목의 글을 올려 '4대강 정비계획의 실체는 운하'라는 것과 국토해양부로부터 운하 찬성 논리를 개발하라는 강요를 받고 있다는 내용의 양심선언을 했다. 소속 연구기관은 7개월이 지난 후, "개인적인 주장으로 소속 기관의 위상을 훼손시켰다"라며 그에게 3개월 정직이라는 중징계 처분을 내렸다. 국정감사에서 소속 기관이 징계 이후에도 연구원에게 조직적인 탄압을 반복하고 있는 것이 추가로 드러났다. 또한 연구 수행에서 배제하여 인사평가 결과를 통해 그를 해고하려 했다는 것도 밝혀졌다.

1' 18 김영수 소령의 해군 납품 비리 고발

2006년 2월 당시 계룡대 근무지원과장으로 근무한 김영수 소령은 부임 이전 가구와 전자제품 구매 시 위조 견적서를 이용해 특정 업체와 정상 가격보다 40% 이상 높은 단가로 수의계약을 맺음으로써 수억 원에 이르는 손실이 발생했다는 사실을 해군 헌병대에 신고하는 등 여러 차례에 걸쳐 군 내부에서 일어나는 부정에 대해 문제를 제기함으로써 이를 바로잡으려 했다. 그러나 헌병대는 '불법 사실 확인 불가능'이라며 수사를 종결했다. 한편 물품 구매 시 금액이 3,000만 원 이상이면 공개입찰을 하도록 규정한 군 내부 방침을 피하기 위해 군 내부에서는 1,000만 원 단위로 분리 발주해 수의계약을 하라고 김 소령에게 명령했으나, 김 소령은 이 명령을 거부하고 부임 이전의 계약 시스템과 계약 단가 등을 검토하여 비리 행위를 발견한 이후 시장 조사와 경쟁입찰을 통해 이후 7개월간 5억여 원의 예산을 절감했다. 그러나 제보 이후 그는 근무평정에서 최하 등급인 E 등급을 받았고, 같은 해 9월 타 부서로 전출되어 사병과 책상을 같이 쓰는 등 유무형의 불이익을 받았다. 김 소령은 이를 납득할 수 없었고, 결국 가구 구입 계약 관련 비리 의혹을 2007년 2월 국가청렴위원회에 제보했다. 이에 위원회는 조사를 벌여 막대한 규모의 국고가 손실된 사실을 확인했다. 국방부 조사본부도 9억 4,000만 원의 공공예산이 낭비된 사실을 확인하고 불법행위 관련자 16명을 징계하라고 해군에 통보했다. 그러나 해군은 재조사 형식을 빌려 "당시 수의계약 된 물건들과 동일한 물건들을 구할 수 없어 비교 견적이 불가능해 국고 손실을 증명할 수 없다"라며 관련자들을 징계하지 않았다. 김 소령은 군 내부에서 책임 추궁이 불가능해지자 참여연대와 함께 당시 전역한 불법행위 관련자와 입찰 과정에서 허위 서류를 제출하고 물품을 납품했던 민간인 관련자들을 2009년 5월 대전지검에 고발했다. 그러나 결국 대전지검에서도 증거 불충분을 이유로 무혐의 처리되자 2009년 10월 MBC 〈PD 수첩〉에 직접 출연해 이런 사실을 알렸다. 이후 국방부는 특별조사단을 꾸렸고, 특별조사단의 조사 결과에 따라 2009년 12월 비위 및 수사 방해 혐의로 현역과 군무원 등 31명에 대한 처벌이 결정되었다.

1 19 이용석 교수의 평가위원 로비 제보

이용석 교수는 2010년 7월 20일 우정사업본부 기반망 사업에 대한 제안서 평가위원으로 선정되었다. 우정사업본부 기반망 사업은 전국 우체국 간 통신망을 구축하는 차세대 기반망 프로젝트이자 2010년 통신 분야 최대 사업으로, 정부는 여기에 모두 317억 원을 투입한다는 계획을 세워둔 상태였다. 우정사업본부는 당시 4개 업체의 제안서를 검토해 SK텔레콤을 우선협상 대상자로 선정했다. 사업 선정과 관련한 평가위원 선정은 평가사업 전날 ARS 전화를 통해 이뤄졌으나, 이 교수는 선정 당일 저녁 10시에 SK텔레콤 측으로부터 연락을 받았다. SK텔레콤이 선정된다면 '컨

설팅' 등을 통해 보답을 하겠다는 것이었다. 평가가 끝난 당일에는 평가에서 1등을 한 것에 대한 사례를 하기 위해 방문하겠다고 연락했다. 이 교수는 국민권익위원회(이하 권익위)에 관련 사실을 신고하고, 참여연대에도 제보했다. 참여연대는 언론 공개와 더불어, 2010년 8월 25일 서울중앙지검에 SK텔레콤 소속 단장을 뇌물 공여 의사 표시와 배임 중재 미수 등의 혐의로 고발했다. 서울중앙지검은 로비를 담당한 SK텔레콤 직원만을 기소했다. 이 교수는 2009년 경기도 파주 교하 신도시의 턴키 입찰 심의위원으로 참여해 입찰 참가 업체로부터 1,000만 원 상당의 상품권을 받은 사실을 포함하여 참여 업체의 턴키 입찰 심의위원들에 대한 로비 사실을 고발한 바 있음에도 SK텔레콤 측이 로비를 했던 것으로 드러났다.

1' 20 신춘수 지부장의 KTX 열차 사고 원인 제보

신춘수 씨는 철도공사 직원이자 철도노동조합의 조합원(고양차량지부 지부장)으로, 2011년 5월 8일 부산발 서울행 KTX 열차가 광명역 부근에서 심한 진동과 소음을 일으켜 해당 객차에 타고 있는 승객들이 대피하는 사고에 대한 원인을 언론사에 제보했다. 신 지부장이 제보한 사실은 해당 차량이 정비사무소(고양 기지)에 입고되어 사후 점검하는 과정에서 '견인 전동기 내 베어링이 완전히 녹아내린 상태'를 확인했고, 또한 해당 견인 전동기는 차량 검수 규정에 명시된 '사용 기한이 이미 지난 부품'이라는 것이었다. 당시 철도공사는 "코레일 측은 과열된 엔진을 식히기 위해 속력을 줄여 달렸을 뿐 엔진 고장은 아니라고 해명했다." MBC는 해당 열차의 상태에 대해 철도노조에 확인을 요청했고, 철도노조는 KTX 차량의 검수(정비)를 담당하고 있는 고양차량지부(지부장 신춘수)에 해당 차량의 상태를 확인해줄 것을 부탁했다. 지부장인 신 씨는 해당 차량의 사고 원인에 관한 사진을 입수해 철도공사의 발표와는 달리 사고 차량의 견인전동기 부품이 심각하게 파손되거나 마모되었고(베어링 완전 고착), 해당 부품의 내구연한이 이미 지난 사실 등을 확인하고 자칫 대형 사고가 발생할 가능성이 높았다는 점을 사진과 함께 철도노조 본부에 보고했으며, 사건을 취재하고 원인 분석을 요청한 언론사를 통해 이러한 사실이 보도되었다. 철도공사는 '철도안전특별대책'의 형식으로, KTX 운행 횟수를 줄여 KTX-산천을 정밀 조사하도록 하고, 내구연한이 지난 구형 KTX-1 차량의 노후 부품을 전량 교체하겠다고 발표했다. 철도안전특별대책에서는 8일 사고 차량의 견인 전동기가 내구연한을 초과해 무리하게 사용된 제품이었고, KTX-1 차량의 주요 부품을 전량 교체하겠다고 밝히고 있어 제보자의 신고가 옳았음이 확인되었다. 그러나 철도공사는 업무상 비밀과 정보 유출을 금지하고 있는 사규를 위반했다며 8월 22일 신 지부장과 사진을 제공한 직원에게 각각 해고와 정직 3개월이라는 중징계 결정을 내렸다. 신 지부장 등은 권익위에 보호 조치를 신청했고, 권익위는 12월 19일 징계 결정을 원상회복토록 하는 '공익신고자 보호법' 시행 이후 첫 보호 조치를 결정했다. 철도공사는 이에 불복하여 행정소송을 제기했으나, 사장이 바뀐 이후 복직 결정을 받아들였다.

1' 21 공공기관 직원 이상돈 씨의 송도테크노파크 비리 제보

이상돈 씨는 2010년 4월 12일 지식경제부와 인천광역시가 출연한 기업 기술지원 공공기관인 (재)송도테크노파크에서 근무하며 알게 된 4,200여 건의 허위 시험성적서, 기술지원 수수료 미수금 방치, 90억 원 상당의 국가 장비 엉터리 관리(예를 들어 2년 9개월간 장비점검일지를 3~4시간 만에 허위로 작성), 고가의 국가 장비를 다른 기관 창고에 방치한 사실과 연장근무 수당을 체불한 사실 등을 감독기관인 지식경제부에 신고하고 언론에도 제보했다. 이 씨는 2009년 7월 경력직원으로 입사했고, 입사 2개월 후 장비 재물조사 업무를 맡으면서 송도테크노파크의 장비 대장 목록과 실제 보유 장비에 차이가 있음을 발견했다. 다수의 장비는 기기의 표준 명칭과 상이하게 관리되고 있었으며, 장비 대장 목록에 등재되어 있으나 실제로 보유가 확인되지 않는 장비도 있음을 발견해 부서장에게 보고했다. 해당 사실에 대해 부서장은 이 씨에게 함구하라고 지시했으나, 이 씨는 행정실에 보고했다. 그러나 아무런 조치도 취해지지 않았다. 또한 장기 미수 채권(미회수 기술지원료)들이 대손 처리조차 되지 않고 그대로 방치되고 있음을 발견하고 부서장에게 보고했으나 다시 묵살당했다. 이후 이 씨는 입사 후 3개월 21일 만에 수습평가에서 낮은 등급을 받아 해고되었다. 이 씨는 인천지방노동위원회에 구제 신청을 했다. 송도테크노파크는 심의 하루 전날 복직 명령을 내려 구제 신청이 각하되게 한 후, 2010년 1월 14일 동일 부서, 동일 직급으로 재임용했으나 급여를 일방적으로 20% 삭감했다. 이후 최초 해고와 같은 이유로 2010년 2월 16일 보직 해임 및 대기 발령을 내렸다. 이 씨는 2010년 5월 17일 자로 면직되었다. 또한 송도테크노파크로부터 '출판물에 의한 명예훼손 등'으로 고발되기도 했으나, 혐의 없음으로 불기소되었다.

1' 22 박재운 씨의 구제역 살처분 관련 회사 비리 제보

박재운 씨는 2011년 1월 경기도 포천시 소재 육가공 업체인 청미원 영농법인이 운영하는 양돈 농장에서 농장장으로 재직하던 중, 해당 영농법인이 구제역 발생에 따른 살처분을 하고 피해보상금을 청구하면서, 3개 직영 농장 및 15개 위탁 농장의 살처분 돼지 두수를 사실과 다르게 부풀려서, 예를 들어 실제로는 4,700두인데 6,900두로 포천시 등에 보상금을 청구한 사실을 목격하고, 이를 2011년 6월 권익위에 신고했다. 권익위가 조사에 나선 결과, 해당 영농법인이 컴퓨터 조작 등을 통해 살처분 두수를 부풀린 사실이 확인되었고, 이후 사건을 넘겨받은 검찰은 2012년 1월 25일, 해당 업체가 구제역 의심 돼지 2만 68마리를 살처분해 매몰했으나, 포천시에 9,500마리 이상 많은 2만 9,570마리를 묻었다고 신고했으며, 매몰한 돼지의 체중과 나이도 속이는 등으로 보상 예정액 104억 원 중 28억 원이 과도하게 청구되었다고 수사 결과를 발표했다. 검찰은 이에 따라 영농법인 간부 및 농장대표, 공무원 등 15명을 기소했다. 박 씨는 이후 스스로 퇴사했으며, 그에게 협력했던 직원 2명 역시 권고사직을 당했다.

1' 23 홍서정 학생의 학교 내 종교수업 강제에 대한 제보

홍서정 학생은 종교사학인 명지고등학교 1학년에 재학하던 2012년, 학교의 종교수업이 대체 교과목 없이 운영되어 사실상 종교의 자유를 침해하고 성경 읽기, 부흥회 참여, 학급비로 헌금 납부 등도 진행되고 있다며 2012년 7월 18일 서울시 교육청에 신고했고, ≪한겨레신문≫에도 제보하여 보도되었다. 서울시 교육청은 신고 접수 후 학교에 사건 내용에 대해 확인하는 질의서를 발송했으며, 홍 학생은 서울시 교육청 학생인권위에 출석해 증언했다. 이후 서울시 교육청은 해당 학교를 대상으로 학생인권 안착화를 위한 컨설팅 장학을 실시했고, 학교 측은 9월 대체 교과목을 설치하는 한편, 재발 방지 약속을 했다. 그러나 명지고는 "본인이 싫으면 학교를 나가면 되지 않나"라며 학교 이미지를 망가뜨렸다는 무고한 비난을 유포했다. 또한 제보자의 신원을 밝히려는 조사를 진행하여 결국 신분이 드러나게 되자, 몇몇 교사들이 수업시간에 들어와 공개적으로 홍 학생을 비난하기도 했고, 홍 학생과 부모를 불러 면담을 진행하며, 학부모들과 기도회를 개최하는 등 다양한 압박을 가했다. 그 결과 대체 수업이 제공되었으나 홍 학생 혼자 듣게 되는 난처한 상황이 발생했다. 결국 홍 학생은 심리적 압박을 견디지 못하고 자퇴했다.

1' 24 전 · 현직 교사들의 학교 물품 구입 등 부정행위 제보

37년간 초등학교 교사로 재직하다 2010년 9월 퇴임한 심태식 씨와 현직 초등학교 교사인 민경대 씨는 2004년 2월 재직 중이던 남부초등학교의 교장이 교무실 사무집기 등을 시장가의 3배 가격으로 구입하며 전자입찰을 피하려 1,000만 원이 안 되게 쪼개 수의계약을 하는 등의 회계 부정행위를 저지른 사실을 교육청 등에 신고했다. 그 결과 해당 교장은 정직 및 전보 조치되었다. 서울시 교육청 명예시민감사관을 역임한 심 씨와 전교조 초등관악동작지회 교권부장을 맡고 있는 민 씨는 계속해서 초등학교 부정행위를 신고하여 부정을 없애고자 노력했다. 2012년까지 민 씨가 문제 제기나 신고를 한 곳은 서울 시내 초등학교와 중학교 스무 군데가 넘었다. 그 내용도 조달 구매, 정직 교장 출근, 교직원 연수 시 약품 판매, 단체체육복 강제 구매, 유해한 시설바닥재 시공, 캐노피 부실공사, 불법 회계 등 매우 다양했다.

1' 25 이해관 노조위원장의 세계 7대 경관 전화투표 의혹 제기

KT에서는 2010년 연말부터 진행된 세계 7대 자연경관 전화투표에 사용된 001-1588-7715라는 전화번호를 영국으로 가는 국제전화의 단축번호라 주장하며 이에 따라 국제전화 요금을 부과했다. KT 새노조위원장

이해관 씨는 이에 대해 의문을 품고 알아본 결과, 한국 국제전화 회선의 규모상 영국으로 하루 200만 통의 국제전화를 연결하는 것은 불가능하다는 사실을 내부 직원의 증언을 통해 알게 되었다. 그는 이를 2012년 2~3월 언론 등에 제보했다. 이후 문제가 확산되자 KT는 내부 임직원에게 메일로 공지를 발송하여, 001-1588-7715를 통해 진행된 투표는 '국제전화가 아닌 국제투표서비스'라고 기존의 입장을 번복하면서도 사실은 최종 투표 집계 서버가 일본에 있어 국제전화 요금을 받은 것이라 문제 될 것이 없다는 취지로 해명했다. 그러나 이 위원장 등은 2011년 10월 24일에 착신된 통화 사실 확인 내역에 착신 국가가 '영국'으로 명기된 자료를 공개하며, 이는 국민을 상대로 하여 그것이 영국으로 걸려가는 국제전화인 것처럼 명백히 속인 것이라고 주장했다. 이후 이 위원장은 4월 30일 자신의 이름으로 권익위에 신고했고, 권익위는 이를 공정거래위원회(이하 공정위) 및 방송통신위원회로 이첩했다.

공익신고 이후 2012년 5월 7일에 KT는 이 위원장을 경기도 가평으로 무연고 전보 조치했다. 참여연대는 이를 공익신고자에게 가한 명백한 불이익 조치이자 '공익신고자 보호법' 제15조 불이익 조치 금지를 정면으로 위반하는 행위라고 간주해 5월 22일 권익위에 이 위원장에 대한 보호 조치를 요청했다. 권익위는 8월 28일 이를 받아들여 보호 조치를 결정했다. 특히 권익위는 재결서를 통해 "공익신고를 하여 그에 대한 불이익 조치가 있었다면 공익침해행위 확인 여부와 관계없이 보호 대상에 해당"한다고 하여 좀 더 적극적인 법 해석으로 보호 조치 결정의 범위가 확대될 수 있는 길을 열었다. 그러나 KT는 이에 반발하여 행정소송을 제기했으며, 행정법원은 이 위원장이 신고한 내용이 '공익신고자 보호법'에서 규정하고 있는 181개 법률 위반에 포함되지 않기 때문에 '공익신고자 보호법'상 보호받을 수 있는 공익신고자가 아니라는 판단으로 KT의 손을 들어주었다.

대법원에서는 이 씨를 공익신고자로 판단했으나, 권익위가 보호조치 결정을 하면서 공익신고자로 지정한 근거를 제시하지 않았다는 절차상 이유를 들어 원고인 KT의 승소를 판결한 원심의 결론을 유지했다. 한편 KT는 작년 12월 무단결근 등을 사유로 이 씨를 해임했으며, 권익위는 해임철회를 요구하는 2차 보호조치 결정으로 대응했다. KT는 이 조치에 대해서도 취소 소송을 제기하여 행정소송이 진행 중이다.

1' 26 **충주소각장 직원들의 대기오염 측정기 조작 제보**

충주시 배출 쓰레기 소각시설인 충주클린에너지파크에서 4조 3교대제로 근무하는 각 운영조의 조장 4명은 2012년 11월 1일 민주통합당(현 새정치민주연합) 장하나 의원실을 통해, 회사에서 2010년 하순부터 최근까지 약 2년간 굴뚝에 설치된 대기오염 자동측정기(TMS)를 조작하도록 했다고 양심선언을 했다. '대기환경보전법'에 따르면 소각장에서 배출되는 대기오염물질, 특히 염화수소(HCl)의 농도는 20ppm이 넘지 않도록 관리해야 한다. 이 오염 정도를 측정하기 위해 굴뚝 중간 부위에 대기오염 자동측정기기가 설치되어 있는데, 회사는 염화수소의 농도가 최대 100ppm까지 상승하는데도, 시설 개선을 통해 오염도를 낮추고자 노력하는 대신, 직원들로 하여금 대기오염 자동측정기를 조작하도록 지시해 인위적으로 HCl 수치를 20ppm 이내로 유지되도록 했다는 것이다. 제보 이후 충주시는 제보자 4명을 '대기환경보전법' 위반 혐의로 고발했다. 이 중 한 명은 최초 소환 당시에는 피의자 자격이었으나, 시민단체의 변호를 통해 '공익신고자 보호법'상 공익신고자 자격을 인정받았다. 한편 해당 소각장 인근 주민들로 구성된 주민지원협의체는 이러한 조작을 지시한 상사와 하청업체인 소속 회사, 원청업체를 '대기환경보전법' 위반 혐의로 고발했다.

1' 27 공공기관 직원들의 로비와 부적절한 자금 운용 고발

윤상경 부장과 한성윤 씨는 보건복지부 산하 기관인 한국보건복지정보개발원에서 일어난 광범위한 로비와 부적절한 자금 운영과 관련하여 2012년 2월 보건복지부 장관실에 "만연한 비리로 파행 운영되는 보건복지정보개발원"이라는 제목의 비리 보고서를 직접 전달했다. 국무총리실에서 개발원에 대한 감사를 진행한 결과, 신고한 비리 내용 상당 부분이 사실로 드러났다. 개발원은 1,580여 만 원 상당의 돈을 국회 보건복지위원회 소속 국회의원과 국회의원의 보좌관, 비서관들에게 접대를 위한 로비 자금으로 사용해왔던 것이다. 직원들에게 국회의원 후원 계좌를 전달하며 후원금을 내도록 지시하기도 했다. 개발원장은 개인적으로 소속된 학회 행사를 지원하고자 회사 출장비를 지출하며 직원을 동원하기도 하고, 개발원장의 업무추진비 중 상당 부분을 소속 직원이나 기관 업무와 직접 관련이 없는 조찬기도회 등에 사용하기도 했다. 총리실 감사가 시작되자 감사팀에 대한 직원들의 답변을 개발원 측에서 통제하고 조정했다는 의혹도 제기되었다. 보건복지정보개발원은 대외 활동을 위한 자금 조성과 부적절한 사용, 업무추진비의 부적절한 집행과 연구개발비 유용 등 총 여덟 가지 부분에 대해 징계 및 경고 처분을 받았다. 윤 부장은 내부고발자로 알려진 후 회사의 품위를 떨어뜨리고 직무상 비밀을 누설했다는 이유로 6개월 만에 파면되었다. 권익위와 중앙노동위원회(이하 중노위)는 파면이 부당해고임을 인정했다. 하지만 보건복지정보개발원은 두 기관의 판단을 받아들이지 않고 행정소송을 제기했다. 2013년 11월 20일 서울행정법원은 개발원이 권익위 위원장을 상대로 낸 징계 처분 취소 등 요구처분 취소 청구소송에서 원고 패소 판결함으로써 윤 부장은 2014년 3월에 복직했다. 한 씨 역시 부당해고를 당했고 중노위에서 승소했으나, 개발원은 역시 불복하여 행정소송을 제기했다. 1, 2심에서는 한 씨가 계약직 연구원 신분으로 계약 기간이 만료되어 계약 갱신을 기대할 수 없다는 사유로 한 씨의 패소를 선고했고, 현재 대법원에 계류 중이다.

1' 28 대기업 계열사 직원 정진극 씨의 기업의 평가 자료 허위 제출 제보

대기업 포스코의 계열사인 포스메이트의 직원으로 일하던 정진극 씨는 2012년 8월 포스코 및 계열사에 대한 동반성장 허위 실적 자료 제출로 부당한 인센티브 지급을 받았음을 포스코 회장에게 내용증명을 통해 최초로 공익신고를 했다. 공정위가 매년 기업들로부터 공정거래협약 이행평가 자료를 제출받아 우수 협약 기업을 선정하고 혜택을 부여하는 과정에서 공정위 공무원들에게 부적절한 선물 등을 주고 허위 자료를 제출했다는 내용이었다. 이후 그는 2013년 1월 두 차례에 걸쳐 포스코의 '비윤리신고센터'를 통해 해당 사항을 신고했으나, 포스코 측의 답변은 '검토결과 문제없다'는 것이었다. 오히려 최초 공익신고 직후 포스코 계열사는 정 씨에게 '보직 및 업무 박탈' 처분을 내렸고, 이어 '돈을 요구했다', '본사 채용을 원했다'는 등의 이유로 그를 해고했다. 공정위는 2013년 9월 "포스코가 공정거래협약 이행평가 자료 허위 제출 관련 조치"라는 보도자료를 통해, 포스코가 2012년도에 제출한 "11년 공정거래협약 이행실적 자료" 중 일부가 허위 자료임이 확인되어 우수 협약 기업으로서 포스코에 부여된 혜택을 박탈한다고 밝혔다. 부당해고와 관련해 정 씨는 2012년 10월 15일 서울지방노동위원회(이하 서울지노위)에 '부당해고 구제 신청'을 낸 결과 같은 해 12월 13일 부당한 해고임을 인정받았으나 회사는 이를 받아들이지 않았다. 이 건은 2013년 1월 7일 중노위로 넘어갔고 서울지노위와 같은 결정을 받았다. 회사는 서울행정법원에 '중노위의 재심판정을 취소'하는 소를 제기했지만 1심과 2심에서 정 씨는 승소했다.

1 ' 29 박은선 교사의 강원외국어고등학교 입시 비리 제보

당시 강원외고 사회과 교사였던 박은선 씨는 2010년 10월부터 11월 사이에 치러진 신입생 선발 과정에 입학사정관으로 참여했다가 학교가 국영수 성적이나 출신 중학교 등을 고려해 합격자를 내정한 후 성적을 조작한 입시 부정과 그 밖의 교사 채용 비리, 교육과정 편법 운영 등의 사실을 2011년 5월경 강원도 교육청에 신고했다. 도 교육청은 2011년 6월경 감사에 착수해 신고 내용이 모두 사실임을 확인했다. 도 교육청은 보도자료에서 "학교가 면접 전에 미리 작성한 엑셀 자료를 바탕으로 합격자를 내정했으며, 이후 내정한 학생을 합격시키려고 2단계 서류평가에서 입학사정관이 연필로 학생의 점수를 매긴 것을 면접관이 면접 당일 볼펜으로 그대로 덧쓰고 연필 자국은 지우게 했고, 면접 과정에서 당락이 바뀌지 않도록 면접평가 점수를 ±0.3점 범위 내로 제한했으며, 이 같은 결과 내정된 학생의 최종 합격 비율은 95.0%(132명 중 126명)"이며 교사 채용 비리 등도 사실로 밝혀졌다고 발표했다. 도 교육청은 2010, 2011년의 입시 부정과 교사 채용 비리에 관여한 강원외고 관련자에 대해 중징계 및 경징계 조치를 취할 것을 학교 재단에 요구했다. 그러나 재단은 비위행위 관련자에게 아무런 조치를 취하지 않거나 경징계를 한 반면, 박 교사는 2013년 4월에 파면 조치했다. 교원소청심사위원회는 절차상 하자가 있다며 해당 파면 처분을 취소했으나, 재단은 다시 절차를 진행하여 2차 파면했다. 박 교사의 신고로 2012년 국정감사에서 외국어고등학교의 입시 비리 문제가 다루어지는 등 사회적 이슈가 되었다.

1' 30 지라니문화사업단 직원들의 후원금 부당 운영 제보

지라니합창단으로 세상에 널리 알려진 지라니문화사업단 소속 직원 두 명은 사업단의 후원금 부당 관리 등의 사실을 언론을 통해 제보했다. 최근 2년간 사업단의 연간 수익금은 후원금과 공연 개런티 등을 포함해 12억 원에 이르지만, 실제 합창단에 지원되는 금액은 그중 5%도 채 안 되는 5,800만 원 수준이며, 이는 사업단 회장의 연간 급여액인 6,200만 원에도 못 미치는 수준인 데다, 이 연봉마저 교통비와 통신비, 출장비와 해외수당을 제외하고 순수 급여만 계산한 수치라는 것이었다. 이와 함께 해외사업비 비중을 부풀리기 위해 한국 본부에 있는 행정직원들의 급여를 몰래 포함시켰다는 의혹도 제기했다. 합창단이 있는 케냐로 지원되는 비용이 많은 것처럼 보이게 만들기 위해 편법을 썼다는 것이다. 그리고 출장비가 과하게 책정되어 지난 2012년 2월부터 5월까지 케냐로 장기 출장을 떠난 회장에게는 항공료를 포함해 일비와 식비, 출장비로 모두 980만 원이 지급되었지만 관련 증빙 서류는 찾을 수 없었다는 것이었다. 더욱이 이런 금전적 문제는 단지 회장만의 문제가 아니었는데, 회장의 부인인 부회장은 개인적으로 사용한 비용을 사업단에 청구하기도 했고 이런 문제에 대해 사업단 내부에서 공론화하고자 했던 직원을 모함해 그만두게 하는 등 20명도 안 되는 사업단에서 2010년 11월부터 3년 동안 13명의 직원이 떠날 정도로 회장 1인이 전횡을 일삼은 사실도 드러났다.

2 조직의 보복, 그러나 사회는 응원한다

통계에 따르면 내부고발은 증가하고 있고, 사회 전반의 부패 시정 효과 또한 높다. 하지만 내부고발에 대한 조직의 보복도 늘고 있다. 국제공인부정조사관협회(Association of Certified Fraud Examiners: ACFE)가 2014년 세계 100개국 이상의 기업과 정부기관 등을 상대로 1,483건의 부패 사례를 조사한 결과에 따르면, 불법이나 비윤리 등 부패의 최초 적발 경로는 내부제보가 42.2%로 가장 많은 것으로 나타났다. 다음은 관리점검과 내부감사로, 이들에 의한 부패 적발 건수는 각각 16%, 14.1%에 불과했다(ACFE, 2014).

국가 또는 해당 분야나 관련 법에 따라 차이는 있으나, 영국의 금융행위감독청(Financial Conduct Authority: FCA)의 보고서에 따르면, 내부고발 접수 사례는 월평균 338건에서 556건으로 64%나 증가했다(Mortgage Finance Gazette, 2014.7.29). 미국 증권거래위원회(Securities and Exchange Commission: SEC)의 내부고발자 부분 2013년 연차 보고서에서도 '해외부패방지법(Foreign Corrupt Practices Act: FCPA)' 관련 내부고발 건수가 회계연도 2012년에 115건(전체의 3.8%)이었다가 회계연도 2013년에 이르면 149건으로, 전체 4.6% 증가한 결과를 보인다. 또한 내부고발자에게 지급된 보상금도 1,400만 달러에 달한다(Inside Medical Devices, 2014.7.29). 국내 권익위에서 발표한 「공익신고 접수 및 처리결과 통계」 자료를 보면, 2011년 접수된 신고 건수는 총 292건이었으나, 2012년에 1,153건, 2013년에는 2,876건으로, 2011년도 기준으로 볼 때 985%나 증가했다(국민권익위원회, 2014). 이는 내부고발자 보호와 더불어 양심 있는 개인들의 부패 통제에 대한 참여와 협력이 하나의 중요한 흐름을 이루고 있다는 점과 건강한 사회를 위한 내부고발의 증가를 보여준다.

그러나 내부고발에 대한 보복 사례도 함께 늘고 있다. 미 연방정부 직업안전보건국(Occupational Safety & Health Administration: OSHA)은 2012년 내부고발자 2,787명에 대한 보복 사례를 보고했다(Maurer, 2013). 이는 2009년 2,200건에서 시작해 지속적으로 증가한 수치이다. 한국에도 '부패방지 및 국민권익위원회의 설치와 운영에 관한 법률'(이하 권익위법)과 '공익신고자 보호법'을 통한 내부고발자 보호제도가 존재하지만, 내부고발을 한 사람들에 대한 조직의 보복은 여전하다. 하지만 국민과 사회의 지지와 응원은 갈수록 늘고, 무엇보다 보호제도가 체계화되고 있다.

내부고발자는 조직에서 어떤 보복을 당하게 될까? 가족이나 사회로부터 얼마나 격려와 지지를 받고 있다고 생각할까? 내부고발자는 자신의 고발에 대해 어떻게 생각할까? 그동안 내부고발자의 보호를 위한 법령 제·개정에 사회의 관심이 집중된 반면, 그들이 신고 이후 어떤 현실적 어려움을 경험하고, 자신들이 했던 내부고발을 어떻게 평가하는지에 대한 조사는 상대적으로 부족했다. 그들의 경험과 생각을 직접 듣는 것은 내부고발자 보호와 관련 법령 제·개정 논의 등으로 이들의 피해를 사전에 예방하고 좀 더 현실성 있는 지원책을 마련하기 위해서도 필요하고 중요하다. 또한 사회가 이들의 목소리에 좀 더 귀 기울이고 가까이 다가갈 수 있는 기회도 될 것이다.

한국연구재단의 지원을 받아, 내부고발을 직접 경험한 67명을 대상으로 2013년 12월부터 2014년 6월까지 그들이 직장에서 직접 겪었던 괴롭힘, 가족의 격려나 사회적 지지, 자신들이 했던 내부고발에 대한 만족도를 조사했다. 조사에 참여한 응답자 총 67명 중에는 남성이 57명, 여성이 10명이었으며, 나이는 29세 이하가 3명, 30~39세가 5명, 40~49세가 24명, 50~59세가 29명, 60세 이상이 6명이었다. 학력은 고졸 이하 3명, 대졸 33명, 대학원 졸 이상이 31명이었다. 조직의 내부고발자에 대한 일차적인 보복은 해고인데, 응답자 67명 중 37명이 내부고발 직전 또는 직후 자발적으로 직장을 그만두었거나 해고된 것으로 조사되었다.

2' 1 내부고발 후 조직 내에서의 괴롭힘

대부분의 내부고발자는 고발 후 직장에서 신분이 노출되는 것이 일반적이며, 이는 곧 집단 괴롭힘 등 보복으로 이어진다. 직장 내 괴롭힘은 조직이 내부고발자에게 가하는 적대적 행동의 전형적 형태로, 상사나 동료, 부하 직원 등에 의해 일어난다. 이들은 모두 내부고발자가 경험하는 스트레스의 주원인으로, 조직의 이러한 괴롭힘의 궁극적 목적은 고발자가 직장을 떠나게 만드는 것이다. 실제로 법적 보호를 받고 해고되지 않았던 내부고발자도 어느 시점에서 자발적으로 퇴사하게 된다. 내부고발자가 법적 보호를 받고 조직에 그대로 남게 되었을 때 어떤 괴롭힘을 얼마나 자주 당하는지 알아보기 위해, 내부고발 후에 해고되었거나 자발적으로 그만두지 않고 직장에 그대로 남아 근무했던 30명의 응답자들에게 올라손과 조한스도티르(Olafsson and Johannsdottir, 2004)가 개발한 집단 괴롭힘 설문지를 사용해 물었다.

2' 2 상관의 괴롭힘

응답자들에게 "내부고발 이후, 조직에서 자신이 한 것으로 알려진 후 6개월 동안 상관으로부터 다음과 같은 일을 각각 얼마나 경험하셨습니까?"라는 질문을 제시하고, 자신의 경험이 '거의 매일'부터 '전혀 없었다'까지의 빈도를 기준으로 어디에 해당하는지 답하게 했다.

이를 통해 전반적으로 상관의 괴롭힘이 몇 가지 패턴을 중심으로 일어

표 1-1 상관의 괴롭힘

질문 항목	빈도				
	거의 매일	1주일에 서너 번	1개월에 서너 번	6개월에 서너 번	전혀 없었다
직무수행에 필요한 정보를 알려주지 않음	11(36.7)	11(36.7)	2(6.6)	0(0.0)	6(20.0)
직무 관련 굴욕이나 조롱	13(43.3)	2(6.7)	7(23.3)	1(3.3)	7(23.3)
직위(직무 능력)에 어울리지 않는 낮은 수준의 일을 시킴	10(33.3)	4(13.3)	3(10.0)	5(16.7)	8(26.7)
업무 책임을 사소하거나 안 좋은 것으로 대체함	7(23.3)	7(23.3)	4(13.3)	2(6.6)	10(33.3)
격분, 분노하여 고함을 지름	8(26.7)	3(10.0)	6(20.0)	6(20.0)	7(23.3)
잘못이나 실수를 반복적으로 들추고 문제 삼음	11(36.7)	3(10.0)	5(16.7)	5(16.7)	6(20.0)
그만두는 것이 좋겠다고 말하거나 암시를 줌	13(43.3)	4(13.3)	1(3.3)	5(16.7)	7(23.3)
의견이나 생각을 무시함	11(36.7)	6(20.0)	3(10.0)	4(13.3)	6(20.0)
터무니없는 목표나 기한을 주고 달성하도록 요구함	4(13.3)	2(6.7)	3(10.0)	8(26.7)	13(43.3)
내가 하는 일을 지나치게 감시함	18(60.0)	2(6.7)	3(10.0)	2(6.7)	5(16.7)
내게 주어진 권리(예를 들어 병가, 휴가 혜택, 여행 경비 등)를 못 누리도록 압력을 행사함	7(23.3)	3(10.0)	6(20.0)	2(6.7)	12(40.0)
감당하기 힘든 분량의 업무를 주고 하라고 지시함	4(13.3)	5(16.7)	3(10.0)	2(6.7)	16(53.3)
폭력 행사나 위협	4(13.3)	3(10.0)	6(20.0)	5(16.7)	12(40.0)

주 1: 괄호 안은 전체 대비 비중(%)임.
주 2: N=30.

나고 있음을 알 수 있었다. 설문 결과를 보면, "내가 하는 일을 지나치게 감시함", "직무 관련 굴욕이나 조롱", "그만두는 것이 좋겠다고 말하거나 암시를 줌"의 항목에 대해 '거의 매일' 그렇다는 답변이 가장 많았다. 거의 절반에 이르는, 또는 그 이상의 응답자가 상관으로부터 이러한 유형의 괴롭힘을 가장 빈번하게 경험했다는 것이다. 반면 "터무니없는 목표나 기한을 주고 달성하도록 요구함", "내게 주어진 권리를 못 누리도록 압력을 행사함", "감당하기 힘든 분량의 업무를 주고 하라고 지시함", "폭력 행사나 위협"은 그 반대이다. 내부고발을 하고 직장에 남았던 사람 가운데 거의 절반은 이러한 경험이 '전혀 없었다'고 응답했다(표 1-1 참조).

2' 3 동료나 부하의 괴롭힘

내부고발 이후 동료나 부하의 괴롭힘에 관해 알기 위하여, 마찬가지의 응답을 요구한 후, 직장 내에서의 괴롭힘 가운데 동료나 부하가 주로 사용하는 괴롭힘 항목을 제시했다. 두 항목("직무수행에 필요한 정보를 알려주지 않음"과 "폭력 행사나 위협")은 상관뿐만 아니라 동료나 부하도 똑같이 사용한다는 점에서 반복 질문했다.

설문 결과, "험담과 거짓 소문을 퍼뜨림", "나와는 말을 하지 않으려고 함", "직무수행에 필요한 정보를 알려주지 않음", "내 신변(버릇이나 배경), 태도 또는 사생활을 모욕적이거나 불쾌한 방식으로 말함", "말을 걸면 적대적 반응을 나타내거나 냉소 지음" 항목의 빈도수가 가장 높아, 내부고발 이후 거의 매일 그러한 경험을 한 것으로 나타났다. 반면 "폭력 행사나 위협", "나를 바보나 웃음거리로 만드는 장남을 침", "못살게 굴고 빈정거림"의 빈도는 낮았다. 특히 "폭력 행사나 위협", "손가락질, 사적 공간에 허락 없이 침입하거나 떠밀고 길을 가로막고 방해함", "나를 바보나 웃음거리로 만드는 장난을 침"은 거의 절반에 가까운 응답자가 지난 6개월 동안 자신에게는 그러한 일이 "전혀 없었다"라고 응답했다(표 1-2 참조).

앞서 살펴본 상관의 괴롭힘과 더불어 부하나 동료의 괴롭힘에 관한 조사 결과를 보면, 괴롭히는 항목별 빈도에 분명한 차이가 있고, 내부고발자에 대한 직장 내 괴롭힘이 몇 가지 패턴을 중심으로 일어나고 있다는

표 1-2 동료나 부하의 괴롭힘

질문 항목	빈도				
	거의 매일	1주일에 서너 번	1개월에 서너 번	6개월에 서너 번	전혀 없었다
직무수행에 필요한 정보를 알려주지 않음	14(46.7)	3(10.0)	6(20.0)	1(3.3)	6(20.0)
험담과 거짓 소문을 퍼뜨림	19(63.3)	2(6.7)	6(20.0)	2(6.7)	1(3.3)
나와는 말을 하지 않으려고 함	19(63.3)	3(10.0)	5(16.7)	2(6.7)	1(3.3)
내 신변(버릇이나 배경), 태도 또는 사생활을 모욕적이거나 불쾌한 방식으로 말함	14(46.7)	5(16.7)	4(13.3)	3(10.0)	4(13.3)
손가락질, 사적 공간에 허락 없이 침입하거나 떠밀고 길을 가로막고 방해함	6(20.0)	1(3.3)	6(20.0)	4(13.3)	13(43.3)
말을 걸면 적대적 반응을 나타내거나 냉소 지음	14(46.7)	3(10.0)	4(13.3)	5(16.7)	4(13.3)
나의 업무 수행 방식을 계속하여 비판함	10(33.3)	5(16.7)	3(10.0)	4(13.3)	8(26.7)
나를 바보나 웃음거리로 만드는 장난을 침	5(16.7)	4(13.3)	3(10.0)	5(16.7)	13(43.3)
나를 곤경에 빠뜨리는 근거 없는 혐의를 지어냄	11(36.7)	3(10.0)	3(10.0)	6(20.0)	7(23.3)
못살게 굴고 빈정거림	6(20.0)	6(20.0)	5(16.7)	3(10.0)	10(33.3)
폭력 행사나 위협	3(10.0)	3(10.0)	4(13.3)	6(20.0)	14(46.7)

주 1: 괄호 안은 전체 대비 비중(%)임.
주 2: N=30.

것을 알 수 있다. 이러한 조사 결과는 내부고발자 보호 프로그램 마련과 관련해 크게 두 가지 고려할 사항이 있을 수 있음을 시사한다. 하나는 내부고발 이후 법적 보호를 받아 직장에 남더라도 괴롭힘으로부터 이들을 보호하기 위한 대책을 마련해야 한다는 점이다. 또 하나는 내부고발자에 대한 보복 금지 지침이나 윤리교육 프로그램들을 시행함으로써 직장 내에서 내부고발자에 대한 괴롭힘이 발생하지 않도록 해야 한다는 것이다.

표 1-3 내부고발자들에 대한 격려, 사회적 지지, 생활 방식 등

질문 항목	매우 그렇다	상당히 그렇다	중간	약간 그렇다	전혀 그렇지 않다
가족들(교제관계에 있는 사람, 약혼자 포함)의 이해와 격려	11(36.7)	8(26.7)	6(20.0)	3(10.0)	2(6.7)
동료들의 이해	6(20.0)	11(36.7)	5(16.7)	2(6.7)	6(20.0)
TV, 신문 등 언론의 호의적 보도	9(30.0)	11(36.7)	5(16.7)	4(13.3)	1(3.3)
정부 지원과 보호	4(13.3)	4(13.3)	3(10.0)	2(6.7)	17(56.7)
NGO 지원	8(26.7)	7(23.3)	4(13.3)	7(23.3)	4(13.3)
취미생활	1(3.3)	5(16.7)	10(33.3)	8(26.7)	6(20.0)
종교	5(16.7)	5(16.7)	4(13.3)	5(16.7)	11(36.7)

주 1: 괄호 안은 전체 대비 비중(%)임.
주 2: N=30.

2' 4 내부고발자가 받은 지지, 격려, 활동 등

내부고발은 사회적 이익을 위한 개인적 희생이다. 조직 안에서 보면 '항명이나 불복으로, 조직 규범의 일탈 행위'이지만, 전체 사회로서는 '조직의 부패 등 사회에 유해한 활동에 항거함으로써 일반 시민의 안위를 도모하는 의로운 행위'이다. 따라서 사회는 부패가 은폐되어 조직이 얻게 될 이익보다 내부고발로 공공이 얻게 될 이익이 더 클 때, 개인의 양심적 판단, 전문 직업적 윤리, 사회 일반에 대한 책임 등에 따른 내부고발에 환호한다. 내부고발자에게 가족의 격려가 가장 중요하나, 사회적 지지 역시 내부고발자로 하여금 고난의 긴 시간을 견디고 스트레스를 극복할 수 있도록 돕는다. 특히 사회가 이들에게 보내는 격려는 그것을 보는 다른 사람들로 하여금 조직 내에서 잘못을 신고할 수 있는 동기를 부여하고 용기를 북돋는다. 표 1-3은 30명의 응답자가 내부고발 후 직장에서 괴롭힘을 당하는 동안, 누구로부터 얼마나 격려, 사회적 지지를 받았고, 무엇이 도

움이 되었는가에 관한 설문 결과이다.

내부고발이 아무리 좋은 의도로 행해졌다고 해도 주변의 이해와 도움 없이는 혼자 성공하거나 견디기가 매우 어렵다. 예상한 대로 응답자들은 '가족들의 이해와 격려', '언론의 호의적 보도'가 가장 큰 도움이 되었다고 대답했고, 시민단체의 지원 역시 긍정적인 것으로 평가했다. 그러나 정부 지원과 보호, 종교, 취미생활은 그렇지 못했다고 대답했다. 특히 조사에 참여한 내부고발자 중 절반 이상이 정부 지원에 대해 부정적으로 평가했다. 이러한 응답은 내부고발자를 위한 법률적 · 사회적 지원의 방향이 앞으로 어떠해야 할지를 시사한다.

2' 5 내부고발 후 자신의 행위에 대한 평가

내부고발자는 내부고발 후 조직의 보복과 사회적 지지 경험 이후, 자신이 내부고발을 했던 행위에 대해 어떻게 생각하게 될까? 세인포트와 부스키(Sainfort and Booskie, 2000)에 따르면, "선택한 후 결정에 대한 만족도 측정은 '올바른' 결정에 대한 선택이 어렵거나 장기적으로 맺어질 결과에 대해 불확실한 상황에서 특히 더 중요하다". 자신의 제보 결정에 대한 내부고발자의 만족도는 그 자체가 내부고발자 보호정책이 얼마나 성공적인지를 나타내는 중요한 지표가 되며, 내부고발자가 자신이 제보했던 것에 대해 긍정적으로 생각할수록 직원들로부터 직장 내 비리를 신고하도록 동기를 부여하는 효과도 있다. 설문에 참여한 내부고발자 총 67명이 자신이 한 행동을 어떻게 생각하는지 묻는 질문에 대답했다(표 1-4 참조).

설문 결과, 절반 이상의 내부고발자는 '매우 그렇다' 정도로 내부고발을 후회하지 않으며, 똑같은 상황에 처한다면 또다시 내부고발을 할 것이라고 응답했다. 반면, 절반 또는 그 이상의 응답자들은 내부고발로 큰 피

표 1-4 내부고발 후 자신이 내부고발을 했던 것에 대한 생각

질문 항목	매우 그렇다	상당히 그렇다	중간	약간 그렇다	전혀 그렇지 않다
똑같은 상황에 처한다면, 나는 또다시 내부고발을 할 것이다	34(50.7)	11(16.4)	8(11.9)	4(6.0)	10(14.9)
나는 내부고발을 후회하지 않는다	39(58.2)	13(19.4)	6(9.0)	3(4.5)	6(9.0)
내부고발로 인해 나는 큰 피해를 입었다	42(62.7)	15(22.4)	7(10.4)	2(3.0)	1(1.5)
내부고발을 통하여 나는 내가 기대했던 결과를 모두 얻었다	2(3.0)	11(16.4)	15(22.4)	23(34.3)	16(23.9)
내가 내부고발을 한 것에 대해 만족한다	10(14.9)	30(44.8)	9(13.4)	8(11.9)	10(14.9)

주 1: 괄호 안은 전체 대비 비중(%)임.
주 2: N=30.

해를 입었지만 기대하던 결과는 '약간 또는 전혀' 얻지 못했다고 생각했다. 응답자 가운데 약 60%는 내부고발을 한 것에 대해 '상당히' 만족한다고 대답했다. 요약해보면, 내부고발을 결행했던 사람들의 거의 70% 이상은 큰 피해를 입었지만 자신의 행위를 후회하지 않으며, 똑같은 상황이 되면 또 그렇게 할 것이라는 것이다. 또한 응답자 약 58%는 '약간 그렇다' 이상으로 내부고발을 할 때 기대했던 것을 내부고발을 통해 얻지 못했다고 생각하며, 한 걸음 더 나아가 그러면서도 자신들이 내부고발을 한 것을 두고 상당수 응답자가 만족한다는 사실을 알 수 있다. 이러한 조사 결과는 내부고발자 보호 프로그램이 무엇을 위한 것인지, 보호제도는 어디에 목표를 두어야 할 것인지, 목표를 달성할 수 있는 수단은 무엇인지, 내부고발자들 스스로 자신의 고발 결정에 대한 만족도는 어떻게 개선할 것인지 등 많은 질문에 대해 의미 있는 정보를 제공한다.

내부공익제보자 중 한 명은 이렇게 밝혔다. 만일 자신에게 어떤 사람

이 찾아와, 자신이 속한 조직에서 심각한 비리가 자행되고 있고, 가만히 있는 것은 그동안 살아온 세상 사는 원칙이나 도리, 양심상 도저히 허락되지 않는데 도대체 어떻게 하면 좋겠느냐고 한다면, 자신은 망설임 없이 그에게, 가만히 있으라고, 현재의 한국 사회에서 이에 대해 양심의 가책을 느낄 필요는 전혀 없다고 조언하겠다는 것이다. 왜냐하면 문제를 제기할 경우 '자신의 이익을 위해 조직을 배신한 사람', '혼자서 튀어보고자 하는 사람', '혼자서 잘난 척하는 사람', '남이 잘되는 꼴을 못 보는 사람'으로 몰리게 되는 것은 물론, 조직으로부터 철저히 응징을 당하게 될 것이기 때문이라는 것이다. 끝내 내부고발을 하려고 한다면 자신에게 자금이 넉넉한지도 확인할 필요가 있는데, 내부고발을 하면 삶을 송두리째 빼앗기는 것은 물론, 일 대 백의 싸움을 이어나갈 수밖에 없고, 개인이 조직에 맞서 신념만으로 싸우기에 현실은 냉혹하기 때문이라는 것이다.

국가는 내부고발자를 보호하기 위한 제도를 마련하고 있다. 많은 예산을 들여 권익위를 운영하고, '권익위법'은 공직자의 부패행위나 국가예산 등과 관련한 신고의 경우 이를 이유로 징계 조치 등 신분상 불이익을 가하는 것을 금지하며, 신고자가 어떤 불이익을 당했다면 그것을 해당 신고와 관련된 것으로 추정한다고 규정한다. 하지만 현실적으로 내부고발자에게 보상은커녕 원상회복까지의 길은 멀고도 험하며, 신고한 비리에 대해 취해지는 조치는 최소한도에 그치기 일쑤다. 특히 법으로 공익제보자가 당하는 피해를 금지하고 있으나 법적 보호가 포착하지 못하는 사회적 거부와 배제, 트라우마, 심리적 고통, 건강의 상실은 그 피해를 구제받을 길이 없다. 이 때문에 사회적으로 건강한 삶을 영위하지 못하고 자기 파괴의 악순환에 빠지거나 극단적인 경우 자살을 선택하기도 한다. 더욱이 이러한 공익제보자의 피해는 해당 개인의 고통과 불행에서 끝나지 않고, 조직이나 사회적 차원에서 더 이상 누구도 부정에 맞서지 않고 외면하게 하는 반사회적 학습 효과를 유발한다. 따라서 이들을 철저하게 보호할 방도를 시급히 찾아야 하나, 내부고발자의 사회적 · 심리적 피해와 같은 부분에 대해서는 아직도 체계적으로 조사된 바가 없다.

앞서 소개한 설문 결과를 보면, 내부고발자 상당수는 자신의 행동이 낳은 결과에 대해 상당한 자부심을 갖고 있으며, 같은 상황을 만나면 또다시 같은 행동을 하겠다는 의지를 드러냈다. 그런데 현실에서 내부고발자들은 한편으로 집단 괴롭힘 등 많은 희생을 겪으나, 다른 한편으로는 가족의 격려, NGO 등 사회적 지원과 조직 내 동료의 도움을 받기도 한다. 이러한 사실은 내부고발자에 대한 괴롭힘을 중단시키는 동시에 사회적 지원을 촉진하기 위한 제도적 장치를 발전시키는 등 내부고발자를 적절히 보호하기 위해 앞으로 풀어가야 할 과제가 적지 않음을 보여준다.

3 내부고발자와의 대화: 경험과 고백

한때 세상을 떠들썩하게 했던 내부고발자들도 알고 보면 사실 평범한 시민이다. 이들 역시 자신에게 닥칠 어려움을 두려워했고 이 때문에 고발하기 전까지 많은 고민을 했다. 그들이 고민하는 바는 크게 두 가지이다. 하나는 조직의 보복, 동료들의 피해, 자신에게 돌아올 불이익 등에 대한 것이고, 또 다른 하나는 고발하면 제대로 조사가 이루어지고 조금이나마 개선될지 하는 의문이다. 가장 떨쳐버리기 어려운 고민은 전자이다. 그리고 어떻게 보면 내부고발자의 발목을 끝까지 잡는 것은 비록 부패와 비리를 저질렀지만 함께 일한 동료가 처벌받을 수 있고 조직이 어려움에 처할 수 있다는 의리 차원의 인간적 갈등이다. 이러한 고민 속에서도 결국 내부고발을 선택한 사람들은 과연 어떤 생각을 하고 있을까? 여기서 그들의 목소리를 직접 들어봄으로써 우리는 그들이 왜 그러한 행동에 나서게 되었는지, 그리고 그러한 행동을 통해 어떠한 보람을 느끼는가를 조금이나마 짐작해볼 수 있을 것이다. 그리고 실제 경험을 통해 잠재적 내부고발자들에게 당부하고 싶은 조언도 직접 들어볼 수 있다.

다음의 대화는 박홍식 교수가 사회를 보는 형식을 취하고, 권익위 청렴연수원에서 2013년 12월에 제작한 '공익신고' 동영상에서 소개된 바 있는 자료를 군 부재자투표 부정을 고발했던 이지문 당시 중위, 적십자사 혈액부실 관리 실태를 동료들과 함께 세상에 알렸던 김용환 씨, 영관급 장교로서 군 비리를 방송을 통해 제보했던 김영수 당시 소령과 나눈 대화 형식으로 꾸민 것이다.

• • •

박홍식　작년 12월에 참여연대가 주최한 '양심의 호루라기를 부는 사람들' 행사에서 뵙고 다 같이 뵙기는 처음입니다. 오늘 이렇게 자리를 만든 것은 제가 대표 저자로 집필 중인 『내부고발자, 그 의로운 도전』이라는 책에 여러분의 생생한 도전과 성취, 고민의 목소리를 담고자 하는 욕심 때문입니다. 세 분 다 이 책에 담을, 부패와 부당함에 대해 고발을 생각하는 사람들에게 전하는 스무 가지 조언을 해주셨는데요. 오늘은 이런 내용을 포함해서 편하게 이런저런 이야기를 나누어보고자 합니다. 본격적인 대화에 앞서 독자들의 이해를 돕고자 대화에 참여하신 분들의 근황을 소개해보겠습니다. 김영수 전 소령은 2011년 6월 말 전역하고 바로 권익위에 채용되어 국방 담당 전문조사관으로 일하고 있습니다. 김용환 씨는 적십자사에서 계속 근무하면서 '공익제보자와 함께하는 모임' 대표를 맡아 내부고발자를 위한 상담도 하고 있습니다. 이지문 박사는 내부고발 지원

단체인 호루라기재단 상임이사와 한국공익신고지원센터 소장으로 활동하면서 연세대에서 학생들에게 NGO, 민주주의에 관해 강의하고 있습니다. 그럼 먼저 어떤 내용을 고발하셨는지부터 들어볼까요? 편의상 사건이 일어난 순서대로 여쭤보겠습니다. 지금은 핵심적인 내용 위주로 먼저 말씀해주시고, 좀 더 자세한 내용은 다시 듣도록 하겠습니다.

이지문 저는 ROTC로 임관해서 의무복무 중이었던 1992년 3월, 제14대 국회의원선거 부재자투표를 목격하게 됐습니다. 그런데 대대장은 간부들에게 여당을 지지하는 정신교육을 시키라고 지시했고, 중대장들은 여당 지지율이 자신의 장교 고과평점에 반영된다는 소문 때문에 중대원들에게 정신교육을 시키는 것은 기본이고, 심한 두 곳 중대의 경우는 중대장이나 주임상사 입회하에 공개적으로 여당을 찍게끔 하는 부정행위가 있었습니다. 이런 사실을 3월 22일 공선협에서 기자회견을 통해 공개했습니다.

김용환 저는 다른 세 명의 적십자사 직원과 함께 2003년 6월 언론에 익명으로 제보했습니다. 우리가 제보한 것은 적십자사 혈액사업본부에서 혈액 관리를 제대로 하지 않아 헌혈을 받은 피 중에 에이즈와 B형 · C형 간염, 말라리아 바이러스에 감염된 혈액이 환자 수혈용과 의약품 제조용으로 유통되고 있다는 사실이었습니다.

김영수 저는 2006년 2월 당시에 계룡대 근무지원 과장으로 일하고 있었는데, 제가 부임하기 전 사무용품 등을 구매하면서 위조 견적서를 이용해 정상 가격보다 거의 두 배 이상 고가로 특정 업체에 수의계약을 해주고 그 대가로 뒷돈을 받고 있다는 사실을 발견해 해군 헌병대에 신고했습니다. 그러나 제대로 수사를 하지 않고 오히려 비리를 저지른 자들을 비호하면서 신고자인 저를 이상한 군인으로 몰아갔고, 이에 해군본부와 국방부 검찰단에도 고발했으나 역시 제대로 처리되지 않았습니다. 그래서 2007년 2월에 권익위의 전신인 국가청렴위원회를 찾아가 신고했고, 그 결과 국방부 조사본부는 약 10억 원의 국고 손실이 인정된다며 해군본부에 관련자 16명을 징계하라고 했습니다. 그러나 해군본부는 수사 결과가 잘못됐다고 하면서 신고자인 저에 대해 온갖 음해와 차별을 가했습니다. 그래서 2009년 10월 MBC 〈PD수첩〉에 직접 출연해 이런 사실을 알리게 된 것입니다.

박흥식 그러니까 이지문 당시 중위는 군 부재자투표 부정을, 김용환 씨는 부실 혈액 관리 실태를, 그리고 김영수 당시 소령은 군 납품 비리를 우리 사회에 알린 것이네요. 과정은 달랐지만 최종적으로는 언론을 통해 고발한 것이라는 공통점이 있습니다. 이런 내부고발 이후에 어떤 경험을 하셨나요? 소속 조직이 가만있지 않았을 것 같은데, 어떠했는지요? 김영수 소령님부터 말씀해주시죠.

김영수 처음 헌병대에 신고하고 나서는 근무평정에서 최하 등급인 E 등급을 받았습니다. 6개월 만에 업무 부적응자로 분류돼서 한직으로 전출되었는데, 그곳에서는 아예 보직도 주지 않고 책상조차 주지 않아 서서 일하거나 아니면 사병과 책상을 같이 쓰라고 하더군요. 제가 평소에 돈 받아먹고 후배 등쳐먹고 근무태도도 불성실하다, 이런 식으로 지속적으로 음해를 하는 것은 기본이었고요.

김용환 앞서 말씀드린 것처럼 저희가 익명으로 제보했는데, 적십자사 측에서는 누가 제보했는지 찾아내 처벌하고자 했습니다. 그래서 건강세상네트워크와 참여연대의 도움을 받아 권익위 전신인 부패방지위원회에 같은 내용을 다시 신고했고요. 그러자 적십자사 측은 에이즈 환자 개인정보 비밀누설 혐의로 저와 동료 한 명을 고소하는 바람에 제가 긴급 체포까지 됐습니다. 다행히 제보 내용이 감사원 감사를 통해 사실로 밝혀졌고 저는 비록 증거 불충분으로 풀려났지만, 적십자사에서는 "언론에 혈액사업에 대한 과장, 왜곡된 내용을 제보해 기관의 명예를 실추시키고 직원들

사기를 저하시키고 근무기강을 문란케 했다"면서 징계위원회에 회부해 해임했습니다. 시민단체와 언론, 국회에서 계속 문제를 제기하자 부패방지위원회가 내부공익신고자로 인정해 보호해야 한다고 권고하면서 징계가 철회됐습니다.

이지문 저는 기자회견장에서 바로 구속되었지요, 무단이탈죄로. 제가 근무하는 부대에서 서울로 오기 위해서는 차상급자인 대대장의 허락을 얻어야 하는데 그냥 나왔기 때문에 무단이탈이 된 것이지요. 3주 구속되어 있다가 기소유예로 석방되고 나서는 바로 이등병으로 파면돼서 사회로 나왔습니다.

박흥식 그래도 김용환 씨와 함께했던 세 분은 법의 도움을 받은 셈이네요. 그렇지 않았으면 구속되어 실형을 받게 될 수도 있었고 최소한 적십자사 자체 징계를 받지 않았을까 싶네요. 이지문 씨는 파면되었다고 했는데 어떻게 구제되었나요?

이지문 선거 부정이라는 헌법과 군의 정치적 중립에 반하는 행위를 고발하기 위해서 어쩔 수 없이 군복무 규정을 어긴 것인데, 당시 군에서는 제가 근무했던 대대에서는 선거 부정이 전혀 없었다, 공명정대하게 투표했다 이렇게 발표하고 저를 거짓말쟁이로 만들어놓았죠. 저로서는 제 명예를 회복하는 것도 필요했지만, 선거 부정이 있었다는 사실을 밝히는 것도 중요했기 때문에 파면 취소 청구소송을 진행했지요. 다행히 같은 대대 군인 중에 전역해서 사회에 나온 장교 한 명과 사병 두 명을 만나 이런 상황을 호소했고 재판정에 증인으로 나와 제가 고발했던 선거 부정이 정말 있었다고 증언해주었습니다. 그 덕분에 재판부에서도 제 고발이 진실이었다고 인정했고, 결과적으로 파면 취소가 돼서 지금은 중위 신분을 회복했습니다.

박흥식 방금 이지문 씨 말 중에 당시 대대원들은 선거 부정이 없었다고

했는데, 대대급이라면 부대원이 500명도 넘지 않나요? 500명 전부가 다 사실을 부정했다, 이런 말인가요? 김영수 소령과 김용환 씨도 동료의 반응 때문에 힘들지 않았나요?

김영수 앞서 말씀드린 것처럼 처음에는 군 내부에서 해결하고자 해군 헌병대에 수차례 신고했어요. 그렇지만 헌병대는 '불법 사실 확인 불가능'이라며 수사를 종결했습니다. 제 생각에는 '봐주기'를 한 것이죠. 마찬가지로 국방부 조사본부에서 9억 4,000만 원 공공예산을 낭비한 사실을 확인하고 불법행위 관련자 16명을 징계하라고 해군에 통보했지만, "당시 수의계약 된 물품과 동일한 물건을 구할 수 없어 비교 견적이 불가능해 국고 손실을 증명할 수 없다"면서 관련자들을 징계하지 않았습니다. 결국 제가 방송에 직접 나가 이런 사실을 낱낱이 폭로하고 나서야 국방부 특별조사단의 조사가 이루어지고, 그 결과 비위 및 수사 방해 혐의로 현역과 군무원 31명이 무더기로 처벌됐습니다. 내부고발자가 아무리 비리를 내부에서 해결하고자 신고하고 노력한다 한들 조직에서 비리를 덮어두고자 하면 신고한 사람만 바보가 되고 음해의 대상이 되어버리고, 오히려 비리를 저지른 자와 덮어주는 자 사이의 유착 관계로 신고한 사람만 웃음거리가 되어버리는 것이죠. 마치 제가 비리의 당사자인 것처럼 만들어놓고 정상적인 군인이 아니다, 이런 식으로 지속적으로 음해합니다. 그동안 맺은 인간관계가 하루아침에 무너지는 것을 경험했습니다.

김용환 2003년에 내부고발을 했으니 10년이 지났지만 함께했던 한 명은 동료들이 여전히 점심식사를 함께하지 않으려고 해 식사시간에 곤혹스럽다, 자기들끼리 이야기하다가도 내가 가면 말을 멈춘다, 이런 하소연을 합니다. 그럴 때 참 마음이 아프죠.

이지문 제 경우는 두 분과 달리 고발 직후 바로 소속원들과 단절되어서 그러한 어려움은 겪지 않아 오히려 다행이라고 생각할 정도입니다. 그렇지만 제가 구속되어 있을 때 구속되었다는 사실보다 더 충격이었던 것은 500명 대대원 모두가 "이지문 중위 증언은 거짓말이다, 우리는 공정하게 투표했다, 왜 그런 말을 하는지 모르겠다"라고 했던 것인데, 이해는 하면서도 뭐랄까요, 답답하기도 하고, 왜 단 한 명도 진실을 말해주지 못할까 하는 마음 때문에 많이 섭섭하고 힘들었습니다.

박흥식 그런 불이익은 충분히 예상할 수 있었을 텐데, 그래서 고발에 이르기까지 갈등이나 고민이 정말 많지 않았을까 생각됩니다. 내부고발을 하기 전 그런 번뇌의 시간에 대해 말씀을 듣고 싶습니다.

김용환 정말 많이 고민했습니다. 한 서너 달 고민했지요. 위험성 있는 혈액이 유통되는 것을 막긴 막아야겠고, 그러면서도 불이익을 받을 것이 분명히 예상되는 상황에서, 어떻게 해야 할까 고민을 많이 했었죠. 최악의 경우 직장에서 쫓겨나면 가장으로서 역할도 못 하게 되고 사회생활 역시 힘들어지겠고, 그리고 적십자사에 대해 국민들이 불신하게 되면 헌혈도 하지 않게 되지 않을까 하는 생각도 들었고, 제 인생에서 가장 힘든 시간이었습니다.

김영수 굳이 왜 내가 나서야 하나 하는 생각도 했어요. 시간이 걸리더라도 언젠가는 해결될 수도 있을 텐데 내가 굳이 나설 필요가 있을까, 설령 해결이 안 된다고 하더라도 내게 무슨 손해가 있겠나 하는 마음도 솔직히 있었습니다. 이런 생각으로 많은 시간 고민했죠.

이지문 저는 군 입대 전 장교 특채로 대기업에 입사한 상태였기 때문에 혹시 복직을 못 하는 것은 아닌가, 군대 감옥에서 몇 년 썩는 것은 아닌가, 그러면 인생의 낙오자가 되는 것은 아닌가 하는 개인적 불이익에 대한 걱정을 당연히 했습니다. 그런 걱정을 안 했다고 하면 거짓말이겠죠. 그렇지만 끝까지 할지 말지 발목을 잡았던 것은 제가 모시던 중대장이 저 때문에 지휘 책임을 물어 잘못되지 않을까, 선거법 위반으로 처벌받는 것은 아닐까 하는, 의리라고 할까요, 그런 인간적인 갈등 때문에 제일 힘들었습니다.

박홍식 지금에야 이렇게 말씀하시지만, 그때는 다들 얼마나 힘들고 외로우셨겠습니까. 그래서 궁금합니다. 이렇게 개인적 불이익, 인간적 갈등으로 무수한 밤을 지새운 끝에 왜 그래도 내부고발이라는 험난한 길을 선택했는가 말입니다.

이지문 군 부재자투표가 여당 지지 몰표라는 것은 그때까지 하나의 공공연한 비밀이었습니다. 이런 것이 이제는 없어져야 하는 것 아닌가, 그래서 군인들이 자기 소신대로 투표할 수 있어야 하는 것 아닌가, 군인들의 잘못된 투표로 엉뚱한 사람이 국회의원이 된다면 잘못된 것이 아닌가 하는 생각으로 신고를 결심했습니다. 그리고 무엇보다도 부대 안에서 처음에는 유일하게 정치적 소신을 지켰던 중대장이 상급 부대에서 계속 압력을 가하니 어쩔 수 없이 중대원들에게 여당 지지를 부탁하고 눈물을 흘리는 모습을 보면서, 이런 분이 군에서 인정받아야 하는데 오히려 찍혀 있는 현실이 싫었습니다.

김영수 제가 담당하는 업무 자체가 상관의 불법적인 지시를 수행하게 되면 제가 처벌을 받는 입장이었습니다. 그런데 저는 범법자가 되기는 싫었어요. 군인이라는 자부심이 컸는데 군복을 벗게 될 수도 있다고 생각하니 한편으로 힘들었지만, 국가를 위해 헌신하기보다는 제 배만 채우는 일부 고위직 장교들의 횡포를 방치하는 것은 우리 군을 위해 바람직하지 않을 뿐만 아니라, 이들의 잘못된 행위를 그만두게 할 수 있다면 군복을 벗을 만한 충분한 이유가 있다고 생각했습니다. 그래서 생각한 유일한 방법은 세상에 그것을 알리는 것이었죠.

김용환 만약 그 혈액을 내 동료나 친지, 내 가족이 수혈하게 된다면 그때는 어떻게 할 것인가 하는 생각을 하니 그냥 지나칠 수 없었습니다.

박홍식 세 분께서 정말 큰 결심을 하신 덕분에 우리 사회가 좀 더 민주화되고, 더 믿을 만한 군대를 갖게 되고, 수혈도 좀 더 안전해지지 않았나 생각됩니다. 그럼 이제부터는 그런 용기 있는 고발로 어떤 변화들이 일어났는지 말씀해주시지요. 이지문 씨의 경우에 사실 그 고발을 계기로 선거법이 개정돼 그해 대통령선거부터는 군 부재자투표가 영외투표로 바뀌고 부정선거 시비가 완전히 사라지게 되면서 민주주의의 큰 진전을 가져왔습니다.

이지문 영외투표로 법이 바뀌고 난 후 대통령선거가 있기 전으로 기억합니다. 기차를 타고 오는데 옆 자리에 앉은 분이 저를 알아보고 혹시 이지문 중위 아니냐고 물어보시더라고요. 제가 그렇다고 하니까, 자신은 현역 대대장인데 당신 때문에 법이 바뀌어 이제 홀가분하게 대통령선거를 맞이하게 돼서 고맙다, 선거 때만 되면 대대장 입장에서는 대대원들에게 아쉬운 소리도 해야 하고 소대장, 중대장에게도 싫은 소리를 해야 하는데 이제 그렇게 하지 않아도 돼서 고맙다, 이렇게 말씀해주셨는데 그 말을 듣고, 제가 비록 파면되어 나왔지만 그래도 안 하기보다는 용기를 내서 하기를 잘했구나 하는 생각을 하게 됐습니다.

박홍식 적십자사에도 당시 고발을 계기로 정부가 혈액의 안전 관리를 위해 3,400억 원이라는 예산을 대대적으로 투입한 것으로 알고 있습니다. 그 예산을 들여 혈액 관리 시스템을 전면 개선했지요? 그리고 정부 부처에 전담 부서를 설치하고, 그 덕분에 수혈로 인한 사고가 급격하게 줄었다고 들었습니다.

김용환 혈액이 안전하게 보급되어 국민에게 신뢰를 주는 것을 보게 되니까 우리가 그렇게 하기를 잘했구나 하는 생각이 들었습니다. 특히 고발 이후 보건복지부 실태조사를 통해 수혈 감염자를 찾아냈는데, 이 조사에서는 태어나자마자 인큐베이터에 들어갔던 영아가 수혈을 받고 B형 간염에 걸렸다는 것이 밝혀졌어요. 모 방송국 인터뷰에서 아이 부모가 적십자사 직원들의 내부고발이 없었다면 내 아이가 어떻게 감염되었는지도 모르고 치료에도 어려움이 많았을 텐데 신고 덕분에 그래도 어느 정도 배상을 받아 치료가 용이해졌다고 말했는데, 그것을 들으면서 저도 큰 보람을 느꼈습니다.

김영수 저의 고발로 군납에 있어 수의계약에 따른 비리를 근절하려는 차원에서 경쟁계약으로 전환됐습니다. 그렇지만 상당한 수사를 했고 증거 자료도 충분했는데도 너무 많은 군인들이 연루되어 결국 없었던 일로 덮어버리게 되면서 진급 비리에 대해 확실한 경종을 울리지 못한 것이 조금은 아쉽습니다.

박흥식 정부나 사회로부터 공식적 인정이라고 할까요, 이런 것이 혹 있었는지요?

이지문 대법원에서 파면 취소가 최종 확정되고 나서 서울특별시의원으로 출마했는데 이때 최연소 의원으로 당선됐습니다. 다른 아무런 경험도 없는 젊은 제가 당선될 수 있었던 것은 제가 한 행위에 대해 사회적으로 인정받았기 때문이 아닌가 합니다. 그리고 그 일 이후 지난 20년간 내부고발 운동을 한 공로를 인정받아 국가로부터 국민포장을 받았습니다.

김용환 저 역시 정부로부터 표창을 받은 것이 있습니다. 그리고 아름다운재단에서 주는 '아름다운 사람 상'을 수상했을 때 사회적으로 인정을 받았다는 느낌이 들었습니다.

김영수 저도 정부로부터 훈장을 받았습니다. 참여연대와 아름다운재단에서 내부고발자에게 주는 상도 받았고요.

박흥식 세 분의 내부고발 경험에 대해 대화를 나누어보았는데요. 지금부터는 조금 각도를 달리해서 내부고발에 대한 사회적 인식, 내부고발자 보호를 위해 필요한 것이 무엇인지, 그리고 잠재적 내부고발자에게 전하고 싶은 조언이 있다면 무엇인지 등에 관해 들어보고자 합니다. 먼저 우리 사회에서 내부고발의 위상이랄까요, 이것부터 이야기를 해보죠.

김영수 저는 우리 사회의 많은 문제가 당사자가 내부고발을 하면 다 풀릴 수 있는 것이라고 생각해요. 그렇지만 자기 자신의 이익 때문에 내부고발을 못 하는 것 같습니다. 사회가 내부고발을 수용하지 못하고 신분을 보호해주지 못하기 때문에 더욱 그렇고요. 무엇보다도 정치권에서 정말 내부고발을 활성화하고자 하는 의지가 있는지, 겉으로 말만 하는 것은 아닌가 하는 생각을 늘 하게 됩니다.

김용환 자기 조직이 아닌 다른 곳에서 내부고발이 발생하면 박수를 보내지만, 자기 기관에서 나오면 반가워하지 않는다, 이런 이중적 인식이 바뀌어야 합니다.

이지문 한쪽에서는 용기 있는 사회의 파수꾼, 이렇게 말하면서도 다른 쪽에서는 배신자, 배반자로 몰아붙이는 이런 인식을 바꾸지 않는 한 법적 보호가 있다 하더라도 내부고발을 하기는 힘들어질 것이라고 봅니다.

박홍식 지금 우리나라에서도 1990년대 내부고발자들의 희생이 있었기에 시민단체들의 적극적인 법 제정 운동이 일어나 2002년 1월부터 현재의 '권익위법'이 — 당시에는 '부패방지법'이었죠 — 시행되고 있고, 민간 분야 신고자를 보호하기 위해 2011년 9월부터는 '공익신고자 보호법' 역시 시행되고 있습니다. 어떻게 보면 이런 보호법은 세 분을 비롯한 많은 내부고발자들의 피눈물이 있었기 때문에 생길 수 있었던 것이라고 생각됩니다. 그래도 여전히 사각지대가 있고 한계도 많이 남아 있습니다. 어떤 점이 더 보완되어야 한다고 보십니까?

김용환 생계를 유지할 수 있을 정도로 정부가 책임지는 것이 가장 중요하다고 생각합니다. 신분을 보장해준다고 하지만, 조직에서 은근히 왕따를 시키고 업무에서 배제하고 승진에서 누락시키고 이렇게 장기간 하게 되면 견뎌낼 수가 없습니다. 그래서 새로운 삶을 살 수 있도록 지원해주는 것이 가장 중요합니다. 정부가 의지만 있다면 할 수 있다고 생각합니다. 그리고 신고처를 확대해서 신고를 쉽게 할 수 있게 해야 합니다. 보복행위자를 좀 더 엄격하게 처벌하는 것 역시 중요하고요.

김영수 내부고발자들에 대한 신분보장과 경제적 지원은 정부와 국회의 의지만 있으면 얼마든지 가능합니다. 내부고발을 하더라도 제 경우처럼 국가를 위해 당당하게 일할 수 있는 기회를 보장해주어야 합니다. 국가가 좋은 선례를 많이 보여주면 자연스럽게 내부고발은 활성화됩니다. 내부고발 성공 사례를 많이 만들어야 합니다.

이지문 저는 신분보장 수준에 그치는 데서 벗어나야 한다고 생각합니다. 충분한 보상이 이루어져야 합니다. 예를 들어, 내부고발자에게 최소 10년간 연봉을 보장해주는 것 같은 파격적인 방안이 필요합니다. 현행법은 내부고발자의 신분을 보장하는 선에 그치는데, 이는 대단한 특혜도 아닐뿐더러 현실에서는 신분보장마저 잘 지켜지지 않기 때문입니다.

박흥식 저처럼 학문적으로 연구하는 사람 역시 작년 권익위 연구용역으로 수행한 — 이지문 씨도 함께했었죠 — '공익신고자 보호법' 중장기 발전방안 연구보고서에서 그런 대안을 제시했고, 시민단체에서도 이런저런 제도 개선을 요구하고 있습니다. 세 분이 지금 말씀해주신 내용도 포함한 법 개정이 조속히 시행되어서 더 많은 내부고발자들이 철저하게 보호받을 수 있기를 희망합니다. 그럼 먼저 내부고발을 했던 사람으로서 내부고발을 준비하는 이들에게 꼭 전하고 싶은 조언이 있으면 한두 가지만 말씀해주시기 바랍니다.

김용환 무엇보다도 증빙자료를 최대한 확보하는 데 주력하라고 말씀드리고 싶습니다. 그리고 가족의 격려가 없다면 견뎌내기 힘들다는 점에서, 주변과 가족의 이해와 협조가 필요하고요. 시민단체, 변호사와 같은 전문가의 도움을 사전에 받아야 합니다. 대부분 신고 이후 보복을 받고 나서야 시민단체를 찾는 경우가 많은데, 미리 자문을 받고 도움을 구해서 함께 고발하는 것이 안전합니다.

김영수 솔직히 개인이 조직을 상대로 싸워서 이기기란 정말 힘든 일입니다. 그렇기 때문에 더욱더 철저한 준비가 필요하고요. 조직의 보복에 대응할 수 있는 히든카드를 갖고 있어야 하고, 어려울 때 진정으로 보이지 않게 도와줄 수 있는 주변의 동료가 많아야 합니다. 또한 멀리 보고 차분하게 대응해야 합니다. 내부고발을 하면 하루 이틀 만에 상황이 종료되지 않습니다. 가장 극복하기 힘든 것은 결국 시간과 자신이므로, 가능하면 평범한 일상을 소중하게 생각하면서 감정적으로 나서기보다는 차분하게 대응해야 하고요. 그리고 결코 쉬운 일이 아니니 내부고발을 경험한 사람에게 조언을 구하는 것도 좋은 방법이고, 특히 가족들과 충분히 상의하고 이해를 구하는 일을 절대 소홀히 하면 안 된다고 생각합니다.

이지문 두 분 말씀하신 것과 겹치지 않는 선에서 한두 가지 더 말씀드리자면, 조직에 징계 사유를 제공하지 말라고 조언해드리고 싶습니다. 조직은 표면상 내부고발을 했다는 이유로 징계하지 않습니다. 징계 사유는 만들어내기도 하고 다른 이 같으면 그냥 넘어갈 수 있는 것을 들어 징계하기도 합니다. 주로 무단결석이나 지각, 조퇴와 같은 근무태도와 관련한 부분을 들어 징계하는데요. 그래서 내부고발 전후로 더욱더 철저하게 직장 생활을 해야 합니다. 특히 신고 상담 등으로 시민단체나 변호사를 업무 시간에 찾거나 하는 일은 있어선 안 됩니다. 그리고 혹 자신이 연루된 잘못된 행위가 있으면 처음부터 인정해야 합니다. 그렇지 않고 신고한 뒤 나중에 그런 내용이 알려지면 지지를 받기가 어렵습니다.

박흥식 장시간 좋은 말씀 정말 감사합니다. 더 많은 내부고발자가 나오는 것도 중요하지만, 그에 못지않게 불법이나 부당한 행위들을 사전에 예방하는 데 초점을 두는 방향으로 사회가 바뀌어야겠지요. 오늘 세 분의 말씀, 주신 여러 메시지의 의미는 내부고발의 필요와 그 효과에 우리 사회가 좀 더 주목해야 한다는 것이 아닌가 싶습니다. 앞으로도 우리 사회를 위한, 그리고 내부고발자들을 위한 여러분의 많은 활동 기대하고 성원하겠습니다. 세 분이 권익위 청렴연수원에서 공익신고 강의를 하는 것으로 알고 있습니다. 여러분의 의로운 도전과 용기가 널리 퍼져 부패와 비리에 적극적으로 저항하는 공직자들이 많이 나오고, 조직에서도 인정받고 존중받을 수 있게 되기를, 그래서 우리 사회가 좀 더 깨끗한 사회로 한 발씩 나아갈 수 있기를 희망합니다. 감사합니다.

제2장

내부고발자의 고난과 시련

1 내부고발의 결정과 위험: 무엇이 문제인가

1·1 법과 현실 그리고 이상, 이들 간의 차이

내부고발자는 조직에서 법규 위반이나 부도덕한 일이 일어나고 있는 것을 발견하고, 그것을 막아야 할 어떤 특별한 책임이나 의무도 없는데, 공익이나 사회적 가치, 선(善)의 실현을 위해 자신의 희생을 무릅쓴 사람이다. 이들의 고발이란 특별한 것이라기보다는 어쩌면 양심 있는 사람이라면 당연히 해야 하는 것으로, 남보다 앞장서 사회의 위험을 그것을 모르는 많은 사람들에게 알려주고자 했고, 정부정책에 남보다 더 적극적으로 협조했던 것뿐이다. 사회가 범죄 등 다양한 위험으로부터 안전을 지키려면 이러한 내부고발자가 필요하다. 내부고발을 개인의 성폭력 위험에 대한 대처와 비교해보자. 지하철에는 눈에 잘 띄는 곳에 다음과 같은 성폭력 대응 수칙이 게시되어 있다. 첫째, 신체 접촉 시 즉각 불쾌감을 표시한다. 둘째, 적극적인 신고 의지를 나타낸다. 셋째, 큰 소리로 주위에 도움을 요청한다. 내부고발도 이와 마찬가지의 단계를 거쳐 일어난다. 조직의 범죄나 부도덕한 행위는 사회에 피해를 주는 것이고, 그것을 본 사회 구성원으로서 내부고발자는 이에 불쾌감을 표시하고, 그것이 안 되면 적극적인 신고 의지를 가지고 어떻게 해서든 그것을 막고자 큰 소리로 주위에 도움을 요청하는 것이다. 개인으로 보면 사회적 책임이자 의무에 속하는 행위이고, 궁극적으로는 자기보호를 위한 것이다. 조직 구성원은 자신이 속한 조직의 일이라도 범죄나 잘못을 보면 문제점을 지적하고, 그렇게 해도 바로 잡을 수 없으면 신고를 고려하고 조직 외부에라도 도움을 청해야 하는 것이다.

1'2 내부고발 형태는 다양하다

내부고발이 대중매체를 통한 제보나 폭로만으로 이루어지는 것은 아니다. 내부고발은 고백이나 증언, 진술 등 다양한 형태로 나타난다. 자청해서 기자회견을 열어 진술하는 경우도 있지만, 국회 청문회나 법원에서 증인이나 참고인, 감정인, 또는 사건 당사자 등으로 참석해 조직에서 자신이 본 것을 사실 그대로 정직하게 증언하는 것도 내부고발의 한 형태이다. 검찰이나 경찰이 조직이나 동료의 불법 활동에 대해 조사하면서 협조나 증언을 요청했을 때, 공직자나 기업의 직원이 자신이 본 것을 진술하는 것 역시 비록 소극적이기는 하나 내부고발이라 할 수 있다. 국가기관에 증인으로 참석한 경우라면 정직하게 사실대로 말해야 할 의무가 따른다. 위원회나 심판진이 심각한 불공정 결정이나 판정을 했을 때, 위원이나 심판 중 어느 한 사람이 그것이 큰 잘못임을 깨닫고 문제점을 지적하는데 위원회나 심판진이 자신들의 위신이나 드러내지 않는 또 다른 이기적인 이유로 이러한 지적을 무시하고 받아들이지 않을 때 TV나 신문과의 인터뷰에서 그러한 사정을 밝힐 수도 있다. 이것 또한 내부고발이다. 내부고발은 다양한 형태를 빌려 자신의 양심에 따라 적어도 사실을 말하는 것이고, 사회 전체의 이익을 위해 나서는 것이다.

조직에 헌신하거나 자신의 직무에 충실하고, 무엇보다 공정하게 업무를 수행하고자 하는 사람, 도덕적이고 양심적인 사람일수록 조직 내에서 불법행위를 보거나 부도덕한 업무 지시 또는 요구를 받게 되었을 때 더욱 더 답답하고 참기 힘들어한다. 처음에는 그러한 사실을 두고 보거나 지시나 요구를 거부하다가도 더는 해결 방법이 없음을 깨닫고 신고 의지를 굳힌 다음 밖에 알려 도움을 요청하게 된다. 이러한 내부고발은 공직자라면 국민을 위해 마땅히 해야 할 일이며, 사회 구성원들에게는 양심에 따른 것이기 때문에, 따지고 보면 특별할 것이 없는, 어찌 보면 민주시민의 기본 의무이다. 따라서 정부는 내부고발자를 보호할 의무가 있고, 누구도 그러한 행동을 했다는 이유로 불이익을 당하는 일이 없는 환경을 만들고 제공할 책임도 있다. 그러므로 고발에 따른 불이익이 발생했다면 이를 보상하고 원상회복이 이루어지도록 조치가 취해져야 한다. 이처럼 내부고발은 원칙이나 상식, 이론상으로는 분명 보호의 대상이다. 하지만 그것은 어디까지나 이상이며, 현실은 거의 그렇지 못하다.

1'3 법적 보호의 범위

내부고발자가 받게 되는 불이익은 다양하다. 보호에 관한 법률이 있는 경우라도 보호는 이러한 내부고발자가 받는 불이익의 극히 일부만 다룬다. 그림 2-1은 내부고발자가 받는 불이익 중 현행 '권익위법'과 '공익신고자 보호법'에 의한 보호의 범위를 보여준다.

내부고발자에 대한 법적 보호는 주로 고용관계에 관한 것이다. 현행법

그림 2-1 **내부고발자의 피해와 법적 보호 수준의 추정**

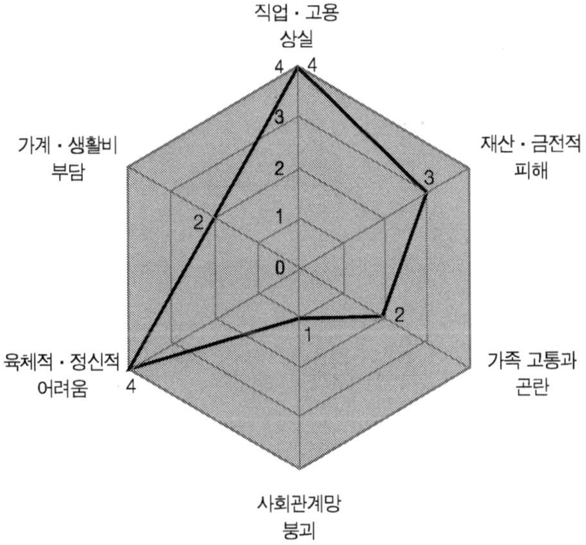

자료: 박흥식 · 이지문 · 장용진(2013: 179)의 〈그림 1〉에서 미국을 삭제하고 일부 표현을 바꾸어 재작성함.

은 육체적 · 정신적 고통에 대한 보호(건강관리를 위한 의료지원, 집단 따돌림이나 폭행 · 폭언, 기타 육체적 · 정신적 손상을 가져오는 행위에 따른 육체적 · 정신적 치료를 위한 구조금 지급 등)도 규정하나, 실제 적용은 매우 제한적이다. 내부고발자가 받는 피해는 비단 고용관계에 대한 것만이 아니다. 재산상 손실은 기본이고, 가족들의 고통과 관계 악화, 사회관계망 붕괴, 육체적 · 정신적 어려움, 생활비 부담 등도 모두 자신의 몫으로 남게 되며, 여러 불이익이 전 방위에 걸쳐 일어난다. 관련 법률에서 주된 보호 대상으로 삼는 고용조건상의 불이익도 내부고발자가 고용관계상 받는 불이익의 일부에 지나지 않는다. 그마저도 고발자가 온전히 보호받기 위해서는 자신의 과실이 없어야 하고, 소송에서도 이겨야 한다. 법적 보호를 받는 것에 성공해도, 즉 해고를 당하지 않고 조직에 그냥 남아 있게 되더라도 내부고발자는 과도한 감시, 각종 편익에서의 배제와 같은 차별뿐만 아니라, 냉소나 무시처럼 보이지 않는 보복을 당하기도 한다. 신분이 노출된 순간부터 상관이나 동료, 부하와의 인간관계도 일시에 망가진다. 내부고발자는 대부분 이러한 고용관계의 악화 앞에서 무방비인 채 무력한 상태로 남게 되나, 현행 보호법은 내부고발자에게 거의 아무런 보호도 제공하지 않는다.

물론 가장 이상적인 것은 내부고발을 하기 이전 상태로 돌려놓는 것이다. 하지만 그것은 거의 불가능하다. 일단 조직에 한 번 맞서게 되면, 피해는 오랜 시간을 두고 2차적, 3차적으로 발생한다. 블랙리스트가 암암리에 만들어지고, 그것이 자신의 직업 분야 전체로 퍼져 오랜 시간이 지나도 동종 업계에서 재취업하는 데 어려움을 겪게 된다. 사회적 관계망 자체의 붕괴도 심각한 문제이다.

이러한 모든 피해는 단지 내부고발에 따른 피해가 직업 상실 정도로 그치지 않음을 시사한다. 더욱이 피해 범위가 당사자에게서 그치는 것도 아니다. 가장의 직업 상실로 가족 모두가 경제적 곤란을 겪는 것은 물론, 극단적인 경우 가족구성원들이 협박을 받기도 한다. 경제적 곤란은 장기적으로 문제의 심각성이 증폭되고 누적되는 악성의 피해로, 끝내는 극도의 생계 곤란 문제로도 이어질 수 있다. 내부고발자 자신은 육체적 · 정신적 건강을 잃고, 대인기피증에다 세상에 대한 원망이 겹쳐 깊은 상실감에 빠지게 된다. 하지만 법은 내부고발자를 이러한 모든 것으로부터 보호해주지는 않는다. 설혹 보호 규정이 있더라도 자신이 그러한 불이익을 받았다는 것을 증명해야 하니, 실제 보호를 받기란 어려운 일이다. 더욱이 법률에 내부고발자가 입을 수 있는 모든 피해에 대해 규정하기란 어렵고, 설사 그렇더라도 당사자가 그러한 규정을 일일이 알기란 쉽지 않다.

그림 2-2 내부고발자(공직자)의 법적 보호 신고 대상 및 보호 수준의 추정

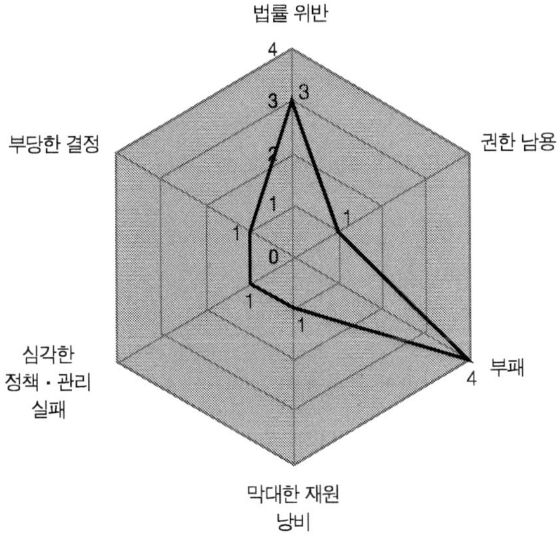

자료: 박흥식·이지문·장용진(2013: 182)의 〈그림 2〉에서 미국을 삭제하고 일부 표현을 바꾸어 재작성함.

1' 4 내부고발 공직자의 보호

내부고발자에 대한 법적 보호는 대상이 누구인가에 따라 다를 수밖에 없다. 공직자는 국민에게 봉사할 의무가 있는 만큼, 조직이나 상관의 명령이라고 할지라도 그것이 국민의 이익과 충돌하면 국민의 이익을 앞세워야 한다. 어떤 일로 납세자들에게 불이익이나 위험, 문제가 발생한다면, 비록 조직이나 상관이 그것을 비밀로 할 것을 지시한다 하더라도 공직자는 납세자인 국민에게 사실을 알려야 할 책임과 의무가 있다. 따라서 공직 분야의 내부고발자 보호는 가장 일찍부터 발달했고, 보호의 범위도 그만큼 넓고 두텁다. 그런데도 현행 보호법을 보면, 보호받는 내부고발의 대상은 매우 한정적이다. 그림 2-2는 '권익위법'상 공직자 내부고발의 보호 범위를 나타낸다.

'권익위법'은 부패행위를 신고한 사람에 대한 보호만 규정한다. 국민은 주권자이자 납세자로서 공직사회의 권한 남용, 막대한 재원의 낭비, 정책이나 관리상의 심각한 실패, 부당한 결정 등에 대해서도 알아야 할 권리가 있다. 공직자가 어떤 문제를 알게 되면, 당연히 그것을 국민에게 알리고 바로잡고자 나서야 한다. 하지만 '권익위법'은 부패행위 정보를 제공하는 경우만 보호한다. '권익위법' 제2조(정의)에서는 부패행위에 대해 "공직자가 직무와 관련하여 그 지위 또는 권한을 남용하거나 법령을 위반하여 자기 또는 제3자의 이익을 도모하는 행위" 또는 "공공기관의 예산사용, 공공기관 재산의 취득, 관리, 처분 또는 공공기관을 당사자로 하는 계약의 체결 및 그 이행에 있어서 법령에 위반하여 공공기관에 대하여 재산상 손해를 가하는 행위, 위 두 가지에 따른 행위나 그 은폐를 강요, 권고, 제의, 유인하는 행위" 중 어느 하나라고 규정한다. 이처럼 법률에서는 공직자의 부패행위와 공공기관의 재산상 손실을 가하는 부패행위에 대한 내부고발만 보호 대상으로 삼고 있는데, 그런 경우라 해도 모두 보호받을 수 있는 것은 아니고, 기명으로, 증거를 가지고, 일정한 절차에 따라 신고해야만 보호 대상이 된다. 미국 연방정부의 '내부고발자 보호법(Whistleblower Protection Enhancement Act, 2012)'은 권한의 남용이나 막대한 재원의 낭비, 심각한 정책이나 관리의 실패, 조직이나 상관의 부당한 결정 등에 대한 고발을 포함하는 것으로, 한국과 비교할 때 보호 범위가 훨씬 포괄적이다.

우리 현실에서 내부고발을 결심하는 경우, 불법과 부당함이 아무리 심각한 것이라 해도 막연히 자신이 보호받을 것이라고 생각하는 것은 금물이다. 법에서 보호를 규정하는지에 대한 확인이 필요하다. 무엇보다 고발 이후 자신이 보호받을 가능성을 고려한다면, 법과 현실이 많이 다르다는 것, 법이 보호를 규정한다고 하더라도 내부고발자가 생각하는 이상적인 보호와는 큰 차이가 있음을 인식해야 한다.

1.5 내부고발자가 걷는 미로: 크레바스와 블리자드

콘의 『내부고발자 핸드북』은 내부고발자 보호와 관련해 가장 대표적인 책 가운데 하나이다. 콘은 이 책에서 내부고발을 생각하는 사람들에게 먼저 "내부고발은 '미로(maze)'라는 것을 이해하라"라고 충고한다(Kohn, 2011: 1). 국어사전에서는 미로를 "어지럽게 갈래가 져서, 한번 들어가면 다시 빠져나오기 어려운 길"이라고 풀이한다. "해결책을 못 찾아 갈팡질팡하는 상태"에 빠지게 되는 길이라는 뜻이다. 내부고발자가 걷는 길은 그가 누구든 아직 지나가 본 적이 없어 낯선 것은 물론이고, 복잡하게 얽히고설켜 좀처럼 출구가 어딘지 가늠하기 어려우며, 곳곳에 위험이 도사리고 있다. 그 길에 한번 발을 들여놓으면 출구를 좀처럼 찾지 못한다. 마치 탐험가들이 겨울에 남극 지방을 횡단하는 것과도 같다. 해가 거의 없는 깜깜한 남극의 겨울에 극심한 추위와 눈보라를 맞으며 지구상에서 가장 추운 곳을 혼자 통과해야 한다. 크레바스(crevasse: 빙하 속의 깊이 갈라진 틈)가 빙원에 숨어 생명을 위협하고, 엄청난 강풍이 언제 닥칠지 모른다. 주위에는 도와줄 사람도 보이지 않는다. 크레바스는 마치 깊은 함정처럼 한 번 빠지면 혼자 힘으로는 빠져나오기 어렵다. 내부고발 역시 이처럼 위험하고도 험난한 길을 걷는 일이다. 엄청난 비난의 블리자드(blizzard: 강한 눈보라)를 만나고, 춥고 괴로운 시간을 보내야 할지 모른다. 세상은 빙하처럼 냉정하고, 내부고발의 길에는 한 번 빠지면 나오기 힘든 크레바스로 가득하다. 어쩌면 그 길은 끝이 없을지도 모른다. 내부고발자에게는 그래서 평상시에는 상상하지 못했던 시련이 닥칠 수 있다. 당연히 해야 할 일이라는 믿음만으로는 이러한 고난의 시간을 견디지 못할 수 있다. 무엇보다 내부고발 이후 막상 보복을 당하면, 보호법과 현실 간의 차이에 절망하게 된다. 사람들의 무관심을 마주하게 되면서 세상에 대한 원망도 늘어난다. 생각했던 것과 현실 간의 간극은 더욱 크다.

1'6 내부고발을 하려고 하는가

1'6'1 딜레마: 침묵할 것인가, 퇴직 후에 할 것인가

콘은 미국 내부고발자 지원 분야의 대표적인 변호사이다. 그는 내부고발자 보호를 위한 자신의 책에서 "만일 당신의 상사가 도둑놈이라면 어떻게 할 것인가"라는 말로 이야기를 시작한다(Kohn, 2011: 1). 조직에 몸담고 있는 사람이라면 누구나 마주할 수 있는 딜레마를 단적으로 표현한 말이다. 자신이 몸담고 있는 조직이고 그곳의 상관인데, 누군들 쉽게 내부고발을 할 수 있겠는가? 모두 주저할 것이다. 내부고발을 실행하기란 결코 쉽지 않다는 뜻이다. 저자는 이어서 이것이 모든 미국인 근로자들이 직면하는 가장 '어려운 질문(tough questions)'이라고도 말한다. 하지만 어디 미국뿐이겠는가? 한국이든 미국이든 직장인이라면 누구든 이러한 딜레마에 직면할 수 있고, 막상 그런 상황을 만나면 어떻게 해야 할지 판단하기가 결코 쉽지 않다. 그가 공직자이든 기업의 구성원이든 그러한 딜레마에 빠지지 말라는 법은 없다. 사실 현실에서 자주 그러한 상황에 처한다고 보는 것이 맞다.•

내부고발의 특징은 그것이 범죄나 부정에 대한 정보 제공일지라도 어

• 미국 Ethics Resource Center의 2013년 National Business Ethics Survey에 따르면, 과거에 비해 각각 10% 이상 감소한 것이기는 하나, 변화(합병, 기업인수, 구조조정 등)가 없었던 기업에서 직원들의 약 41%, 변화를 겪은 기업에서는 직원들의 51%가 법규위반행위를 목격하고 있다(Ethnic Resource Center, 2014.7.11).

디까지나 자발적인 선택 사항이라는 점이다. 그런 만큼 옵션도 많다. 첫째, 못 본 척 침묵할 수 있다. 자신이 내부고발로 받게 될 불이익을 감당할 자신이 없다면 문제를 외면하고 아무것도 하지 않으면 그뿐이다. 그것을 탓할 사람도 없다. 대부분은 아마도 못 본 척하거나 '세상 일이 다 그렇지' 하며 체념할 것이다. 그럴 수밖에 없는 자신을 정당화하고 위로하며 설득할지도 모른다. 이러한 선택은 불이익으로부터 자신을 지키고 자유로울 수 있는 길이기도 하다. 역설적이게도 내부고발의 포기가 곧 최고의 자기보호인 셈이다. 범죄, 부정한 것, 그로 인해 영문도 모른 채 피해를 입는 많은 사람을 보고도, 해서는 안 되는 일임을 알면서도 묵종으로 양심을 거둔다면, 일단 불이익은 피할 수 있을지 모른다. 하지만 그것도 아무나 할 수 있는 일은 아니다. 비겁해지는 것이 생각보다 쉽지만은 않은 까닭이다. 그렇게 양심을 저버려서는 안 된다고 학교나 가정에서 배워왔고, 더욱이 자식을 둔 부모라면 부정한 행위를 보고도 넘기기란 어려운 경우가 많다. 비겁한 선택에 따른 양심의 가책, 수치심, 무력감, 세상에 대한 원망, 냉소 등 심리적 고통은 두고두고 자신을 괴롭히고 트라우마가 될 수 있기 때문이다.

둘째, 또 다른 선택은 퇴직 후에 문제를 고발하는 것이다. 퇴직 후 자서전에서 슬쩍 그것을 이야기할 수도 있다.

하지만 폭로라는 선택을 하면, 그 즉시 모든 사정은 달라진다. 범죄이든 부도덕한 일이든 공개를 하면, 다시 거두지 못한다. 시위를 떠난 화살과 같다. 돌이킬 수 없는 것이다. 결행은 순간일지 모르나, 그 후에 가야 할 길은 멀고 험하며, 그 시간은 고통스럽다. 직장을 잃고, 자존심은 매일같이 찢길지 모른다. 날선 말을 일상처럼 주고받아야 할 수 있고, 그러는 동안 평화는 깨질 것이다. 과거에 전혀 경험해보지 못한 낯선 풍경 속에 던져질 것이다. 삶의 모든 것을 걸고 세상을 위해 영혼의 종을 울렸지만 사람들은 자신의 편을 들어주는 데 인색할지도 모른다. 가까운 사람들의 가슴에 못을 박게 될 수도 있다. 동료들 역시 상처를 주는 말을 주저하지 않을 것이다. 삶은 헝클어지고, 적어도 이제 이전과 같은 일상은 되찾을 수 없게 될지도 모른다.

내부고발인가, 침묵인가? 이 방법밖에 없는가? 다른 길은 정말 없는 것인가? 꼭 재직 중에 할 것인가? 어떤 선택을 하든 전략적으로 고려하고 합리적이고 지혜로운 선택을 해야 한다.

1' 6' 2 '익명'의 유혹과 부담

내부고발을 하더라도 불이익을 피할 수는 없을까? 최선의 방법은 익명으로 하는 것이다. 외부로 공개하는 대신 내부에서 정해진 절차에 따라 문제를 제기하는 방법도 있다. 조직 내 핫라인을 이용하거나 감사실에 익명으로 제보할 수도 있고, 회의 석상에서 문제점을 지적할 수도 있다. 아니면 가장 믿을 만하며 자신의 말을 충분히 이해하고 들어줄 내부 인사에게 비공식적으로 이야기할 수도 있다.

이 모든 방법 가운데 가장 안전한 방법은 역시 '익명'으로 공개하는 것이다. 자신이 누구인지 신분을 드러내지 않고 정보를 제공하는 것인데, 상대적으로 안전하지만 본인이 누구인지 드러내고 하는 것에 비해 효과는 크게 낮다. 어떻게 보면 익명의 신고나 폭로라고 위험이 전혀 없는 것이 아닐 수도 있다. 조직은 범죄를 저지르거나 부도덕한 일을 할 때 최소한의 인원, 즉 극소수 정말 믿을 만한 사람만 참여시키고, 그때마다 철저하게 입단속을 하므로 외부에 공개되거나 누출될 경우 누가 그랬는지 밝혀지기가 쉽다. 조직에서 내부고발자를 찾는 과정에서 자신이 그러지 않았다고 잡아떼기란 쉬운 일이 아니다. 아무리 자신의 고발 행위가 도덕적이고 잘못한 것이 아니며 그것 이외에 다른 방법이 없었다고 다짐해도,

'당신이 그러지 않았는가'라고 반복해서 추궁당하면 정말 견디기 어려운 상황에 직면한다. 한편으로 동료들이 내부고발자가 누군지 모른 채 내부고발자를 비난하고 욕하는 상황에서 아무렇지도 않은 듯 태연하기란 결코 쉽지 않다. 따라서 이런 상황이 되면 스스로 고백하지 않고는 견디기 어려울지도 모른다.

조직 또한 나름대로 여러 가지 방법을 동원해 혐의자의 범위를 좁혀갈 것이고, 결국 누가 내부고발자인지 알아낼 것이다. 자신이 내부고발자로 특정되는 몇 사람 가운데 하나로 남는다면 심리적 부담이나 압박은 더욱 심해질 것이다. 이렇게 되면, 자신이 아니라고 부인하는 것도 한두 번이지, 결국 계속해서 버티지는 못할 것이다. 내부고발로 누군가 직접적으로 피해를 입고, 자신의 상관이나 동료가 처벌을 받게 된다면 이에 따른 자괴감이나 죄의식에 시달릴지도 모른다. 그래서 결국 털어놓게 될 수도 있다. 그렇게 드러나는 경우 조직이나 동료들의 냉대나 비난은 애초에 대놓고 자신이 한 것이라고 당당히 말한 경우보다 몇 배는 클 것이다.

따라서 익명으로 신고한 경우라도 최종적으로는 밝혀질 경우를 대비해야 한다. 과거 사례로 보더라도, 익명으로 제보한 후 끝까지 어떤 의심도 받지 않고 신원이 드러나지 않으면 조직 내 보복으로부터 어느 정도 비켜날 수 있고 자연스럽게 충분한 보호를 받을 수도 있다. 하지만 내부고발 이후 사회적 이슈가 되어 큰 파장을 불러온 경우에 내부고발자가 완전히 익명 상태를 유지하기란 매우 어려운 일이다.

조직 내부의 정해진 절차, 예를 들어 핫라인을 통해 익명으로 제보한 경우, 조직은 내부자가 외부에 폭로했을 때나 자신이 누구인지 밝히면서 공개했을 때에 비해 대개 덜 민감한 반응을 보인다. 조직으로서는 그것이 더 피해가 적고, 문제를 개선할 기회와 시간도 갖게 되는 까닭이다. 따라서 누가 그러한 제보를 했는지 밝히는 데 집착하지 않을 수 있다. 제보자가 악의로 잘못된 정보를 흘리거나 남을 음해할 목적으로 제보한 경우 그 사정이나 내막을 잘 모르면서 조사에 착수했다가는 자칫 직원의 사기를 떨어뜨리고 조직에 대한 불신만 키워 화를 자초할 수 있다고도 생각한다. 조직은 이런저런 부작용을 우려해 적극적인 조사를 주저한다. 어쩌면 조직은 조용히 최소한의 대응으로 무마 또는 해결하는 것을 택하거나 진실성이 낮은 투서로 분류해 아예 무시해버릴 수도 있다. 만일 제보 내용이 조직의 이익에 중대한 위협을 가할 수 있는 것일지라도 문제를 바로잡기보다는 오히려 서둘러 증거를 인멸하고, 다른 증거를 만들어 위장하거나, 관심을 다른 곳으로 돌리고자 할 수도 있다. 내부고발자의 입장에서 볼 때, 이런 경우는 자신의 문제 제기로 조직이 조사에 대비할 시간만 벌 수 있게 해주는 꼴이 될 수 있다. 익명으로 한 제보는 대체로 이런 식으로 처리되어 그 효과가 기대만큼 크지 않다.

외부에 신고하더라도 신고를 받은 정부 감독기관에서 그것을 단순한 투서 정도로 치부할 수 있다. 정부 감독기관에서는 대부분 기명이 아니면 신고를 받지 않는 것을 원칙으로 한다. 익명의 제보는 불법에 대한 조사나 확인을 위해 직접 물어보고 증거를 요구하기 어려워 그만큼 가치가 낮다고 판단한다. 내부고발자는 처음에 익명으로 제보했더라도 제보가 기대만큼 효과를 발휘하지 못하는 것을 보면, 또는 조직이 잘못을 뉘우치고 바로잡기는커녕 오히려 제보자 색출에 나서거나 외부에 계속 거짓말을 하는 것을 보면, 자신의 신분을 밝힌 채 나서고 싶은 충동에 사로잡힌다. 그러다가 어느 순간 신분 공개를 실행에 옮길 수도 있다. 하지만 그것이 어떤 경우이건, 익명이 벗겨지면 완전한 보호의 둑은 무너진다.

1' 6' 3 무엇이 성공적인 내부고발인가

내부고발과 관련해 자주 이런 질문을 한다. '무엇이 성공적인 내부고발인가?' 답은 성공의 기준을 무엇으로 볼 것인가에 따라 다를 수밖에 없다. 내부고발 가운데 성공의 기준으로 삼을 만한 사례로는 미국 대통령 리처드 닉슨의 하야를 불러온 워터게이트 사건 때의 제보를 첫손에 꼽는다. 성공 사례로 볼 수 있는 기준은 첫째, 내부고발로 범죄를 중단시켰는가, 둘째, 범죄를 저지른 사람을 처벌받게 만들었는가, 셋째, 내부고발자는 보호받았는가이다.

워터게이트 사건 당시 내부고발은 헌법 파괴라는 대통령의 범죄를 중단시키고, 처벌도 이끌어냈다. 대통령선거를 앞둔 1972년 당시 공화당 닉슨 대통령 보좌관은 배관공으로 위장한 백악관의 보안 담당 전 CIA 요원 등 5명에게 상대편 민주당 대통령 후보 선거캠프의 전화 2대에 도청장치를 설치하도록 지시했다. 그런데 이 사실이 누군가의 제보로 발각되자 백악관이 나서서 사건을 은폐하고 FBI 국장으로 하여금 증거 자료를 파기하도록 명령한다. 백악관은 범죄 사실이 드러나자 "전혀 몰랐다", "선거 캠프와는 상관없으며 시킨 것도 아니다"라며 발뺌했다. 이 사건에서 제보자는 끝까지 신분이 노출되지 않아 완벽하게 보호받은 경우에 속한다. 당시 제보자는 연방의회 워터게이트 사건 특별위원회 조사가 미궁에 빠지거나 난관에 부딪힐 때마다 사건 모의와 처리 과정에서 이루어진 대화, 도청 녹음 장치의 위치 등 결정적인 사실을 계속해서 제보했다.

≪워싱턴포스트≫의 밥 우드워드(Bob Woodward)와 칼 번스타인(Karl Bernstein) 기자는 이러한 제보를 바탕으로 국민의 알 권리를 충족시키기 위해 2년 동안 집요한 추적에 나설 수 있었다. 결국 백악관의 모든 말은 거짓으로 밝혀졌고, 닉슨 대통령은 1974년 8월 9일, 워터게이트 사건과 관련해 거짓으로 진술하고 진실 규명을 방해한 혐의로 미국 역대 대통령 중 유일하게 재임 중 불명예 퇴진한다(≪동아일보≫, 2005.6.2).

≪워싱턴포스트≫는 당시 제보자를 '딥 스로트(deep throat: 익명의 극비

제보자)'라는 암호명으로 지칭했다. 그리고 당시 세간의 큰 관심에도 불구하고 제보자가 누구인지는 끝내 밝혀지지 않았다. 사람들은 이 사건을 두고 내부고발자가 세계 최고의 권력이 국민을 속이고 진실을 은폐할 때 어떤 힘을 나타낼 수 있는지를 보여주는 상징적인 사건으로 꼽았다. 한편으로 사건이 진행되는 동안 제보자의 신상이 끝까지 드러나지 않음으로써 사람들은 이를 세계 언론사의 최대 비밀 가운데 하나라고 말하기도 했다.

하지만 이 사건은 내부고발자 보호라는 관점에서 볼 때 또 다른 한 가지 교훈을 만들었는데, 그것은 익명이 영원히 보장되기는 어렵다는 사실이었다. 워터게이트 사건이 일어난 지 30년이 지난 2005년, 내부고발자는 다름 아닌 당시 FBI 부국장이었던 윌리엄 마크 펠트(William Mark Felt, 1913~2008)라는 것이 밝혀졌다. 마크 펠트는 당시 워터게이트 사건 조사 과정에서 많은 사람이 내부고발자라고 지목했고 의심했으나 끝까지 자신은 아니라고 부인했던 사람이다. ≪워싱턴포스트≫만이 제보자의 신원을 알았으나, 그들은 '제보자 신원은 사후(死後)에 공개한다'는 원칙을 지켰다. 그러나 비록 오랜 시간이 지난 후이긴 했으나 가족들이 마크 펠트 전 부국장이 제보했다는 사실을 인정하면서 결국 누가 내부고발자였는지가 밝혀진 것이다.

자신의 신원을 밝히면서 고발을 할 수도 있다. 기자회견이나 인터뷰 등을 통해 적극적으로 외부에 폭로할 수도 있으며, 실수로 정보를 누출하는 것으로 위장해 폭로하는 소극적 공개도 있을 수 있다. 국가기관에 나가서, 또는 경찰 조사 등에서 밝힐 수도 있다. 이 모두는 자신을 드러내고 하는 것이다.

실수 등 자의가 아닌 것으로 위장하면 불이익은 덜할 것이다. 증인이나 참고인 조사에서 털어놓게 된다든가, 마지못해 고백할 수밖에 없는 상황이라 한다면 상대적으로 조금이나마 더 자신을 불이익으로부터 보호할 수 있다. 그러나 내부고발의 분명한 효과를 의도한다면 자신의 신분을 밝히면서 나서는 것이 가장 효과적이다. 물론 그럴 경우 내부고발자가 보복에 노출되기 쉬워 보호받기도 어렵다. 워터게이트 사건에서 보듯이 고발하려는 불법행위가 사회적 관심을 고도로 집중시킬 수 있는 이슈이고 명확한 증거가 존재한다면, 익명으로 고발하더라도 반드시 효과가 감소하거나 불분명해지지는 않는다. 그러나 자신의 보호 차원으로 보면, 그리고 확실히 익명을 유지할 수만 있다면, 익명은 역시 가장 효과적인 자기보호 방법이 될 것이다. 정부 감독기관에 자기 신원을 밝히고 신고한 다음 비밀을 보장받는 방법도 있다. 물론 이 경우 누군가가 제보자의 신원을 아는 것이므로 익명과 같은 수준은 아니다.

하지만 이런 모든 것을 떠나, 내부고발은 자신의 이익을 취하고자 하는 것이 아니라 불법행위와 그에 따른 피해를 막고자 나선 것이므로, 신분을 드러내고 고발하든 익명으로 고발하든 모두 당당한 일이며, 모든 사회 구성원이 해야 할 몫이다. 조직이 불법이나 잘못을 저지르고 있다는 것, 그것이 사회의 안전과 질서를 파괴하고 사람들에게 위험과 피해를 주게 된다는 사실을 알면서도 못 본 체 묵종하는 것은 비겁한 일이다. 심지어 어떤 이들은 내부고발을 보고 떳떳하지 못하게 숨어서 남을 지적하는 부끄러운 것이라며 비난하기도 한다. 그러나 범죄 사실을 알고도 이를 방조하거나 동조하는 것이야말로 사회 구성원으로서, 그리고 인간으로서 떳떳하지 못하고 부끄러운 일이다.

1' 6' 4 예고된 시련

내부고발은 고난이 예정된 길이다. 대개 조직은 자신의 핵심 이익과 권위에, 그것도 자기 조직의 구성원이 도전하는 것을 묵과하지 않는다. 차후 또 다른 도전이 일어나는 것을 막기 위해서라도 불필요할 정도의 과도한 처벌로 본때를 보임으로써 잠재적인 고발자들에게 경고 메시지를 보내고자 할 것이다. 따라서 내부고발자가 조직으로부터 보복을 당하더라도 그것이 한때의 불이익으로 끝날 것이라 생각하는 것은 금물이다.

디바인과 마사라니는 『기업 내부고발자 가이드북』에서 내부고발이 "양심적인 전문직 종사자의 자살 행위와 같다"라거나 "인생을 바꾸는 경험"이라고 표현한다(Devine and Maassarani, 2012: i, 327). 내부고발은 생각했던 것보다 더 큰 고난을 수반하고, 내부고발자로서는 모든 것을 잃을 수도 있는 엄청난 리스크를 떠안아야 하기 때문이다. 인류의 역사를 통해 보아도, 옳지 않은 것을 보고 옳지 않다고 말하는 용기 있는 행동에는 대개 많은 시련이 따랐다. 내부고발은 다른 것도 아닌 바로 자신이 속한 조직의 범죄행위나 상관을 대상으로 한 역상적(逆上的) 커뮤니케이션이어서 그러한 고난과 희생을 피하기란 어렵다. 성리학을 기초로 한 조선 사회에서 선비들은 비록 상대가 왕일지라도 옳지 않은 것에 대해서는 직언하는 것을 도리로 삼았다. 하지만 때로는 그 결과로 목숨을 잃거나 모든 것을 잃는 위험을 감수해야만 했다.

스스로 청렴을 지키기란 어려운 일이다. 하지만 그보다 몇 배 더 어려운 것이 부정한 것을 잘못이라고 지적하며 맞서고 바로잡는 일이다. 『한비자』의 '외저설 좌하편(外儲說 左下篇)'에 보면, "맹헌백이 진나라의 재상으로 있을 때, 청렴한 재상의 집에는 사람의 출입이 없어 안팎으로 뜰에 잡초가 무성했다(孟獻伯相晉, 堂下生藿藜, 門外長荊棘)"라고 한다(성동호 역해, 2008: 353). 권익위(당시 국가청렴위원회)에서 2007년 11월에 펴낸 『관아의 오동나무는 나라의 것이다』에는 다음과 같은 일화가 소개된다. 이순신이 전라 좌수영 발포만의 만호라는 종4품의 수비대장으로 있을 때였다. 직속상관이던 전라 좌수영의 좌수사가 풍류를 즐겨 거문고를 만드는 데 쓸 것이라며 사람을 보내 발포 진영의 뜰에 있는 오동나무를 베어 오라고 시켰다. 그러자 이순신은 "뜰의 오동나무는 나라의 것이니 함부로 베어 쓸 수 없다"라며 돌려보냈다. 권익위가 역사 속의 청렴한 사람들의 삶과 궤적을 찾아 교훈을 얻고자 펴낸 이 책 제목도 이순신의 이 말에서 딴 것이다. 책에서는 그런 그를 가리켜 강직하고 청렴하여 잘못된 관행에 매번 맞서 많은 시기(猜忌)를 당해 고초가 많았다고 적고 있다. 그의 관직 생활이 순탄치 않았다는 것이다.

그 책에서는 "공과 사를 엄정히 구분하고, 외부의 압력에 흔들리지 않고 소신"을 지킨 옛 공직자 43명의 사례도 소개된다. 그런 가운데 가장 많이 나오는 구절은 "관직 생활이 순탄치 않았다"이다(국가청렴위원회, 2007: 9, 17, 19, 41~42, 64, 82, 130). 대의를 중시하고 성품이 곧아 바른 말을 서슴지 않았던 선비들의 이야기이다. "국법에 어긋나면 친구라도 눈감아줄 수 없다", "법도에 어긋나는 일은 임금의 명이라도 따를 수 없다," "의(義)를 위해서는 혈육 앞에서도 냉정했다"라는 이야기가 줄줄이 나온다. '바른 소리'란 곧 내부자가 조직이나 상관의 잘못에 대해 '진실을 말하는 것(telling the truth)'이다. 조선 시대에 그것이 얼마나 어려운 일이었겠는가(국가청렴위원회, 2007: 79, 91, 82). 몇몇 사례를 보아도, 국법을 중시하고 사사로운 정을 멀리한다는 것, 바른 말을 한다는 것은 개인에게는 시련과 고난이 예고된 일임을 알 수 있다. 그리고 그것은 비단 과거뿐만 아니라 지금도 마찬가지이다.

내부고발자가 겪게 되는 시련은 생각보다 훨씬 더 가혹하다. 처음에는 옳고 그름의 다툼 정도로 시작되나, 차츰 권력과 인간관계의 문제로, 이어서 개인에 대한 참기 어려운 모욕으로, 나중에는 인간의 존재 의미마저 부정당하는 단계로 이어지기도 한다. 다툼은 곧 모든 것을 거는 싸움이 되고, 물러설 수 없는 싸움으로 발전한다. 그리고 이러한 게임은 룰이 없는 이전투구의 모습을 보인다.

그런데 상대는 조직과 권력과 돈이 있는 다수이고, 내부고발자는 아무것도 가진 것 없는 단기필마이다. 흔히들 말하는 골리앗과의 싸움인 것이다. 조직은 필요할 때마다 전선을 계속해서 확대하고, 내부고발자가 한참 지나 돌아보면 자신의 뒤에는 아무도 없다는 것을 발견하게 되는 외로운 싸움이 되기 쉽다. 매리언 허시(Hersh, 2002)가 말했듯이, 조직 내에서는 내부고발자에게 온갖 중상과 비방이 넘치고, '배신자', '변절자', '기분 나쁜 놈', '보기 싫은 놈'이라는 꼬리표도 붙을 것이다. 내부고발자의 사소한 잘못이나 실수에도 엄청난 비난이 쏟아진다. 직장에서 밀려난 뒤에도 무고나 명예훼손 등으로 고소당하고, 절도나 주거 침입죄로 기소되는 등 끊임없는 소송에 시달리며, 잘잘못을 가리는 데 5년이나 10년, 더 길게는 20년 이상의 세월을 보내야 할지도 모른다. 싸움은 장기적이고 누적적이며, 한 발이 빠지면 다른 발도 빠지게 되는 늪이다. 삶이 모두 망가지는 싸움으로 이어질 수도 있다. 사회적 정의와 개인적 양심에 따라 시민을 위해 나섰지만, 그에 따른 짐은 혼자서 떠맡게 된다. 스트레스로 불면증이나 우울증, 대인기피증 등에 시달리기도 한다. 그리고 이 모든 것은 결국 내부고발자가 자기파괴적 행동을 하게끔 내몰기도 한다.

1'7 준비와 자기 단속

1'7'1 내부고발과 진실

내부고발은 애초에 자기 자신의 이익을 위한 것이 아니다. 공동체 전체의 안전이나 보호를 위한 것이고, 양심적인 개인이 스스로 불이익을 받을 것을 알면서도 희생적으로 나선 것이다. 내부자가 진실의 힘만을 믿은 채 홀로 세상의 악에 맞서는 담대한 구조이나, 이 때문에 당하는 고통은 결코 형언하기 어렵다.

영화 〈내부고발자(The Whistleblowers)〉를 보자. 미국 네브래스카 주 경찰관 출신인 캐스린 볼코박은 평화유지군에 지원하고, 그곳에서 평화유지군이 해서는 안 되는 부도덕한 인권 유린의 현장을 목격한다. 그녀는 이를 그냥 두고 보지 못해 잘못된 것을 바로 잡으려고 나서지만, 결국 이 때문에 큰 고난을 겪는다. 관객들은 사회가 양심의 소리를 어떻게 짓밟는지를 보며 불편한 현실 앞에 분노하면서도, 그런 상황에서 자신은 어떻게 할 것인가 하는 생각에 깊은 고민에 잠긴다. 관객들이 그렇게 분노하고 안타까워하는 것은 내부고발이 본질적으로 진실성에 기대고 있고, 사회가 침묵하는 사이 우리 모두를 위한 진실이 희생당하는 구도 때문이다. 그러면서도 영화를 본 관객들은 곧 한 개인이 밝힌 진실 하나로 세상이 얼마나 나아질 수 있는지, 그리고 힘없는 개인이 거대한 악에 맞서 얼마나 큰일을 할 수 있는지를 보고 감동하게 된다. 위안부 피해자들의 증언이 세상을 바꾸는 힘을 지닌 것도 피해자 자신의 형언할 수 없는 수치심을 딛고 진실을 세상에 밝혔기 때문이다. 무엇보다 내부고발은 스스로 불이익을 받을 것을 감수하고 행하는 것이기 때문에, 외부에서 그 고발 내용의 진실성을 믿기가 더욱 쉬워진다.

1'7'2 조직의 보복

내부고발자에 대한 조직의 보복은 잔인하고 혹독하다. 보복은 광범위하고 집요하게 이루어지며, 가시적인 것과 비가시적인 모든 방법을 망라한다. 조직은 자신에게 불리한 정보를 외부에 공개한 직원을 노골적으로 핍박하고, 결국에는 알아서 나가도록 만든다. 내부고발자는 이러한 상황에서 직접적인 것보다 간접적인 보복에 더 큰 고통을 당하게 된다. 감당하기 어려운 과제를 주거나 평점을 낮게 매기고, 결재를 고의적으로 늦추거나 트집을 잡고 퇴짜를 놓는다. 직책이나 지위에 맞지 않는 사소한 일을 시킴으로써 업무성과를 낼 수 없게 한다. 하는 일마다 무시나 묵살, 거절 등으로 사람을 바보로 만들고, 자존심에 상처를 주며, 모멸감을 줄 수도 있다. 다른 직원들 앞에서 대놓고 핍박하거나 과거 실수를 들추고, 만나도 인사를 받지 않는 등의 방법으로 존재 자체를 무시할 수도 있다. 상관으로서 역할을 하기 어렵게 만들고, 부하들조차 가까이 오지 않으려 하거나 불이익을 염려해 일을 시켜도 제대로 하지 않을 것이다. 동료나 부하는 틈만 나면 다른 부서로 옮기려고 할지도 모른다. 조직은 고발자를 고립시키고자 부서 회식 자리나 경조사가 있어도 알려주지 않을 수도 있다. 어느 날 고발자는 동료들이 점심식사를 마치기를 기다렸다가 모두 떠난 식당에 혼자 앉아 식사하는 자신의 모습을 발견할지도 모른다. 이쯤 되면 직원들은 모두가 보는 앞에서 대놓고 "그런 대우를 받고도 남아 있고 싶을까", "정말 끈질기다"라며 수군댈 것이다.

보호법이 내부고발자에 대한 보복을 금지한다 해도 이러한 폭력은 법을 피해서 이루어지기 때문에, 이에 대응하기란 쉽지 않다. 조직은 이러한 폭력을 내부고발자가 직장을 그만둘 때까지 계속하게 되는데, 이를 내부고발자가 끝까지 견디기란 힘들다. 내부고발자를 두고 '뿌리가 뽑힌다'거나 '매장당한다'는 등의 말은 이런 점에서 보면 결코 틀린 말이 아니다. 보호법이 해고당하는 것을 막아줄지는 모르나, 직장에 남게 된 고발자는 직장에서 매일매일 지옥 같은 시간을 보내야 할 수 있다. 그러므로 내부고발을 생각한다면, 그것에 따른 조직의 보복, 쏟아지는 비난, 냉소의 쓰나미를 헤치고 나가는 데 필요한 강력한 도구가 있어야 한다.

1' 7' 3 동료나 사회적 지지의 환상

내부고발은 공동체 사회가 불법이나 위험에 맞서는 효과적인 수단이자 마지막 대안이기도 하다. 따라서 내부자의 폭로에 대해 대중과 언론은 환호하고 지지한다. 그러나 그런 지지는 그렇게 오래가지 않는다. 기대만큼 큰 힘도 되지 못한다. 조직의 보복은 집요하고 체계적이며 가혹하나, 사회의 지지와 보호는 일시적이거나 지속적이지도 않고 피해를 충분히 능가할 만큼 폭과 깊이, 양이 충분하지도 않다. 그것이 힘이 된다고 해도 조직의 보복에 비해 둔할 수밖에 없다. 진정한 용기라고 칭송하다가도 곧 식는다. 대부분 안타까워하거나 자책하는 정도이며, 그마저도 잠깐인 경우가 많다. 많은 보통 사람들은 불의나 도덕, 옳고 그름을 돌아보기에는 자신의 일이 너무 많고, 다른 것을 챙길 경황이 없다. 내부고발자의 용기 있는 행동에 대해 사회는 생각처럼 그렇게 고마워하거나 기억해주지 않을지도 모른다. 조직이 잘못했다는 것을 알면서도 자신의 작은 이익 때문에 곧 조직을 두둔하고 나서는 이들도 어렵지 않게 볼 수 있다. 상식이 통한다고 하지만 실상은 그렇지 않고, 어쩌면 세상 사람들은 '바른 말을 하면 다친다'는 생각을 더 믿을지도 모른다.

동료들도 크게 다르지 않다. 승진도 해야 하고, 자신과 가족의 생계를 위해 조직에서 살아남아야 할 사람들이다. 모두가 상명하복의 위계질서에서 자유롭지 못하다. 조직이나 상관의 범죄에 관한 것인데 감히 내부고발자의 편을 들 수 있겠는가? 조직과 상관이 모든 수단을 동원해 내부고발자를 조직에서 밀어내려 하고 조직 내 인간관계를 단절시키려고 나올 때, 동료들은 제아무리 진실이 중요하다고 생각해도 자신에게 돌아올 불이익을 염려하여, 내부고발을 한 사람을 적극적으로 지지하거나 그의 주장에 동조하는 발언을 하지는 못할 것이다. 혹 처음에는 밤에 전화라도 걸어 위로를 건넬지 모른다. 하지만 관계가 악화되면 조직의 편에 서서 법정 증언이나 언론 인터뷰 등을 통해 내부고발자가 오히려 잘못 알고 있다는 등의 거짓말을 하게 될 것이다. 내부고발이 소속 조직에 불이익을 주거나 오래 함께 일하고 가깝게 지내던 동료들을 다치게 한다면 더욱더 그렇게 할 것이다. 조직이 이미 내부고발자의 동료들에게 부탁 또는 협박을 했거나 말조심할 것을 단속했을 수 있고, 동료들은 내부고발자가 자신들을 위해 희생을 무릅쓴 것임을 알면서도 크게 고민하지 않고 내부고발자에게 등을 돌린 채 조직의 편에서 오히려 괴롭히는 일에 가담할지도 모른다. 많은 경우 당장 눈앞의 어려움 때문에 정의나 도덕은 그렇게 비중 있게 생각할 겨를이 없을 것이다. 사실을 보았고 다 알면서도 허위 증언에 동참하지, 굳이 내부고발자 편에 서서 함께 처벌받는 위험을 무릅쓰지는 않을 것이다. 친한 동료 중에 조직의 눈치를 보느라 내부고발자와 함께 식사하는 것을 피하는 이도 있을 것이다. 내부고발을 했던 어떤 이는 평소 친했던 동료가 어느 순간부터 오히려 누구보다 큰 소리로 상관 앞에서 자신을 몰아붙였다고 했다. 많은 내부고발자는 이런 상황에서 큰 충격을 받게 되며, 무엇보다도 믿었던 동료들이 그런 행동을 하게 될 때 훨씬 더 견디기 힘들어진다.

1992년 이지문 중위도 제14대 국회의원선거 군 부재자투표에서 부대원들을 대상으로 한 여당 지지 정신교육과 공개투표가 있었다고 증언했으나, 이후 소속 부대원 500여 명은 당시 투표에 문제가 없었고 오히려 이지문 중위의 주장이 모두 거짓말이라고 증언했다. 당시 그 부대 장병 중 일부가 전역 후에야 비로소 재판정에 나와 사실을 증언하면서, 결국 소송에서 이길 수 있었다.

1.7.4 자기 단속

내부고발은 소속 조직이나 단체의 공동 또는 집단 이익이라는 성역에 대한 도전이다. 신분이 드러나면 과거 자신의 행적은 낱낱이 파헤쳐지고, 조직은 이것을 가지고 내부고발자의 순수한 의도에 흠집을 내려 할 것이다. 따라서 내부자가 고발을 생각하는 경우, 율기제행(律己制行)의 노력이 필요하다. 행실을 더욱더 바르게 하고, 마음가짐도 단속하면서 자신을 뒤돌아봐야 한다. 혹시 이전에 불법이나 부정에 관여한 일은 없었는지, 책잡히고 비난받을 일은 하지 않았는지, 그전까지는 왜 가만히 보고만 있었는지, 왜 이제 와서야 고발하지 않을 수밖에 없는지 등등의 질문에 대비해야 한다. 조직은 흔히 내부고발의 동기를 고발자의 근무태도나 인간관계로 돌리면서 물타기를 시도한다. 처음에는 동조하다가 자신이 승진을 못 하니까 그러는 것 아니냐는 식으로 말할 수도 있다. 고발의 내용보다는 평소 낮은 직무성과나 직장에서의 태도 등 다른 지엽적 문제를 들고 나와 문제의 본질을 흐리거나 사람들의 주의를 분산시키고자 할 것이다. 따라서 평소부터 자신의 주변을 살피고 언행을 삼가야 한다. 근무시간을 철저히 지키고, 자신의 업무에도 최선을 다해야 한다. 근무지 무단이탈, 직장 물품의 개인 목적의 사용 등 사소한 것까지도 조심하는 등 자신을 단속해서 상대에게 공격의 빌미를 주지 말아야 한다.

디바인과 마사라니는 이와 관련해 "내부고발은 조직이 아닌 자기 고유의 자원과 시간으로 하라", "자신의 약점이나 내심을 드러내지 마라"라고 충고한다(Devine and Maassarani, 2012: 63~85). 조직은 비록 그것이 공익을 위한 일이라 하더라도 근무시간에 조직의 자원을 사용하면서 그러한 일을 한 것을 결코 묵과하지 않을 것이다. 근무시간에 늦거나 허가받지 않은 근무지 이탈, 무단결근, 평소에는 허용되던 조직의 장비나 물품의 개인 용도 사용 등도 해고의 사유로 제시할 것이다. 내부고발자는 자신의 약점도 드러나지 않게 해야 한다. 소속 기관이나 단체는 자신이 한 과거의 잘못이나 지난날의 사소한 실수, 낮은 근무성적, 승진 불만, 인사고과에서의 나쁜 성적, 조직생활 부적응 등을 찾아내 내부고발의 순수한 동기를 희석하고 해고 등 불이익을 주는 데 활용하기 때문이다. 디바인과 마사라니는 "정부 감독기관이나 자신의 사건을 조사하는 기관에 대해서 비꼬는 말 등 냉소적인 태도를 보이지 마라"라고 당부한다. 내부고발자는 불법이나 부정직한 일에 대한 자신의 확신, 믿음 때문에 자칫 조사관들의 무능이나 은폐, 부패 등을 의심할 수 있다. 하지만 이것은 '우물에 독을 푸는 것'으로, 자신의 우군마저 적으로 만드는 치명적인 실수가 될 수 있다. 또한 내부고발자가 "자신의 상관에 대한 혐의나 의심을 과장하지 않도록 조심해야 한다"라고 충고한다. 조직은 내부고발자의 약간의 과장에도 명예훼손 등으로 반박에 나서고, 그다음부터는 무슨 말을 해도 폄훼할 것이어서, 있는 그대로 이야기하여 신뢰성을 높여야 한다는 것이다.

2 성공적인 내부고발을 위한 가이드라인: 진실의 싸움

2-1 칼과 방패의 준비: 불법의 증거, 물증이 있는가

내부고발에서의 다툼은 진실이 아닌 증거의 싸움이다. 내부고발자에게 증거는 공격이자 방어의 수단이다. 어떤 주장이든 물증에 근거해야 한다. 내부고발은 그 내용이 진실일 것이라는 믿음에 기초한 것이지만, 그 믿음을 사실로 입증할 만한 증거가 없으면 내부고발 이후 자신을 보호하기 위한 다툼에서도 이기기 어렵다. 내부고발자는 아무것도 모르는 다수의 보통 사람들의 이익을 위해 거짓과 불의의 견고함을 깨고, 닫힌 문을 열어젖힌 사람들이다. 이처럼 선의에 기초한 것이라 하더라도 증거가 충분하지 않으면 누구도 도움을 주기 어렵다.

디바인과 마사라니는 내부고발자가 보호받기 위해서는 "당시에 발생한 일들에 관해 자세하고 철저하게 기록"해두어야 한다고 말한다(Devine and Maassarani, 2012: 63~85). 조직이나 상관의 부정, 당시 자신이 한 말이나 역할, 업무 실적 등을 비롯해 고발 후에도 어떤 일이 있었는지 등 모든 것을 기록하고 보존·관리해야 한다. 또한 디바인과 마사라니는 "관련 자료도 확보해두어야 한다"라고 덧붙인다. 증거 자료를 최대한 모아야 불필요한 의혹이나 혐의에서 벗어날 수 있다. 조직은 불리한 기록은 파기하여 흔적을 없애거나 접근을 제한할 것이다. 따라서 자료를 미리 그때그때 수집하지 않으면 다시 얻기 어렵다. 증거는 상대가 부인할 수 없는 확실한 것이어야 한다. 그렇지 않으면 보복의 칼날은 곧 자신의 몸에 이르고, 그만큼 나중에는 치유하기 어려운 상처를 입을 것이다.

2' 2 진실성과 동기

내부고발은 진실이라는 무기만 들고 권력과 권위에 도전하는 행동이다. 자기희생을 전제한 것, 온 힘을 다하고 모든 것을 건 것이다. 이것은 내부고발의 본질로서, 파괴력도 여기에서 나온다. 디바인과 마사라니는 책 제목에서 내부고발자를 '진실을 위해 헌신하는(committing the truth)' 사람이라고 부른다(Devine and Maassarani, 2012). 국민들이 내부고발자의 주장을 신뢰하는 것도 이 때문이다. 진실이 아니라면 누가 감히 권력을 거스를 수 있겠는가? 누가 자신의 승진과 영달, 미래를 포기하고 조직이나 상관에게 맞서겠는가? 진실성과 선한 의도는 조직 외부로부터의 신뢰를 만들고, 보호를 이끌어낸다. 하지만 아무리 진실한 것이더라도 의도와 동기가 의심받으면 진실성의 가치는 떨어진다.

데이비드 루이스(Lewis, 2008: 497)는 고발의 내용이 진실이면, 고발자의 동기에 대해 조사하지 말아야 한다고 말한다. 내부고발이 진실하고, 사회 전체에 이익이 된다면, 굳이 의도까지 따질 필요 없이 보호해야 한다는 주장이다. 하지만 현행법은 고발의 진실성 여부뿐만 아니라 고발자의 동기가 악의적이지 않을 것도 요구한다. 예를 들어, '공익신고자 보호법' 제2조는 공익신고와 관련하여 금품이나 근로관계상의 특혜를 요구하거나 그 밖에 부정한 목적으로 신고를 한 경우 공익신고로 보지 않는다고 규정한다. 이것은 내부고발자가 보복으로부터 자신을 온전히 지키기 위해서는 진술의 내용이 진실해야 하는 것은 물론, 자신의 의도에 흠이 없고 의심받지 말아야 한다는 것을 의미한다. 그렇지 않으면 법적 보호 이전에 직장 내에서의 인간관계뿐만 아니라 사회적 관계 등은 무차별적이고 전 방위적인 공격에 노출될 위험이 크다. 내부고발자는 흔히 공공의 안전과 정의 등을 위해 고발에 나선 만큼, 누가 감히 자신의 순수한 동기를 의심하겠는가라고 과신할 수 있다. 무엇보다 자신이 사회의 이익을 위해 희생을 자처했다는 점에서 동기가 의심받지 않을 것이라고 믿는다. 하지만 조직은 내부고발자가 근무고과에서 낮은 평점을 받아서, 또는 상관과 불화를 일으켜 그렇게 한 것이라는 등 다른 동기를 찾으려 할 것이다. 왜 조직 내에 보고체계에 따라 문제를 제기하지 않고 외부에 폭로했냐고 따져 물을 수도 있다.

2' 3 신의 성실

내부고발자 보호제도는 공익 보호를 목적으로 하는 사회적 장치이다. 대개 각국의 내부고발자 보호법에서는 신고가 비록 공익 목적을 위한 것이라도 합리적인 믿음(reasonable belief)과 신의성실에 바탕을 둘 것을 요구한다. 영국의 '공익신고자 보호법(Public Interest Disclosure Act, 1998)'에서는 공익을 침해하는 행위를 신고하는 모든 사람을 보호하되, 직원이든 근로자이든 내부자 신고의 신의성실 요건을 갖출 것을 요구한다. 불법이나 부도덕한 일을 외부에 알리기에 앞서, 조직 스스로 그것을 바로잡을 수 있도록 최소한 자신이 할 수 있는 노력을 다해야 한다는 것이다.

디바인과 마사라니는 상관의 부정을 고발할 때는 조직 안에서 그것을 할 것인지, 그럴 경우 그것이 얼마나 효과적일 것인지를 고려해볼 것을 권한다(Devine and Maassarani, 63~85). 조직 내에서 문제를 제기하여 조직이 먼저 그것을 바로잡을 기회를 주되, 그것이 효과가 없을 것이라는 정당한 이유가 있다면 외부에 문제를 제기하는 것이 부정적인 것으로 간주되지 않을 수 있다는 것이다. 즉, 외부에 알리는 것은 위험이 급박하거나 다른 이유가 있어 그렇게밖에 할 수 없는 경우여야 한다.

내부고발자는 고발하기에 앞서 자신이 본 것이 사실인지 확인하고, 불법이나 부당한 것이라고 믿어 고발하고자 하는 것이 혹 자신의 중대한 부주의로 말미암아 오인한 것은 아닌지도 돌아봐야 한다. 미국 연방정부의 '내부고발자 보호법'은 내부고발을 보호하지만 그것이 합리적 의심에 기초할 것을 요구한다. '보통 사람들이 합리적으로' 불법이나 부당한 것이라고 믿는 것이라면, 그리고 신의성실로 고발한 것이라면 보호를 제공한다. 남을 곤경에 빠뜨리고자 없는 사실을 지어내거나 자신이 최소한 해야 할 책임과 의무를 다하지 않았다면 보호받지 못한다.

3 법적 보호, 얼마나 충분하고 믿을 만한가

3' 1 법적 보호는 최소한이다

내부고발자를 위한 보호법이 있고 실제 보호받은 사례 또한 적지 않다. 하지만 법에 의한 내부고발자 보호는 사실상 폭이 매우 좁고 강도 또한 낮아서 보호라고 말하기가 무색하다는 비판도 무성하다. 대부분의 내부고발자들 역시 충분한 법적 보호를 받을 수 없었다고 말한다. 이것은 미국, 영국을 비롯한 내부고발자 보호제도를 도입·운영하는 대부분 국가들에서 공통된 것으로, 내부고발자에 대한 보호란 아직 개선의 여지가 많은 최소한의 보호에 머무른다.

선진국들의 보호법은 내부자가 법규 위반행위를 신고하고 나서 소득 상실이나 스트레스를 입을 경우 이에 대한 보상 청구권을 규정한다. 특히 미국은 내부고발자에게 퀴템(Qui tam)•과 같은 금전적 인센티브를 제공하지만, 보호 수준은 역시 제한적이다. 영국 미들섹스 대학(Middlesex University)의 루이스(Lewis, 2008) 교수는 법규 위반을 신고할 보다 적극적인 권리를 근로자에게 부여할 것을 제안한다. 하지만 아직은 어디까지나 주장일 뿐이다. 현대 법체계는 법규 위반에 관한 것이라고 하더라도 고용관계하에서 획득된 정보인 한, 사용자가 요구하는 고용관계상의 암묵적인 신뢰를 우선 존중한다. 제보한 법규 위반이 아직 단순한 가능성이나 우려 수준이라면 제보자는 법적으로 보호받기가 어렵다. 신고하고자 노력하는 과정에서 그것이 알려지고 불이익을 받는 경우에도 마찬가지이다. 법에서는 내부고발자들에 대한 고용 단계에서의 차별도 금지하지만, 현실에서는 잘 지켜지지 않는다. 설사 조직이 그렇게 했다고 하더라도 입증하기란 어렵다. 그렇다고 믿을 만한 상당한 이유를 갖고 있다고 한들, 불만을 제기한다는 것조차 어려운 일이다.

법적 보호가 전부는 아니다. 하지만 사실 내부고발자가 법적 보호를 실질적으로 어느 정도나 받을 수 있는지도 의문이다. 현재의 법적 보호를 통해 해고를 막아서 내부고발자가 실직을 당하지 않더라도 따돌림과 비

• 퀴템은 개인이 정부를 대신해 부정청구자를 상대로 환수소송을 제기하고, 그 결과에 따라 보상을 받는 행위를 가리킨다.

난, 과도한 감시 속에서 살아야 한다. 조직 내에서 차별, 동료들의 냉대와 무시 등을 당할 때 과연 얼마나 보호받았다고 말할 수 있을까? 차라리 직장을 그만두는 것만 못할지도 모른다. 신체적 · 정신적 고통은 고용관계 유지의 편익보다 몇 배나 더 크고, 품위 유지를 어렵게 하며, 추가적인 갈등을 증폭하거나 원망만을 키울 수 있다. 내부고발자로서 보호를 받아도 일단 사회심리적 피해가 발생하면, 고발하기 전으로 복원하기란 사실상 불가능하다. 따라서 내부고발자를 지원하는 권위 있는 기관이나 믿을 만한 단체, 내부고발 경험자, 변호사 등과 공익신고의 방법이나 절차에 대해 상담해볼 필요가 있다. 특히 변호사의 자문을 받는 것은 필수적이다. 콘(Kohn, 2011)도 이 때문에 어떤 법들이 보호를 규정하고 내부고발자가 그로부터 얼마나 보호받을 수 있는지를 여러 장에 걸쳐 상세히 기술한다. 무엇보다 자신의 신고가 법규 위반이라는 합리적 믿음에 기초한 것으로 받아들여질 수 있는지, 신고가 정당한 것으로 인정받을 수 있는지, 얼마나 민 · 형사상 책임을 면제받을 수 있는지 등을 검토해야 한다. 내부자의 신고가 공익적 목적으로, 또 현행법하에서 신고자가 합리적인 믿음을 가지고 한 것이라도 그것이 부정확한 것이라면, 무고와 명예훼손 혐의로 고소당할 수도 있다. 상담을 통해, 법적 보호 이외의 내부고발 후 정신적 고통, 자신이 감당할 수 있는 여지 등에 관해서도 조언받을 수 있다.

만약 군대나 정보기관 등에서 내부고발을 하는 경우라면 더욱더 신중해야 한다. "국가의 중대한 이익을 해치거나 군사, 외교, 대북관계 등 국가 안위에 중대한 영향을 미치는 경우"라면 그 범위가 어디까지인지 정확하게 알기 어려운 만큼, 변호사의 자문은 필수적이다. 공개하려는 정보 중 어느 정도까지 직무상 비밀인지, 그 기준이나 경계가 무엇인지, 직무상 비밀에 해당하는 정보를 공개해야 할 경우라면 어떤 절차를 거쳐야 하는지 등도 알아야 한다. 그렇지 않으면 법에 의해 보호받기 이전에 되레 각종 죄목으로 처벌받을 수 있다. 상황이 급박해서 그런 것을 꼼꼼히 따져볼 여유가 없다면, 위법성을 조각하는 조건과 이유라도 먼저 챙겨야 한다. 그래야 선의의 행동이었으나 오히려 자신이 비난받고 불이익을 당하거나 범죄행위자가 되어 처벌받는 것을 피할 수 있다.

3' 2 직업의 상실

내부고발자의 법적 보호란 사실상 직업 상실로부터의 보호이다. 법적 보호는 공직자의 내부고발을 보호하기 위한 데서 시작되었다. 공직자는 국민의 봉사자로서 불법에 대해서는 누구보다 먼저 나서야 하고, 조직이나 상관보다도 국민의 이익과 뜻에 충실해야 하는 까닭이다. 공직자의 증언을 높게 평가하는 것도 일반 시민보다 무거운 책임을 요구받기 때문이다. 그러나 공직자도 조직의 이익에 도전한 이상 자리를 유지하는 경우는 드물다. 보호법이 내부고발자가 퇴직 후나 재취업 시 고용관계와 관련된 차별을 금지하고, 신고자가 원하면 다른 부서로 옮기거나 재취업할 수 있게 돕는다고 하더라도, 신분이 드러난 경우 예전처럼 직장 생활을 해나가기란 현실적으로 불가능하다. 사기업이라면 내부고발자에 대한 보복은 더욱 심할 수 있다.

그럼에도 막상 내부고발자가 고발 시 내부고발 후의 직업 상실의 문제를 과소평가하는 경향을 자주 보게 된다. 많은 내부고발자들은 나중 일에 대해 크게 걱정하지 않는다고 말한다. 다른 할 일이 있거나 생각해놓은 방도가 있다고도 말한다. 하지만 정작 내부고발 이후에 생각대로 일이 풀리는 것을 보기란 어렵다. 직업 상실은 일자리의 일시적 상실로 끝나는 것이 아니다. 수입이 끊긴 데 따른 불편만으로 끝나지도 않는다. 자신의 문제로 국한되지도 않고 가족구성원 전체로 문제가 파급된다. 현대사회에서 직업 상실이란 사실상 거의 모든 것을 잃는 것이다. 실직은 단순한 보수의 상실을 넘어선 존재감에 관련한 문제이기 때문이다. 그래서 실직자로 불리는 것은 생각보다 훨씬 견디기 어려운 일이다. 설령 자신은 괜찮더라도 가족이 그렇지 못하고, 나는 견딜 만해도 나를 알고 있는 사람들은 그렇게 생각하지 않는다.

4 대비, 또 대비

내부고발을 생각하는 사람은 내부고발 이후 닥칠 수 있는 위험을 피하거나 줄이기 위해 많은 준비를 하고, 자신을 위한 구원 부대도 만들어야 한다. 첫째도 둘째도 철저한 대비이다.

디바인과 마사라니도 내부고발을 할 때 사전에 면밀하고 세심하게 계획을 세우고 공세를 취하면서 늘 우세적 입장에 서야 한다고 주문한다(Devine and Maassarani, 2012: 63~85). 조직이나 상관이 미처 대응할 틈도 주지 않도록 공세를 잡고 있어야 조직의 보복 위험에 대처해 살아남을 수 있다는 것이다. 체크리스트를 만들고, 전문가들과 위험을 수시로 점검하며, 신원이 노출되더라도 빠져나올 기회를 만들 수 있어야 한다. 1차 전략이 실패하면 2차 전략으로 겹겹이 방어막을 쳐 대비하는 것이다. 크레바스에 빠졌을 때 자신을 끌어 올려줄 밧줄과 사람이 필요하듯이, 내부고발에서도 자신이 어려움에 빠졌을 때 자신을 구해줄 방안과 지원군이 필요하다. 그러한 중요한 사항을 실수로 빠뜨리는 일을 범해서는 안 된다.

4' 1 경제적 손실

경제적 손실은 현실뿐만 아니라 미래의 고통과도 직결된다. 내부고발은 지금까지 누렸던 경제적 · 사회적 지위나 신분, 재산, 생활의 편리 등의 손실로 삶의 평화를 위협할 수 있다. 내부고발자는 흔히 불법이나 부당행위 고발 후 형사고발이나 명예훼손, 파면 처분 취소소송, 손해배상 청구소송 등 이름도 낯선 다양한 소송에 시달린다. 모은 재산은 변호사 선임 비용으로 모두 들어간다. 계속되는 공판을 준비하는 데 시달려 다른 일은 아예 할 수도, 생각할 겨를조차 없다. 그러는 중에도 자녀 학비, 경조사비 등 지출이 발생할 것이다. 벌어놓은 재산은 줄어들고, 그러다 집 평수도 줄고, 전세로 다시 월세로 옮겨가야 할 수도 있다.

이러한 경제적 어려움은 단기간에 그치지 않고 어쩌면 10년, 20년 동안 지속될 수도 있다. 내부고발을 하기 전에 생각했던 것보다 훨씬 더 많은 재산 손실이나 금전적 어려움이 발생할 수 있고, 몇 배는 더 견디기 어려운 상황이 올 수도 있다. 내부고발을 하는 많은 사람이 크게 걱정하지 않는다고 하지만, 실상은 거의 그렇지 못하다.

4' 2 가족의 고통과 해체

내부고발자가 받는 피해 중 가장 견디기 어려운 것 중 하나가 가족이 당하는 고통이다. 심한 경우 가족 해체로도 이어진다. 내부고발자가 보복에 맞서면서 스트레스에 시달릴 때, 가족들도 그러한 고통을 똑같이 경험한다. 내부고발을 했던 사람들의 적지 않은 수가 가족 간 불화를 경험하고, 이혼 등 가족 해체, 자녀 진학 포기, 극단적인 경우 가족의 자살 등을 겪는다. 이때 가족은 2차 피해자인 셈이다.

내부고발을 결심할 때는 당장의 분노 때문에 가족들이 겪을 이러한 어려움을 미처 헤아리지 못하기도 한다. 자신이 목격하거나 직면한 이슈가 너무도 절박한 문제이거나 도저히 용납할 수 없는 것이어서 자칫 가족들의 생각이나 그들이 경험할 미래의 어려움을 다소 낮게 평가할 수 있다. 자신의 선택에 따라 내부고발을 했다면 그에 따른 고통도 자신이 어느 정도 감수해야 할 몫으로 여기게 되지만, 가족까지도 그래야 하는 것은 아니다. 그것이 아니어도 가족공동체가 겪는 고통은 어떤 것으로도 보상받거나 치유되기 어렵고, 자칫 아물지 않는 상처가 될 수 있다. 내부고발자의 가족들이 당하는 시련이 내부고발자 본인이 겪는 그것만 못하다고 누가 말할 수 있을 것인가?

디바인과 마사라니(Devine and Maassarani, 2012: 63~85)는 기업의 내부고발자들을 위한 13가지 조언을 던지면서, 그 첫 번째로 자신의 가족과 문제를 상의할 것을 꼽았다. 내부고발로 가족구성원이 고통을 겪게 될 것에 대한 충고이다.

4' 3 사회활동과 인간관계의 위축

디바인과 마사라니(Devine and Maassarani, 2012: 63~85)는 조언 중 여덟 번째로 "조직이나 현재의 일과는 관계가 없는 사람들과의 연대, 협력자들과의 네트워크 구축"을 주문한다. 유력한 정치인, 기자, NGO 활동가들과의 연대, 직장 동료들과의 우호적 관계가 중요하다. 동료들이 당신의 생각을 어떻게 생각하는지, 그들이 당신을 지지하고 함께 보조를 맞추어 줄 것인지 등도 조심스럽게 알아보아야 한다. 전략적으로 행동을 기획하거나, 지나가는 말처럼 던져보거나, 아니면 의논을 통해, 동료들이 자신의 내부고발 의도를 얼마나 받아들이고 동의하는지, 이들도 자신과 마찬가지로 조직의 불법이나 부정직한 일에 대한 혐의나 의혹을 갖고 있는지 등을 확인하면서 앞으로 전개될 전체 그림과 판도를 살펴보라는 것이다. 조직이나 상관에게서 불이익을 받고 혹사당하거나 억울한 일을 겪을 때, 자기편에 서줄 동료가 있다면 큰 힘이 될 것이다. 다른 부서, 특히 행정이나 서무 등을 맡는 지원부서 직원들과 좋은 관계를 맺는 것도 중요하다.

한 가지 사례를 보자. 신참 경찰관이 파출소에 배치되어 근무하던 중 다른 경찰관들이 관내 업소로부터 상납을 받는 관행을 목격하고 자신은 받지 않겠다고 했다가 순찰 등 업무에서 배제되고, 회식 자리에서 소장과 다툰 끝에 결국 명령 불복종과 직무태만 등으로 면직된 일이 있었다. 그는 소청심사위원회에 제출한 진술서에서 10여 페이지에 걸쳐 그간의 경위와 자신이 어떤 뇌물도 받은 바 없고 결백하다고 밝혔지만, 파출소 동료와 관내 업소 60~70여 곳에서 제출한 100페이지가 넘는 진술서에서 업주들은 그에게만 돈을 주었고, 동료들은 그가 인간성에 문제가 있었다고 증언했다. 내부고발자가 타게 되는 보트는 외부 협력자와의 네트워크, 동료의 지지와 원만한 관계가 밑바탕이 된 바다에서 순항할 수 있다.

4' 4 생계의 곤란

내부고발 이후 갈등은 폭발하고, 해고 등으로 수입은 끊긴다. 고발이나 신고를 생각하는 사람들은 '밖에 나오면 설마 굶겠는가', '그래도 내가 할 일이 없겠는가'라고 생각하지만, 막상 닥치면 현실은 생각처럼 그렇게 녹녹하지 않다는 것을 경험하게 된다. 생각했던 것보다 경제적 손해도 크고 생활 전체가 더 큰 어려움에 처한다고 보면 틀림이 없다. 수입이 없다는 것, 생활비가 들어오지 않는다는 것은 매우 현실적이고도 생존을 위협하는 문제이다. 수입 없이 삶 자체가 지속되기 어렵기 때문이다. 가족은 이러한 부담과 곤란을 직접 경험하게 된다. 부인이 일자리를 구해야 하고, 자식들은 진학을 포기하기도 한다. 자녀가 대학 진학이나 결혼 등을 앞두고 있다면 '소득 절벽'의 고통은 더욱 심하다. 자영업에 뛰어들거나 재취업을 하더라도 일이 생각처럼 풀리지는 않을 것이다. 일자리를 구하더라도 저임금 비정규직이라면 빈곤 위험에서 완전히 벗어나지 못한다. 다툼은 소송으로 이어져 끝날 줄 모르는 가운데 자구책을 택하지만, 겨우 싼 집을 구해 이사하거나 덜 먹고 덜 쓰는 것으로 생활 조건은 악화일로로 치달을 수 있다.

4' 5 건강의 상실

내부고발을 한 이후, 적지 않은 사람들이 건강을 잃는다. 나름 국가와 사회를 위해 희생을 무릅썼는데 대가가 너무 가혹한 것이다. 스스로 자신의 목숨을 끊는 경우도 있다. 건강 상실이 직업 상실, 재정적 파탄, 이혼 등과 겹친다면 심신의 파탄을 피하기 어렵다. 그 모든 피해는 자신의 몫이다.

샐리 맥도널드와 캐시 아언(McDonald and Ahern, 2002)은 간호사들을 대상으로 한 연구에서, 내부고발자들이 불면증, 두통, 흡연 등 신체적 문제와 분노, 걱정, 환멸 등 정서적 문제를 경험하며, 그 가족이나 동료들도 정도의 차이는 있으나 비슷한 문제를 겪었다고 밝혔다. 특히 내부고발자를 보는 동료들도 죄의식이나 수치심, 존중받을 자격이 없거나 하찮은 존재 등의 느낌을 경험한다는 것이다. 물론 그들의 어려움은 신고를 한 당사자가 겪는 정신적 · 신체적 고통에 비할 수는 없을 것이다. 내부고발자가 당하는 여러 어려움 가운데 건강의 상실은 가장 중심에 있고, 혼자 헤쳐 나가기 어려운 곤경이다. 가장 혹독한 만큼, 사전 대비가 중요하다.

제3장

자기보호 전략과 방법

1 단계별 자기보호 전략과 방법: 20개 가이드라인

민크스(Minkes, 2010), 그리고 하싱크, 드 브리스와 볼렌(Hassink, de Vries and Bollen, 2007)은 내부고발자 보호제도가 정부나 기업에서의 법규 위반을 방지하는 데 가장 핵심적이고도 유효한 수단 가운데 하나라고 말한다. 특히 정부나 기업 같은 큰 조직에서 일어나는 범죄는 매우 복잡한 구조나 상황 속에서 발생하는데, 이에 대응하려면 그러한 범죄가 발생한 구조나 상황을 잘 아는 내부자를 통해 문제에 접근할 수밖에 없다는 것이다. 실제로 내부고발자 보호제도 도입의 필요성은 그동안 지속적으로 늘어나, 오늘날 많은 국가에서는 조직 내 부정이나 비윤리적 행위를 신고할 수 있는 창구를 마련하고, 신고 이후의 보복으로부터도 보호한다.

내부고발자 보호는 세계시장에서 활동하는 기업의 기본적인 자격 요건 중 하나이다. 특히 기업이 내부자 신고 및 보호 절차를 갖추고 있는지는 기업의 사회적 책임(corporate social responsibility: CSR)을 평가하는 지표이다. 유엔 반부패협약(United Nations Convention Against Corruption:

UNCAC)은 부패행위나 국민의 건강, 안전, 환경 등을 위협하는 공익침해행위가 민주주의, 정의, 지속가능한 발전, 법치주의를 위태롭게 하므로, 이를 효과적으로 적발해 처벌하고 궁극적으로는 예방할 필요성이 크다고 언급한다. 또한 부패나 공익침해행위의 신고가 중요한 만큼, 특히 조직 내부자의 신고는 투명하고 공개적인 절차를 통해 부패행위를 바로잡을 가능성을 높이고, 사회 전반의 가치관과 문화를 투명하게 개선하는 계기가 된다는 점에서 각국에 보호제도를 도입할 것을 권고한다.

조직의 부정부패는 일반적으로 고도의 은밀성과 전문성을 바탕으로 이루어진다. 따라서 외부 감사기관의 조사로 적발하거나 일반인이 감지해 신고하기에는 원천적으로 어려움이 있다. 부정부패를 근절하고자 해도 비리가 조직 안에서 감추어지면 아무것도 할 수 없고, 집단의 내부에서 벌어지는 부정에 대해 외부인은 좀처럼 알 길이 없다. 설사 안다고 해도 내부에서 이를 조직적으로 은폐하려고 하면 쉽게 드러나지 않고 관련 증거를 찾기도 어렵다. 따라서 내부고발은 조직 내 부패행위를 효과적으로 통제하는 데 무엇보다 중요한 수단이다.

데이비드 유잉(Ewing, 1977)은 『조직 안에서의 자유(Freedom Inside the Organization)』라는 책에서 내부고발이 개인의 양심과 표현의 자유이고, 공익을 추구하고자 하는 이타적 노력이며, 민주사회에서 일반 시민은 자신을 위험에 빠뜨리는 실제에 관해 '알 권리'가 있고, 내부자는 개인이기 이전에 사회공동체의 구성원으로서 공익 보호에 참여할 의무가 있다고 말한다. 그리고 조직의 존립은 공익에 부합하는 활동을 전제로 허가된 것이므로, 이러한 전제를 벗어난 활동은 금지되고 처벌받아야 한다는 것이 민주사회의 일반적인 기대이고, 조직원의 복종과 충성도 이러한 기대의 틀 안에서만 요구될 수 있다고 말한다. 그러나 우리 사회에서 공익제보자는 배신자의 다른 이름처럼 불리기도 한다. 또한 방식과 형태를 불문한 보복과 신분노출 등으로 당사자에게는 치유할 수 없는 상처가 남게 된다. 결국 공익을 위해 노력한 인사가 아니라 조직의 배신자가 되어 평생을 그늘 속에서 살게 되는 것이 현실이다.

법적 보호를 받게 되더라도 현실적으로 피해를 충분히 막을 수 없는 만큼, 내부고발자는 자기보호를 위한 많은 노력이 필요하다. 그렇다면 내부고발 이후 입을 수 있는 피해를 최소화하려면 무엇을 어떻게 해야 할 것인가? 이와 관련해 델크(Delk, 2013: 61~64)는 「내부고발: 정말로 그것이 가치 있는 결과를 가져오는가(Whistleblowing — Is It Really Worth the Consequences?)」라는 연구에서, 내부고발을 하기 이전과 내부고발 결정을 할 때로 나누어 무엇을 고려하고 어떤 측면을 감안해야 할 것인지 설명한다. 내부고발은 자신의 직업 상실뿐만 아니라 경력, 나아가 건강도 잃게 되는 결과를 초래할 수 있는 만큼, 조직 내부의 범죄나 비윤리적 문제를 외부 기관에 신고하기 이전에 해결하기 위해 무엇을 할 수 있는지 모든 해결 방안을 고려해봐야 한다고 말한다. 예를 들어, 핫라인처럼 조직 내부에 법규 등의 위반행위를 직원들이 익명으로 보고할 수 있는 절차나 통로가 있다면, 이를 이용하는 것이 조금이나마 위험이나 비용 부담을 줄이면서 비슷한 효과를 거둘 수도 있는 방법이라는 것이다.

다음에서는 내부고발을 ① 조직 내에서 불법이나 비윤리 행위에 대한 인식의 단계, ② 신고의 결정 및 이행 단계, ③ 신고 이후 단계로 나누어, 미래의 내부고발자들이 내부고발을 할 때 무엇을 어떻게 해야 할 것인지에 대해, 그동안 내부고발자를 위한 법률적·행정적·사회적 보호와 지원 등의 업무나 활동을 해왔던 변호사, 조사관, 노무사, 보건학 박사, NGO 활동가 등 총 7명의 전문가, 그리고 실제 내부고발을 결행했던 33명의 경험자들의 조언을 총 20가지로 정리했다.

2 1단계: 불법 또는 비윤리적 행위 인식

① 전문가 또는 경험자로부터 조언을 구한다.

② 조직 내에서 문제를 시정 및 조정하는 절차를 밟는다.

③ 본인의 생각에 대해 가족과 상의해본다.

④ 동료들의 생각을 들어보고 좋은 관계를 유지한다.

⑤ 체크리스트를 검토한다.

⑥ 제반 규정을 준수하여 모범을 보인다.

내부고발 과정은 조직 구성원이 불법이나 잘못된 행동을 인지하는 순간부터 시작된다. 그리고 고발의 결정은 잠재적 내부고발자가 부정을 발견하고 그것이 심각하고 잘못된 것이며 중단해야 하고 자신에게도 그것을 막을 책임이 있다는 인식에서 출발한다(Peeples, Stokes and Wingfield, 2009: 468). 조직에서 법규 위반이 일어나고 있음을 발견했으나 아직 내부고발을 할 것인지 결정하기 이전인 1단계에서는 내부고발을 하는 경우와 그 후의 단계에서 발생할 수 있는 문제들에 대한 시나리오를 함께 준비하면서 대비책을 세워야 한다.

2' 1 전문가 또는 경험자의 조언을 구한다

인간은 완벽하지 않은 존재이므로 누구나 실수를 할 수 있고 쉽게 유혹에 넘어가기도 한다. 털면 먼지 안 나는 사람 없듯이, 결점이 없는 사람 혹은 조직은 없다. 따라서 내부고발을 생각하는 사람은 내부고발 이후 부딪힐 수 있는 문제, 그리고 그 대가를 지불하는 것에 대한 각오가 서 있어야 한다. 예상치 못하게 자신의 잘못도 드러날 소지가 있는 만큼, 그 또한 신고 대상이 될 수 있다는 가오로 임할 필요가 있다. 따라서 먼저 현재 상황을 정리해보고, 차후의 사태에 대해 깊이 성찰해봐야 한다. 무엇보다 관련 전문가나 경험자를 통해, 자신이 받을 수 있는 불이익은 무엇인지, 조직의 보복으로부터 자신을 어떻게 방어할 수 있는지, 피해를 줄이고자 한다면 무엇을 해야 하는지, 신고를 위해 자신이 준비한 증거에 법률적 제약이 있는지 등을 내부고발에 앞서 꼼꼼히 점검할 필요가 있다.

델크(Delk, 2013: 61~64)는 간호사를 예로 들면서 간호사 자신이 환자의 건강과 회복, 안전을 위해 내부고발을 하지 않을 수 없게 되었을 때 알아야 할 보호법의 한계, 내부고발을 할 때 자신이 보호받고자 한다면 무엇을 누구에게 어떻게 신고해야 하는지 등 관련 정책 및 절차적 문제에 관해 언급한다. 내부고발은 현실적 문제로, 호기나 의욕만으로 접근하는 것은 위험하며, 내부고발을 생각한다면 무엇보다 먼저 변호사와 상담하고 자문을 받아야 한다는 것이다. 그리고 내부고발 경험자와 많은 이야기를 나누어보라고도 말한다. 또한 많은 법률은 신고자의 선의나 신의성실을 보호의 전제로 요구하고 있으므로, 신고하는 사안이 범죄라는 자신의 믿음에 정직하고, 신고 과정에서 누구를 속이려 하지 않으며, 신고를 통해 비양심적으로 무엇을 얻고자 하는 것이 아니어야 한다고 주문한다. 비록 간호사 자신이 환자를 보호하기 위해 나서야 할 의무와 책임을 인식하고 신고하는 경우라 할지라도, 신고의 내용과 방법이 합리적 기대나 상식에서 벗어나지 않아야 한다는 점도 강조한다.

● 저는 부패행위를 입증하는 자료를 무려 3개월 정도 준비했고, 동료 세 명과 함께 불법 유통 사례를 수집하고 정리하는 등 각자 역할을 분담해 환자들의 피해 사실을 확인했습니다. 회사 측이 제시할 반론까지 철저하게 분석했습니니

다. 그리고 확보한 자료가 객관성이 있는지, 과학적으로 입증되었는지도 관련 전문가, 즉 당시 의사와 임상병리사에게 조언을 구하면서 개선 방향까지 고려해 고발을 준비했습니다. 동료들이 함께해준 덕분에 확인된 피해 사실 중심으로 많은 토론을 할 수 있었고, 신분이 노출되면 보복당해 해고될 수 있다는 예상도 했고, 해임되었을 때를 대비해 소송도 염두에 두고 준비했습니다. __K1 님

● 저는 내부고발을 하고 나서야 전문가들을 만나게 됐습니다. 전문가들을 만난 이후부터 지금까지는 잘 준비하고 처리했다고 판단합니다. 이러한 전문가들을 내부고발을 하기 전에 알게 되었다면 이렇게 긴 싸움을 하고 있지는 않았을 것 같습니다. 또한 싸움이 길어진다고 해도 정신적인 스트레스가 덜했을 것 같습니다. 저를 비롯한 사람들 대부분은 법에 대해 상세하게 알지 못합니다. '공익신고자 보호법'을 알고 있지 못하거나 설령 알고 있다 해도 100% 이해하는 것은 쉽지 않은 일입니다. 법에 대한 이해, 향후 처리에 대한 계획 등에 대해서는 전문가의 조언이 무엇보다 필요한 사항이라고 생각합니다. __J1 님

▌초기에 결행을 망설이는 단계에서, 과연 내부고발을 꼭 해야 하는가, 할 수밖에 없는가에 대한 결정은 여전히 스스로 풀기 어려운 숙제이다. 이러한 결정을 하기 위해서는 몇 가지 전제를 점검해보아야 한다. 그중 첫 번째는 내가 옳다고 생각하는 것이 과연 옳은가, 내가 고발하고자 하는 상대는 또한 과연 악(惡)인가이다. 부정이 이루어지는 상태에서 당사자들도 그들 나름대로 불가피한 이유들을 가지고 있다. 뇌물을 주는 것이 담당자들로 하여금 일이 빨리 진행되도록 동기를 부여해 사무적이고 관료적인 일의 처리를 촉진할 수 있다고 믿을 수 있다. 비록 뇌물이 부정한 것이기는 하나, 일부 사람들에게 피해가 가더라도 조직 전체의 이익을 도모할 수 있다면, 그것을 누군가가 독차지하지 않는 한, 결론적으로 조직의 구성원이 모두 원하는 바가 아니겠냐고 할 수 있다. 깨끗하고 정의로운 사회가 되면 좋겠지만, 사회 전체가 그렇지 않다면 전체 사회를 부정하는 것은 독선이 아니냐고 생각할 수도 있다. 옳다고 생각하는 것도 그 소속 사회를 벗어나면 옳지 않은 것일 수 있다. 아군에게 옳은 것이 적군에

게 옳지 않을 수 있고, 인간에게 옳은 것이 인간이 아닌 동물에게는 옳지 않은 것일 수 있다. 공익제보의 사례들은 원칙적으로 가치의 상대적 충돌 현장이어서 그러한 가운데 신고를 결심하게 되는 시기뿐만 아니라 많은 질문이 그 이후까지 끝없이 따라다닌다. 따라서 공익제보자는 이 문제에 대해 숙고하여 현명하게 판단하고 안정적인 결론을 구할 필요가 있다. 다음은 이와 관련한 가치충돌의 유형이다.

작은 이익을 위해서인가, 큰 이익을 위해서인가

부정은 권력을 가진 한 개인의 이익을 위해 저질러지는 경우도 있지만, 많은 경우 그 이익을 직간접적으로 공유하는 작은 공동체의 이해를 대변한다. 그것은 단일한 작은 공동체의 이익이겠지만, 경우에 따라서는 더 큰 상급 단위의 이익을 동시에 반영하는 것일 수 있다. 김ㅇㅇ가 폭로한 군대 내 납품 비리는 사실상 해군 대부분 상부조직이 공유하는 이익체계였음이 드러났다. 그는 해군이라는 조직 전체에 하나의 문화가 되어버린 납품 비리에 대해 더 큰 단위인 국민의 이익을 선택하기까지 많은 고민을 하지 않을 수 없었을 것이다. 그가 궁극적으로 자기가 속해 있던 해군 조직 전체를 고발할 수 있었던 것은 결정적으로 국민이라는 더 큰 이익을 위해서라는 명분이 존재했기 때문이다.

무엇을 위해서인가

공익신고자는 많은 불이익을 무릅쓰고 나선 사람들이다. 이들이 선택한 것은 개인의 이익보다는 민주주의적 가치, 공무원의 청렴성, 부정으로 피해를 입은 희생자에 대한 심리적 지지, 위협에 대한 남성적 강인함, 자신의 도덕적 기준에 대한 높은 자존심, 직장 내 패권에 대한 저항 의식 등의 추구이다. 공익신고 결행에는 신고자가 스스로 추구하는 이러한 가치가 조직 구성원들이 앞세우는 소집단 의리라는 가치보다 우월하다는 확신이 있어야 한다. 많은 부정적 영향에도 불구하고 제보를 결행해야 할 개인적 이유란 많지 않다. 오직 공익적 사명감과 공동체에 대한 도덕적 기준만이 진정한 결행의 이유가 될 것이다. 하지만 이것이 과연 한 개인이 막대한 희생을 감수하는 이유가 될 수 있을까? 이러한 의문에 대해서는 위기에 처한 현대인의 존재 방식을 살펴봄으로써 다소나

마 설명의 실마리를 찾을 수 있을 것이다. 도덕적 기준과 가치의 선택에 대해 조직의 강요에 순응하기만 한다면 현대인의 무력감과 억압감은 더욱 감당하기 어려운 것이 될 것이다. 공익제보자들이 희생을 무릅쓰고 결행한 행동으로 현대인은 개인의 양심적 판단의 자유, 도덕적 선택의 자유를 제고함으로써 억압을 줄이고 사회적 존재의 질을 높이고 있지 않은가? 억압을 참을 수 없었던 그들의 행동이 우리가 생각하는 것 이상으로 현대인의 존재의 조건을 변화시키고 자유를 신장시킨 것은 아닐까? 그러한 절실함이 그들이 자신의 희생을 무릅쓴 진정한 이유가 아닐까?

개인의 희생을 감수할 수 있는가

공익신고자 보호를 위한 제도적 장치를 끊임없이 마련하고 강화하고 있으나, 공익신고 이후 개인이 맞닥뜨릴 고난은 명백하고 가혹하다. 조직 구성원들은 흔히 의리를 앞세운다. 이들 속에서 의리는 나름의 규범이 되고, 따라서 조직 속에서 공익신고자는 의리 없는 사람으로 낙인찍힌다. 조직의 보복은 여기에서 그치지 않고 공식적·비공식적인 거의 모든 부분에서 일어난다. 나아가 사회적으로 이루어지기도 한다. 따라서 공익신고자가 받게 될 보복과 고난의 크기나 양상을 먼저 가늠해볼 필요가 있다. 만일 신고자 개인이 일방적으로 큰 희생을 겪을 것이고 신고자가 그것을 감당할 수 없을 것으로 예상된다면 신고의 방법과 시기, 내용은 다시 한 번 숙고해봐야 한다. 신고를 통해 사회공동체가 얻을 이익이 명백하다고 할지라도, 그것이 개인의 일방적 피해를 전제로 해서는 안 된다. 공식적인 공익제보를 하기에 앞서 결정을 유보한 채로 미래에 자신에게 닥칠 것으로 예상되는 보복의 가능성과 그 크기를 지지와 보호에 대한 가능성과 크기와 비교해가면서 판단할 필요가 있다.

_ 신광식 (보건학 박사, 참여연대 공익제보지원센터 소장)

▌1990년 최초의 공익제보 이문옥 감사관의 내부고발 사건 이후 매년 공익신고자가 증가하고 있다. 그러나 공익신고자의 현실은 어떨까? 공익신고를 한 행위자는 뜻하지 않게 조직의 보복을 포함한 여러 불이익에 거의 무방비 상태

로 놓이고, 파면이나 해고, 전근과 같은 인사상의 불이익을 받으며, 조직 내부에서는 융화나 단결을 해치는 배신자나 부적응자로 치부되어 동료 직원들로부터 공식적 또는 비공식적으로 따돌림을 받는다. 사회의 공익신고자에 대한 이러한 부정적 이미지는 공익신고로 조직이 위험에 처하거나 조직 구성원 전체가 피해를 보거나 볼 우려가 있다는 그릇된 인식에서 비롯된 것이다. 공익신고는 비록 일부 개인적인 이익이나 보복과 같은 사적인 감정이 개입된 경우도 있을 수 있지만, 사회 전체적인 차원에서 공공에 대한 피해를 공개하고 그 위험을 미리 알려주어 예방하는 등 결정적인 순간에 우리 사회의 변화를 이끄는 물꼬를 터왔다는 점을 명심할 필요가 있다. 따라서 공익신고자들은 일방적으로 그가 속한 조직 구성원의 이익에 반하는 '배신자'라고 규정하기보다 오히려, 조직 구성원, 나아가 사회 전체의 이익을 위해 싸운 '용감한 시민'으로 칭송받아야 한다. 그들이 박해나 차별을 받는다는 것은 그만큼 우리 사회에서 공공의 건강이나 안전 등이 위협받고 있다는 사실을 반증한다.

— 이철재(노무사, 참여연대 공익제보지원센터 실행위원)

▮ 내부고발은 조직의 구조적이고 은밀한 부패를 척결하는 '진정한 용기가 요구되는 양심적 행동'이며, 기존의 내부·외부 통제의 한계를 극복하고 사회를 좀 더 밝고 투명하게 하는 데 절대적으로 필요한 선진국민의 소양이다. 최근 들어 부패행위가 갈수록 구조적이고 은밀하게 이루어지며 그 수법도 날이 갈수록 지능화되면서, 기존과 같은 외부의 감사나 수사를 통한 적발과 처벌이 어려워지고 있다. 이러한 상황에서 내부고발이야말로 조직의 문제를 잘 아는 양심적인 내부인의 구체적 증거 및 정보 제공을 통해 조직 내 부패행위에 대한 외부 통제의 기회를 제공함으로써 사회의 경쟁력과 건전성을 높이는 의미 있는 행위임을 사회 구성원 모두가 인식할 필요가 있다. 이러한 내부고발자의 신고에 대해, 그것이 개인의 작은 이익보다 큰 정의 실현을 위한 자기희생이며, 자신보다 타인을 생각한 용기 있는 결단이라고 인식하는 사회적 분위기도 만들어져야 한다.

'권익위법' 제55조에서는 "누구든지 부패행위를 신고할 수 있다"라고 규정하며, 추가로 제56조에서 "공직자는 그 직무를 행함에 있어 부패행위를 알게 될 경우 신고하여야 한다"라고 규정하여 공직자의 부패행위 신고 의무를 밝히고 있다. 그럼에도 부패행위 신고 의무를 이행하지 않은 공직자를 처벌한 사례는 거의 없다. 신고는 의무가 부여된 공직자에게조차 정말 쉽지 않은 결정이며, 이를 강요하는 것도 현실적으로 어렵다는 것을 알 수 있다. 이러한 어려움에도 권익위를 찾아 부패행위와 공익침해행위를 신고하는 용기 있는 신고자가 갈수록 늘고 있는 것을 볼 때 우리 사회에 '빛과 소금'이자 '살아 있는 양심'이 많음에 감동한다. 현장에서 상담해보면 부패행위나 공익침해행위를 신고하기 전 신고자들은 보통 위반자 처벌 가능성이나 비리행위의 개선 여부 및 신고에 대한 보상·포상 등에 주로 관심을 갖는다. 그러나 내부고발자의 경우는 신고 후 본인의 신분이 노출되었을 경우 발생할 수 있는 불이익에 대한 염려로 권익위의 비밀보장 시스템과 사후 보호제도를 확인하며 신고 자체를 할 것인지에 대해 심각하게 고민한다. 이는 아직까지도 우리 사회 구성원들 사이에 내부고발자를 '조직의 배신자'나 '밀고자', '조직 부적응자'로 취급하는 관행과 분위기가 강하기 때문이며, 내부의 문제는 내부에서 적당히 알아서 처리하는 것이 최선이라는 '왜곡된 온정주의' 성향이 존재하기 때문이다. 이에 따라 반부패 총괄기구인 권익위는 우리 사회의 구성원들이 내부고발을 긍정적으로 바라보고 누구나 할 수 있는 문화적·정서적 기반을 마련하기 위하여, 단순히 법적 테두리 안에서의 보호를 넘어 내부고발자를 실질적으로 보호하는 제도적 장치를 마련하고 이를 철저히 운영함으로써 사회의 청렴문화를 확산시키기 위해 노력하고 있다.

_ 박정만 (권익위 조사관)

▌참여연대는 2002년 1월 25일 '부패방지법'이 처음 시행되는 날, 전국공무원직장협의회총연합(현 전국공무원노동조합)과 함께 공익제보자 보호 헌장 선포 기자회견을 열고, 본격적인 공익제보 활성화 캠페인을 전개했다. 공익제보자 보호 헌장의 내용은 다음과 같다.

1. 국민 누구도 진실을 증언했다는 이유로 보복을 받지 아니한다. 국민은 자신이 목격한 부정을 공개했다는 이유로 어떠한 불이익도 받지 않는다.
2. 국민은 부패를 거부했다는 이유로 부당한 대우나 차별을 받지 않는다. 부패를 거부하거나 양심의 호루라기를 불어 부정부패를 고발하는 행위는 국민의 권익을 보호하기 위한 것이며 부패 척결을 위한 용기 있는 행위로 마땅히 보호받아야 한다.
3. 국가는 공익제보자에게 보복행위를 가하는 조직과 관련자에게 엄중한 책임을 물어야 한다.
4. 국가는 공익적 노력에 합당한 실질적인 보상을 통해 이들을 보호해야 한다.
5. 거대한 조직의 보복 앞에 직면한 공익제보자를 보호하는 것은 공공선을 지향하는 모든 국민의 의무이다. 사회 각계각층은 공익제보자에게 가해지는 배신자라는 '편견'과 '조직의 보복', 또한 일체의 '신분상 불이익 조치'를 막기 위한 노력에 적극 나서야 한다.
6. 공익제보자는 자신을 보호하기 위해 스스로 모든 노력을 다한다. 공익제보자는 자신에게 닥칠 고난과 어려움을 분명하게 이해하고 현명하고도 효과적인 대책을 강구한다.

__ 명광복(서울특별시 공익제보위원회 팀장, 전 참여연대 공익제보지원센터 선임 간사)

2' 2 조직 내부에서 문제를 시정 및 조정하는 절차를 밟는다

불법행위 신고가 비록 공익적인 것이라고 할지라도 소속 조직이나 단체는 불명예와 피해를 피하지 못한다. 따라서 조직 내부의 관련 부서나 책임자를 통해 먼저 문제점을 지적하고 시정하는 절차를 밟을 수는 없는지 찾아보아야 한다. 내부고발은 업무 관련 이슈인 만큼, 내부고발을 생각하는 사람은 윤리담당관(ethics officers), 기업 카운슬러, 회계감사관, 인력자원 관리자 등과 상담할 수 있을 것이다. 많은 조직이 내부에 경력이나 업무에 대해 전문적인 상담을 하는 직원(career counselors)을 두지 않고 있다. 하지만 전문가들은 앞으로는 그것이 더욱더 필요할 것이라고 말한다(Johnson and Chope, 2005: 257).

델크(Delk, 2013: 61~64)는 내부고발을 하기로 결정했다면, 조직 내 핫라인이나 정해진 고충 처리 절차와 같은 내부의 절차를 먼저 다 이용할 것을 권고한다. 그렇게 하고도 문제를 바로잡을 수 없다면 그때 행동으로 옮기라는 것이다. 그리고 이때 다음 몇 가지를 반드시 고려할 것 또한 충고한다. 자신이 신고하고자 하는 것이 불법행위 등 신고할 만한 중대한 범죄인가? 그것을 신고한다면 신고자는 과연 얼마나 효과적으로 보호를 받게 될 것인가? 불법인 것을 확인했을 경우라도 법이 신고자를 얼마나 보호해줄 수 있는가? 범죄행위가 고의성이 없는 일시적인 단순 실수로 우연히 한 번 일어난 것은 아닌가? 조직이 그러한 범죄를 의도적·지속적으로 계속해서 반복하고 있는가? 심각한 것인가? 사회에 큰 피해를 주는 것인가? 피해가 돌이킬 수 없는 것인가? 문제를 해결할 다른 방법은 없는가? 자신이 범죄에 일정한 또는 중요한 역할을 하지는 않았는가? 자신이 불법행위를 알고도 보고하지 않는다면 자신이 현재 하는 업무에 대한 책임을 다하지 못한 것으로 자격 정지 등 처벌이나 책임 추궁을 당하게 되는가? 자신이 보고를 했을 경우 그것이 가져올 파문은 무엇인가? 아직 상황을 더 지켜볼 시간이 남아 있는가? 자신이 처한 상황이 과연 신고를 정당화할 만한 것인가? 델크는 이러한 질문에 대해 내부고발자가 미리 확인해두어야 한다고 말한다. 한편 실수로라도 일부 사실을 잘못 알고 내부고발을 한다면, 그만큼 법적 보호를 받는 데 어려움이 따르거나 오해를 받게 될 수 있다는 점도 염두에 두어야 한다고 지적한다.

물론 조직 내부에서 먼저 문제를 제기하는 데 따르는 위험 부담도 만만치 않다. 자신이 누구인지 알 수 있을 만한 단서를 남기거나 자신의 생각 또는 신분을 아예 노출하게 될 수 있으며, 그럴 경우 조직이 제보자에게 외부로 신고를 못 하게 미리 조치를 취하거나 보복을 가할 수도 있다. 또한 조직이 미리 관련 자료를 모두 은폐하고, 결국 불법행위를 중단시키지도, 제보자 자신이 보호받지도 못하는 불행한 결과가 벌어질 수 있다. 조직은 불법행위를 중단시키고 바로잡을 의지가 없거나 그러기에는 이미 너무 멀리 왔다고 판단할지도 모른다. 그런 경우 내부에서의 문제 제기는 조직으로 하여금 내부고발에 대비할 시간만 주고, 문제가 될 만한 관련 모든 자료를 은닉 또는 폐기하게 하여, 정작 조사가 시작되어도 처벌을 이끌어내기 어렵게 만든다.

따라서 내부에 문제를 알려 조정 또는 시정하려고 할 때 가장 먼저 주의해야 할 일은 조직 내부의 누구도 자신의 의도를 눈치채지 못하도록 조심스럽게 처신하고 행동하는 것이다. 그것이 가능하지 않다고 판단되면 권익위 등 외부에 신고하는 방법을 모색할 수밖에 없다. 하지만 그럴 때에는 그 방법 외에 다른 선택의 여지가 없었다는 점을 납득시킬 만한 충분한 이유가 있어야 한다. 예컨대 조직의 권력구조나 분위기상 내부에서 문제를 먼저 제기할 수 있는 기회 자체가 아예 차단되어 있거나, 내부에 알릴 경우 오히려 조직이 증거를 인멸할 수 있는 시간만 벌 수 있게 되어 문제를 바로잡을 기회가 사라질 수 있거나, 조직의 불법행위로 일단 피해가 발생하면 나중에 그 피해를 회복하기 어려울 것으로 판단되거나, 상황이 급박한 탓에 내부에 문제를 제기하면 시간만 소비하게 될 것이 명백하다는 등 외부 신고의 불가피성을 강력하게 뒷받침할 만한 객관적이고 합리적인 믿음과 타당한 정황 증거, 예를 들어 당시 내부 사정과 관련한 기록이나 대화 등을 가지고 있어야 한다.

내부고발자를 보호하는 여러 법률에서 내부고발자가 먼저 내부에서 시정 절차를 통해 문제를 해결할 수 있는 모든 방법을 찾아보도록 규정하는 것은 혹시 모를 내부자의 과실로 잘못된 정보가 외부에 공개될 경우 조직이 입는 피해가 막대한 만큼, 조직 스스로 그러한 문제를 검토하고 바로잡을 수 있게 함으로써 조직의 이익과 내부고발자 보호 간의 균형을 맞추기 위한 것이다. 따라서 곧바로 외부에 신고하는 경우, 다른 어떤 방법이 없었다는 충분히 납득할 만한 이유와 증거가 있어야 한다. 특히 언론에 공개하는 것은 그 파급 효과가 상대적으로 크므로, 만약 신고자의 과실로 잘못된 제보가 이루어졌다면 그 때문에 조직이 받는 피해는 돌이킬 수 없을 만큼 매우 크다. 그러므로 이에 대해 신고자는 특별히 더 주의를 기울일 필요가 있다.

한편, 자신도 부정에 연루되었다면 신고 이전에 잘못을 인정하는 것이 좋다. 보호법에 따르면 신고자가 부정행위에 가담했더라도 일부 책임을 감면하는데, 이는 신고자가 본의 아니게 그러한 행위에 가담한 것일 수 있고, 그러한 신고가 없었다면 묻혀버릴 수도 있었던 범죄를 드러낸 것이므로, 본인이 부정에 연루된 상황에서라도 신고하게 함으로써 공동체 사회에 발생할 위험을 막고 올바르지 않은 것을 바로잡기 위함이다.

● 처음 우리가 생각한 방법은 '내부 정화'였습니다. 언론이라는 도구는 너무 극단적이라 그로 인한 상처는 회복되기 어렵습니다. 따라서 우리는 '경영진, 이사진, 언론' 이런 순서를 이용했습니다. __Y1 님

● 저는 감독기관에 먼저 내부고발을 했고, 감독기관에서 조사가 제대로 이루어지지 않아 결국 방송과 언론에 제보했었습니다. 어차피 내부고발을 하기로 결심했다면 권익위 또는 감독기관 등에 신고하고 나서 일정 기간 사태를 주시한 다음에 다른 경로로 내부고발을 한다고 해도 크게 달라질 것은 없다고 생각합니다. __L1 님

내부 해결의 가능성을 타진하라

내부적인 문제 제기, 항의, 부당한 명령 거부, 문제 개선을 원하는 동료와 합심하기 등의 길이 아직 남아 있을 수 있다. 외부에 고발하는 사례보다 훨씬 더 많은 사안이 이러한 내부적인 문제 제기를 통해 이루어질 수 있기 때문이다. 이러한 선택은 근본적인 해결이 아닌 일시적인 미봉책으로 끝날지도 모른다. 하지만 그럴 경우에는 마지막에 외부에 공익제보를 결행하는 수단이 남아 있기 때문에 내부적인 해결 노력을 여전히 시도해보아야 할 것이다.

— 신광식

2' 3 본인의 생각에 대해 가족과 상의해본다

내부고발을 결정하기 전 가족과 상의해야 한다. 내부고발이 전적으로 자신의 의지에 바탕을 둔 것이라 할지라도, 가족 또한 자신의 내부고발로 많은 영향을 받게 될 수 있기 때문이다. 따라서 자신의 의사와 이후 일어날 일들에 대해 가족에게 밝히고 상의해야 한다.

가족과 상의하는 목적은 다를 수 있으나, 신고할 수밖에 없는 고민을 가족과 함께 나누어 조언을 구할 수 있으며, 어느 누구에게도 말할 수 없는 사실을 가족에게는 편안하게 이야기할 수도 있다. 특히 가족과 자신의 고민이나 감정을 공유함으로써 큰 위로와 힘을 얻을 수도 있다.

내부고발에 대한 조직의 문제점을 인지하기 시작한 1단계에서 문제를 혼자 분석하고 해결하려 하다 보면 자칫 잘못된 판단에 이를 가능성이 클 뿐만 아니라, 가족 관계에까지 악영향을 끼칠 수 있다.

● 제보를 하면 생활비와 소송비용 등 경제적 어려움이 있을 수 있다는 것을 가족들에게 알렸습니다. 그래서 경제적 어려움이 생길 경우에 퇴직금과 저축

한 돈으로 우선 생활하자고 가족의 동의와 이해를 구하고 그래도 부족하면 대출을 받아서 버텨보겠다고 했습니다. __K1 님

● 가족 중 아내에게만 내부고발에 대해 이야기하고 설득했습니다. 아내 한 명을 설득하는 과정도 쉽지 않았습니다. 내부고발을 한다는 것이 이에 대한 100% 확신을 가지고 하는 행위였기 때문에, 긴 시간이었지만 아내를 설득할 수 있었습니다. 그런데 신문고에 알렸지만 제대로 처리되지 않았습니다. 신분 노출, 인사상 불이익, 사내 왕따 등의 피해가 이어졌고, 제가 신고한 내용 자체를 왜곡하고 증거를 인멸했습니다. 그로 인해 '허위 사실 유포로 인해 명예를 훼손했다'는 등의 명목으로 저를 징계했습니다. 이해할 수 없는 처분들이 이어졌습니다. 해고당한 뒤 어머니 등 다른 가족들에게 말씀드리게 되었고, 가족들의 정신적인 스트레스가 심했습니다. 시간을 되돌릴 수만 있다면 아내만 설득할 것이 아니라 가족들 모두를 설득하고 시작할 것입니다. 하지만 그렇게 했다면 과연 내부고발을 할 수 있었을지에 대해서는 의문이 남습니다. __J2 님

● 가족과의 상의나 협조가 필요합니다. 그래야 급작스러운 사직으로 금전적인 어려움, 협박, 주위의 시선으로 인한 정신적 고통 등으로부터 위로와 격려를 받을 수 있습니다. __P1 님

● 이 세상에서 가족의 유대감은 그 어떤 조직과도 비교할 수 없이 강합니다. 가족들은 그냥 지켜보고만 있지는 않을 겁니다. 도와주려고 할 겁니다. __L2 님

2' 4 동료들의 생각을 들어보고 좋은 관계를 유지한다

조직의 부정에 대해 동료들의 생각을 조심스럽게 들어본다. 자신이 알고 있는 바가 사실인지, 부패행위라고 판단한 것에 대해 다른 동료들은 어떻게 생각하는지 알아보고, 그 문제로 분개하고 있는 다른 동료는 없는지도 찾아본다. 정부에서든 기업에서든 많은 직원은 자신의 윤리적 관점

에 비추어 감수하기 어려운 상황을 만날 수 있고, 그런 상황에서 그들은 직업을 그만둘 것인지를 놓고 심각하게 고민하기도 한다. 영국에서는 정부·기업·비영리조직에서 근무하는 이들 중 거의 3분의 1이 윤리적 문제로 자신들이 과연 현재의 직장에서 계속 일해야 할 것인지를 고민하고, 이러한 일이 자신을 견디기 힘들게 한다고 말하기도 했다(Lovell, 2003: 189). 내부고발을 심각하게 고민하고 있다면, 동료 중에도 같은 사안에 대해 분개하거나 자신이 나서서 무엇이든 해야 한다고 생각하고 있는 잠재적 내부고발자들이 있을 수 있다.

존슨과 초프(Johnson and Chope, 2005: 257)도 내부고발을 하려고 할 때 자신을 지지해줄 동료를 만들어두라고 충고한다. 다만 신고 이후 이러한 과정으로 신고자의 신분이 노출될 수 있음을 감안해 조심스럽게 행동해야 한다. 신고자가 이후 조직에서 불이익을 받게 되더라도 동료들과 원만한 관계를 유지할 수 있다면 그것만으로도 큰 힘이 될 것이다. 신고 이후, 조사 단계에서도 동료의 우호적인 증언은 문제 해결에 많은 영향을 준다. 평소 아군을 많이 확보해놓으면 설사 해고되어 밖에서 조직과 싸우게 되더라도 이들로부터 내부의 사정이나 중요한 정보를 전달받을 수도 있다. 내부고발 후의 싸움은 질서정연하고 예측 가능하며 룰이 있는 싸움이 아니다. 그것은 진흙탕 싸움과도 같다. 조직의 보복과 공격은 전선도 없이 전 방위에 걸쳐 감당하기 어려운 방식으로 가해진다. 이런 상황에서 조직이 위증을 하면 밖에 있는 개인으로서는 이를 반박할 자료를 확보하기가 곤란한데, 이때 조직 내에서 누군가가 이에 반박할 수 있는 자료나 정보를 제공해준다면 상황을 유리하게 이끌어갈 수 있다.

하지만 내부고발은 다른 한편으로 조직뿐만 아니라 자기 동료들도 어려움에 처하게 만들 것이다. 내부고발을 생각하는 사람들이 동료들과 사이가 나빠질 것을 두려워하고, 괜히 문제를 만들고 싶어 하지 않는 것도 그 때문이다(Moore and McAuliffe, 2012: 340~341).

● 문제를 덮으려는 학교와 교육청, 끝까지 진실을 밝히려는 개인의 싸움은 정말 피 말리는 것이었습니다. 특히 어느 곳에서 제대로 된 도움을 받을 수도 없었습니다. 대응을 위한 대부분의 준비와 그들과의 싸움을 혼자서 할 수밖에 없었습니다. 그런데 다행히도 저를 믿고 자신이 혹시 받을 수 있는 불이익도 감수하겠다며 작은 부분에서 저를 도와주신 선생님들이 있었습니다. 그분들이 스스로 작다고 한 것이 제게는 정말 매우 큰 것이었습니다. _M 님

● 처음 내부고발을 하려고 할 때 증인이 되어주겠다고 했던 동료 직원들도 현재는 저의 해고가 정당하다고 주장하는 사용자 입장에 서 있습니다. 그런 모습들은 저를 비롯한 대다수 내부고발자들이 경험했으리라 생각됩니다. 회사에 문제를 제기하는 것이 결국 문제를 제기한 사람에게 부당한 처분으로 이어진다는 인식이 너무나 강하기 때문이라고 봅니다. 이런 사회의 인식이 바뀌지 않으면 내부고발자는 점점 줄어들 것이라 생각됩니다. 피해를 받고 고통을 받는 직원들이 자신들의 문제에 대해 연대해서 처리하는 것이 중요합니다. _J2 님

● 공익제보를 하기 전에 먼저 함께 상황에 대응하고 제보할 내부 조직이 필요합니다. 회사나 학교 측의 여론 조작에도 흔들리지 않고 철저히 준비한 내부 조직이 필요합니다. 공익제보를 한 것이 후회되지는 않지만, 그 과정에서 준비가 미흡했다는 점은 크게 후회됩니다. _H 님

자기편을 만들라: 신뢰할 만한 사람과 상담하라

조직 안에서 자기편을 만드는 것이 좋습니다. 조직에서 내부고발자를 왕따 시키는 일이 종종 일어나고 있는데, 내부고발을 응원하고 지지하는 동료가 나중에 큰 힘이 될 것입니다.

_ 이상희(변호사, 참여연대 공익제보지원센터 부소장, 호루라기재단 이사)

2' 5 체크리스트를 검토한다

내부고발을 하기 전 추후 발생할 사태에 대해 깊이 성찰해보고 각오를 다지는 것이 좋다. 아무도 자신의 상처나 고통을 대신해주지 않기 때문이다. 그리고 신고 이후 발생할 여러 경우의 수를 생각하면서 어떻게 대응할지 철저히 준비해야 한다. 무엇보다 마음의 준비가 되어 있지 않으면 그 충격은 생각보다 훨씬 크게 다가올 수 있다. 내부고발 등 공익신고를 지원하는 공공기관이나 단체 등에서 제공하는 내부고발자를 위한 자료 및 체크리스트들을 참고하고, 자신의 것도 만들어 꼼꼼히 점검해나가는 것이 좋다. 그 이후 집중적으로 조언을 받을 단체를 찾아 도움을 청한다.

복(Bok, 1981: 204~220)은 내부고발을 생각하는 이들을 위해 다음과 같은 여섯 가지 항목의 체크리스트를 제시한다. ① 조직 내에서 자신이 목격한 부정행위는 그 정도가 얼마나 심각한 것인가? ② 그 부정행위로 일반 국민에게 절박한 위험이 발생하는가? ③ 잘못을 저지르고 있는 사람들이 그러한 부정에 얼마나 책임이 있는가, 그리고 직접적 책임이 있는 사람들인가? ④ 자신은 무엇 때문에 그것을 신고하고자 하는가, 그렇게 할 만한 충분한 동기가 있는가? ⑤ 그 문제를 제기하거나 해결할 다른 어떤 방법이나 수단은 없는가? ⑥ 내부고발을 하면 그것이 자신의 직업이나 경력에 어떤 영향을 줄 것인가?

2' 6 제반 규정을 준수하여 모범을 보여야 한다

만약 내부고발자의 신분이 밝혀진다면 조직은 신고자에게 신분상 불이익이나 근무조건상 차별을 가할 수 있다. 따라서 신고 전부터 자신이 먼저 제반 규정을 준수함으로써 내부고발에 따른 보복성 징계의 빌미를 제공하지 말아야 한다.

현행 '권익위법' 제62조에서는 "누구든지 이 법에 따른 신고나 이와 관련한 진술 그 밖에 자료 제출 등을 한 이유로 소속 기관, 단체, 기업 등으로부터 징계 조치 등 어떠한 신분상 불이익이나 근무조건상의 차별을 받지 아니한다"라고 규정한다. 그런데 이는 역으로, 신고와 무관한 행위를 구실로 신분상 불이익을 주는 경우는 막을 길이 없다는 뜻으로도 해석할 수 있다. 내부고발을 하게 되면 조직은 내부고발자의 신고 내용이 왜곡되거나 과장된 허위 사실이라고 반격하는 한편, 신고자가 평소에 업무 능력이 부족하다거나 조직생활에 적응하지 못했다는 등 문제가 있었다는 식으로 몰아간다. 이로써 내부공익신고를 폄하하며 상급자들은 인사평정 점수를 낮게 주거나 도저히 달성할 수 없는 업무를 부과하고, 평소에 해오던 업무가 아닌 엉뚱한 업무를 완수할 수 없는 기한 내에 해낼 것을 명령하는 등 잔인한 게임을 시작한다. 설령 조직과의 싸움에서 당장 이기더라도 또 다른 괴롭힘이 이어져 결국 직장을 그만두게 되는 경우가 많다.

조직의 이러한 보복에 대비하려면 평소 조직 내에서 제반 규정을 준수하는 것은 물론, 주변의 신뢰도 쌓아야 한다. 조직 내 구성원으로서 일단 두터운 신망을 받고 있는 경우, 조직이 내부고발자에게 일방적으로 보복이나 비난을 가하기란 그만큼 어렵다. 내부고발을 하더라도 평소 성실한 자기관리를 한 직원이라면 사회나 동료들은 그의 명분을 인정하려고 한다. 자신의 허물을 먼저 벗은 뒤에 내부고발을 하면 그만큼 당당하게 현실을 마주할 수 있다. 이러한 준비가 되었는지 뒤돌아본 다음 내부고발을 결정해도 늦지 않고, 또한 더욱 세련된 방식을 찾게 될 것이다.

● 사측에서 인사규정 등 취업규칙에서 보직 해임(직위 해제)을 징계가 아닌 인사 발령으로 정하는 경우 대법원 판례 또한 보직 해임을 징계가 아닌 급변하는 경영 환경의 변화에 대응할 수 있는 사용자의 정당한 인사권으로 판단합니다. 제가 각급 노동위원회, 법원 등을 거치면서도 패소할 수밖에 없었던 중요한 요인은 사용자의 인사규정에 따르면 보직 해임은 징계가 아닌 발령이라는 사실이었는데, 다수의 사업장은 보직 해임 이후 보직이 부여되지 않는 상태가 3개월간 지속되면 면직(해고)할 수 있다는 인사규정을 두고 있습니다. 예상되는 것이겠지만 경영 환경 변화 등에 따른 부서 재배치 불가, 업무 능력 부족 등과 같은 다른 이유를 만들어서 면직시킬 뿐이지, 애써 보직 해임을 했던 내부 공익신고자에게 다시 보직을 부여하는 사용자는 없습니다. ㅡ 13 님

내부고발자가 스스로 자신을 보호할 수 있는 객관적 장치란 불법이나 비윤리적 행동을 인식한 단계에서부터 관련 사실을 충분하게 검토하고 필요한 사항을 철저히 준비하는 것뿐이다. 내부고발자에 대한 법적·사회적 지원을 제공하는 각국의 대표적 NGO, 예를 들어 한국의 참여연대 공익제보지원센터, 미국의 GAP, 영국의 PCaW는 내부고발을 생각하는 사람들을 위해 나름의 행동 수칙을 제시한다.

▌참여연대는 공익제보자 행동 수칙이 담긴 '클린카드' 10만 부를 일선 관청에 배포한 바 있다. '클린카드'에 적힌 공익제보자 10대 행동 수칙 중 부패 인식 단계에 관한 내용은 다음과 같다.

가족과 상의한다

부패 거부나 항의, 고발을 하고자 하는 경우, 먼저 이러한 결정에 대해 가족과 의논한다. 내부고발 후 가장 심각한 것은 가족들의 고통인 까닭이다. 공익제보는 고발에서 문제 해결까지 장시간이 소요되는 경우가 많다. 따라서 고발자는 가족들에게 미리 자신의 의사를 밝히고 추후 발생할 수 있는 상황에 대해 상의

해야 한다.

조직 내부에 문제를 조정·시정하는 절차가 있다면 먼저 그 절차를 밟는다

공익제보자는 고발에 앞서, 그러한 부정을 막을 다른 합리적인 방법이 있는지 알아보아야 한다. 그러나 이때 신중을 기하지 않으면 고발 이후에도 시정되기는커녕 도리어 조직이 부정을 은폐할 기회와 시간을 만들어주고 자신은 신분이 노출되어 고립을 자초할 수 있다. 감사원, 청와대 민원실, 유관 행정기관 감사 및 감찰과에 진정을 넣는 것도 한 가지 방법이나, 이런 경우 그 내용이 해당 기관으로 이첩되는 경우가 많다는 점도 유념해야 한다.

다른 동료들은 어떻게 생각하는지 알아본다

부정한 활동에 대해 분개하고 있는 또 다른 동료들이 있는지 알아본다. 조심스럽게 이들에게 이야기를 건네어본다. 의심하고 있는 바가 사실인지, 자신의 부주의로 그리 의심하게 된 것은 아닌지 확인한다. 이 과정에서 정보가 유출되는 경우 오히려 난관을 만나기 때문에 신중해야 하지만, 뜻을 함께하는 동료가 있다면 문제 해결 과정에서 많은 도움을 얻을 수 있다

다른 동료들과 좋은 관계를 유지한다

사무실의 경리나 서무 직원 혹은 타 부서의 직원들과도 좋은 관계를 유지해야 한다. 이들은 조직의 비리에 대해 깊은 내막을 알고 있을 수 있다. 또 언제든지 지지 세력이 되어 정보 제공 등으로 도움을 줄 수 있다. 동료들은 신고자를 부담스러워하며 피하거나 멀리한다. 내부고발자는 때로는 배신자, 믿을 수 없는 사람, 문제가 있는 사람, 위험 인물 또는 요주의 인물 등으로 분류되고, 배척당하기 쉽다. 동료들과의 좋은 관계는 이러한 위험을 막는 방법이다. 내부 비리 폭로의 의도나 효과를 무력화하려는 조직의 보복도 다른 구성원들에 대한 일종의 본보기나 경고의 성격을 띤다는 점에서, 동료들과 좋은 관계를 유지하는 것은 매우 중요하다.

— 명광복

▌미국의 내부고발자 보호 NGO인 정부책임프로젝트(GAP)는 지난 거의 40년 동안 6,000명 이상의 미국 정부 및 기업 소속 내부고발자들을 지원해왔으며, UN 및 세계은행 등 정부 간 조직과도 일해왔다. 다음은 이러한 경험을 통해 얻은 것으로, 내부고발자가 보호받기 위한 몇 가지 교훈 중 부패 인식 단계에 관한 내용이다.

당신의 사랑하는 이들과 상의하라

이것이 첫 번째이다. 내부고발의 가장 심각한 위험 중 하나는 가족 붕괴나 가족으로부터의 소외이다. 내부고발의 결과로 가족 전체가 고통을 받을 수 있기 때문이다. 되돌릴 수 없는 단계에 이르기 전에 당신의 배우자를 비롯한 가족, 그리고 친한 친구들에게 내부고발에 앞서 당신의 계획에 대해 사실을 털어놓아라. 즉, 장기화될 수 있는 시련의 시간 동안 당신이 주로 의존해야 할, 그리고 개인적으로 당신을 지지해줄 그룹에게 말이다. 그렇게 되면 자신의 필요가 아니라 그들의 요구를 충족시키기 위해 내부고발의 계획을 일부 조정할 수도 있다. 만약 당신이 가족의 승인 없이 혹은 그들 충고를 듣고 수용하는 과정 없이 행동하기로 결정한다면, 직업적인 결과보다 더 큰 개인적인 손실의 위험을 떠안게 될 수 있다.

당신 자신을 알라

신고자들은 자신에게 진실하기 위해 당연히 실행해야 한다고 여기기 때문에 내부고발을 한다. 하지만 위험을 감수하기 전에 당신 자신의 현실을 직시해야 한다. 이는 당신이 왜 내부고발을 하기 원하는지 스스로에게 정직하고 진지하게 물어보는 것을 의미한다. 내부고발의 목적은 무엇인가? 무엇을 성취하기 원하는가? 이러한 질문은 당신이 부당한 권력에 도전해야 할 것인지에 대해 판단을 내려야 할 때, 얼마나 많은, 그리고 어떤 위험을 감수해야 하는지에 대해 스스로 깨닫고 판단할 수 있게 해준다. 마찬가지로, 자신의 결정과 함께 평안을 누리기 위해, 그래서 앞으로 계속 전진할 수 있기 위해 무엇이 이루어져야만 하는가? 이 질문에 대해 당신 스스로 내면으로부터 답을 얻게 된다면 갈등과 분쟁을 멈출 수 있는 올바른 시점을 알게 될 것이다.

당신의 직장 동료들 사이의 지지를 살펴보라

직장 동료들과 전략적이지만 가벼운 질문과 토론을 통해 그들이 당신의 입장과 반대인지, 자신의 생각이 동료들 사이에 신뢰받고 공유될 수 있을지 알게 될 것이다. 또한 이는 당신의 의심이 통용되는 생각인지, 아니면 사실인지를 알기 위해, 그리고 전체적인 그림을 충분히 파악해보기 위해서도 필요하다. 이러한 과정을 통해서 당시의 생각에 대해 합리적으로 판단할 수 있게 된다. 이때 이른바 '스냅사진 증후군(snapshot syndrome)'을 조심해야 한다. 즉, 연기가 나는 총을 찍은 사진도 시체가 놓인 곳이 아니라 표적장에서 찍은 맥락이라면 그 의미가 다르다. 당신의 동료들은 향후 중요한 증인이 되거나 문제에 대한 추가적 정보를 가지고 당신이 아는 것보다 훨씬 문제가 광범위하고 심각하다는 것을 확증해줄 수 있을지도 모른다. 일부 직장 동료들은 당신의 우려를 공유하고 당신과 기꺼이 함께하거나 당신을 통해 익명으로 자신들의 증거를 전달할 것이다. 동료들과의 연대는 보복을 막는 데도 엄청난 차이를 만들 수 있다. 그러나 동료들의 생각을 알아볼 때 그들이 당신을 잠재적인 내부고발자나 사고유발자, 또는 해당 조직에 대한 위협으로 보지 않게 해야 한다. 미래의 계획을 나누는 것은 사실을 확인하는 것과는 매우 다른 것일 수 있다.

대열이 흐트러지기 전까지는 시스템 내부에서 일할 것을 고려하라

만약 적절한 관계 부처에 문제를 시정할 것을 요청했고, 그들이 그것에 대해 무관심하거나 억압하지 않는 한, 당신은 조직 운영에 대한 도전을 진지하게 생각하지 않을 것이다. 그러나 설령 조직이 그렇게 반응하더라도 조직 내에서 일함으로써 조직의 은폐나 보복을 유발하지 않는 것이 중요하다. 상대가 자신을 방어할 정당한 이유를 가지고 있다면 당신은 위험하고 적대적인 입장에 처하게 되기 때문이다. 그러나 한편 시스템 내부에서 일하는 것은 공개적으로 시민들의 지지라는 혜택을 받지 못한 가운데 당신을 보복에 노출시킬 수 있다. 그리고 이는 내부고발자에게 가장 고립되고 따라서 가장 취약한 상황이 될 수 있다.

잠재적 위법행위에 도전하는 최선의 초기 접근 방식은 비공식적인 상황이나 미팅에서 문제를 예방하거나 해결하기 위해 해당 이슈를 가볍게 제기하는 것이다. 이때 당신의 접근은 정면 대결의 방법이 아니어야 한다. 즉, 어려운 문제에 답변하기 위해 도움을 구하거나 책임으로부터의 위험에 대해 우려를 제기하는 형식 등이 필요하다. 만약 경영진이 방어적이지 않고 당신의 우려를 건설적으로 받아들인다면, 당신은 변화의 실행을 위한 노력을 평가받게 되고 내부고발이 필요 없어질 수 있다. 당신은 해결책에 기여하고, 결과를 지켜보는 것으로도 충분할 수 있는 것이다. 그러나 이 방법은 신뢰할 수 없는 영역임을 기억하라. 일부 기업의 관료들은 '잘못'을 묻는 질문 앞에서 어쩔 수 없이 방어적인 태도를 보일 것이며, 자신들이 해당 잘못의 일부분이었다면 특히 그럴 것이다. 그들은 당신이 '너무 많은 것을 알고 있지 않은지' 확인하기 위해 행동하거나, 그런 질문을 했다는 이유만으로 조직에서 당신을 제거하기를 원할 수도 있다. 진실을 드러내기 전에 당신이 누구에게 이야기하고 있는지를 알아라. 그리고 내부고발자의 의도를 드러내는 것을 되도록 피하라. 조직을 위협할 수 있는 문제나 잠재적 문제들을 예방하도록 돕기 원하는 충성스러운 직원으로서 행동하라.

행정 및 지원 직원들과 좋은 관계를 유지하라

내부고발자의 생존을 위한 마술의 언어는 연대다. 이는 잘못된 대우를 받고 있다고 느끼는 다른 이들과의 우호적 관계에서 시작된다. 괴롭힘과 억압을 받아온 사람들, 그래서 조직이나 상관에게 대항하는 사람들은 일반적으로 비서, 사무원, 인턴, 그리고 하급 종사자들로, 당신과 마찬가지로 여러 불만을 토로할지 모른다. 그들과 좋은 관계를 가지도록 노력하라. 왜냐하면 그들은 중대한 행위들에 대해 미리 알거나 나중에 간부진의 불법적 동기에 대해 증언하게 될 때 매우 중요한 역할을 할 수 있기 때문이다.

— 탐 디바인(Tom Devine, GAP 변호사)

▌영국의 내부고발 지원단체인 PCaW는 헤럴드 오브 프리 엔터프라이즈호(Herald of Free Enterprise)의 침몰, 클래펌(Clapham)의 열차 충돌, 크레디트 앤드 커머스 인터내셔널 은행(Bank of Credit and Commerce International)의 몰락과 같은 여러 재앙과 비극이 발생한 뒤인 1993년에 설립되었다. 이후 공개적인 여러 조사를 통해, 해당 직원들이 위험을 알고 있었으나 자신들의 직

장에서 발생한 부정행위, 위험, 위법행위 등에 도전하는 것이 옳고 안전하며 수용할 만하다고 느끼지 않았었다는 사실을 밝혀냈다. PCaW는, 무사안일주의와 은폐를 조성하며 내부고발자들을 예외 없이 적대적으로 바라보는 문화가 문제라는 사실을 깨달았다. 당시 진실을 말하는 것은 금기로 여겨졌으며, 내부고발은 밀고나 사고유발자와 동일시되었기 때문에, PCaW는 직원들이 부정행위에 대해 말하는 것이 사회를 보호하고 변화를 창조한다는 인식을 널리 확산시키고자 내부고발과 책임 사이에 중요한 관계가 있음을 증명하고자 했다.

PCaW의 최근 조사에서는 직장인 10명 중 1명, 약 10%가 자신과 고용주, 동료, 또는 대중을 위협하는 잠재적 부패, 위험, 심각한 부정행위에 노출되어 있고, 이를 우려한다는 사실이 발견되었다. 직장인들은 조직의 눈과 귀이며, 무엇인가가 빗나가고 있을 때 종종 최초의 목격자가 되는데, 이때 이들은 예를 들어 동료 간병인이 노인을 학대하거나, 자신의 회사가 유해한 폐기물을 불법으로 처리하거나, 매니저가 식품위생 안전기준을 준수하지 않은 것 등을 목격할 수 있다. 이러한 잘못을 목격했을 때, 많은 고용인들은 침묵한다. 아마도 그들은 잘못을 부정하거나, 사건의 영향을 두려워하거나, 자신의 문제가 아니라고 생각할 것이다. 그러나 이러한 사실을 공개하는 이들은 생명을 구하고, 상당한 돈을 절약하고, 조직의 명성이 훼손되는 것을 막을 수 있다. 그러나 그들은 종종 결과적으로 개인적 희생을 치른다. 내부고발자들이 사회로부터 어떻게 격려와 지지를 받고, 그 행위가 긍정적인 것으로 인식되도록 할 것인가?

내부고발자들은 너무나 자주 그들의 솔직한 의견 공개 행위로 인해 엄청난 개인적 그리고 직업적 위험을 감수한다. 내부고발을 결정하는 것은 아마도 직장인에게는 자신의 경력에서 가장 중대한 직업적 결정 행위일 것이다. 불행히도 내부고발에 대해 하나의 실패도 없는 안전한 접근 방법은 없다. PCaW는 내부고발자에 대해 가능한 한 피해를 최소화하도록 도울 수 있는 몇 가지 개인적인 비결 중 부패 인식 단계에 관한 것을 제시한다.

당신의 선택 사항들을 파악하라

당신에게 믿을 만한 동료나 관리자가 존재하는가? 해당 문제를 제기하기 원하는 다른 동료들이 있는가? 당신이 속한 조직은 내부고발 정책을 가지고 있는가? 당신이 제기한 문제가 조직에서 제대로 다루어질 것이라고 신뢰하는가?

불만자가 아니라 목격자가 되어라

당신은 내부고발자로서 다른 이들의 이익을 위협하는 문제를 그것을 바로잡아 줄 수 있을 만한 이들에게 전달하는 사람이다. 그것이 조직 내부이든 또는 적절한 관계 당국이든 말이다. 그래서 불평하지 말아야 한다. 그러나 당신이 만일 자신의 개인적 사정에 대해 억울하게 느낀다면, 고충 처리 절차를 이용하고 이를 내부고발의 우려와는 별개의 것으로 취급하라.

— 캐시 제임스(Cathy James, 변호사, PCaW 사무총장)

3 2단계: 신고 결정 및 이행

① 입증 책임을 위한 증거 자료를 확보한다.

② 법과 제도를 철저히 조사한다.

③ 법률적 조언을 구한다.

④ 공익제보 방법을 숙지한다.

⑤ 전략적 접근이 필요하다.

⑥ 언론과의 접촉은 신중해야 한다.

⑦ 시민단체 등 도움을 받을 수 있는 곳과 긴밀한 관계를 유지한다.

1단계 '불법 및 비윤리적 행위 인식의 단계'에서 하는 활동이 조직 내에서의 개별적이고 소극적인 것이라면, 2단계인 '신고의 결정 및 이행 단계'는 잠재적인 신고 결정의 판단을 한 후 실질적으로 내부고발을 하고자 결정적인 증거를 확보해야 하는 전략적 단계이다. 여기서 말하는 '결정적인 증거 확보'는 내부고발 사건의 심각성과 중요성을 입증하는 동시에, 내부고발자가 자신을 보호하기 위한 수단을 찾아가는 활동이기도 하다.

질 그레이엄(Graham, 1986: 1~52)은 정부기관이나 기업의 직원이 내부에서 부정이 일어나고 있음을 목격하고 무엇을 할지를 결정할 때 선택할 수 있는 행동 여섯 가지를 말한다. 그중 첫째는 조직에 그대로 남을 것인지, 아니면 직장을 그만둘 것인지의 선택이다. 어떤 선택을 하든 다음 단계로 각각 다시 세 가지 선택 가능한 행동, 즉 '침묵한다', '내부에 문제를 제기한다', '외부에 신고한다'가 남는다. 그래서 직원이 내부에서 법규 위반 행동을 발견하면 총 여섯 가지 행동 중에서 어떤 한 가지 행동을 선택하게 된다고 설명한다. 내부고발을 결행하려면 우선 조직에 그대로 남을지, 아니면 조직을 떠날 각오로 공개할지를 선택해야 하고, 각 선택에 따라 다시 구체적인 방법을 선택해야 한다.

3-1 입증 책임을 위한 증거 자료를 확보한다

신고 시 신고 내용을 입증할 증거가 필요하며, 본인이 당한 불이익을 최소화하기 위해서라도 기록은 매우 중요하다. 동료와 함께 준비했다면 동료의 배신과 위증도 조심해야 한다. 이것은 감당하기 어려운 매우 큰 문제로 발전할 수 있으며, 결정적인 순간에 자신에게 가장 치명적일 수 있다. 부패의 증거를 모으다 보면 조직의 비밀이 포함될 수 있다. 이러한 경우에는 기밀 유출에 따른 고소나 손해배상 청구소송 등을 미리 예상해야 하는데,• 법적 논리 싸움인 소송을 준비하기 위해서는 사실을 객관적

• '권익위법'과 '공익신고자 보호법'에는 법에 따라 신고하는 과정에서 발생한 비밀누설은 면책한다는 조항이 있다.

으로 입증할 수 있는 결정적인 증거가 필요하며, 그것의 기본은 '철저한 기록'임을 강조해도 부족함이 없다. 혹시라도 기밀 자료에 접근이 어려워 증거를 확보하지 못했더라도, 신고 이후 배정될 감사관이나 수사관 등의 조사자에게 접근할 수 있는 경로를 알려준다면 조사 과정이 훨씬 원활해질 것이다. 기타 자료는 정보공개 등을 통해 확보할 수 있을 것이다.

3. 1. 1 녹화와 녹취

가장 확실한 기록은 녹화와 녹취이다. 공개적으로 녹화나 녹취를 하려면 어려움이 따르며, 그렇다고 몰래하기도 쉽지 않다. 그러나 오늘날에는 휴대전화 등을 이용할 수 있어서 예전에 비해 녹화와 녹취를 하기가 훨씬 쉬워졌다. 녹취와 녹화가 가능하다면 필요한 순간 당황하지 않도록 기기 사용 방법을 숙지해둘 필요가 있다. 제3자가 녹취 · 녹화하는 것은 위법이지만, 당사자가 직접 녹취 · 녹화하는 것은 위법이 아니며 그 자료는 증거 능력을 인정받을 수 있다는 점도 알아둘 필요가 있다.

3. 1. 2 기록

내부고발을 하기 위해서는 부패행위를 증명할 수 있는 기록과 자료를 꼼꼼히 모으고 남겨야 한다. 신고할 때 증거를 함께 제시해야 하기도 하고, 조직에서 신고의 낌새를 채게 되면 관련된 모든 자료를 은폐할 수 있어 모든 기록을 사전에 획득하는 것이 좋다. 또한 이를 위한 활동은 고발하려고 하는 사건에 대해 더 많은 정보를 얻게 해주며, 조사 대상에 대해 미처 인지하지 못했던 것까지 파악하거나 추가 단서를 확보하는 데 도움을 줄 수 있다.

또한 조직의 비리를 입증할 수 있는 문건이나 증거만이 아니라 조직이 자신에게 부당하게 가한 보복에 대해서도 자세히 기록해두어야 한다. 이러한 기록은 불이익을 증명하는 조사 과정이나 법정에서 큰 효과를 발휘한다.

3' 1' 3 글쓰기

일상적으로 녹취 · 녹화를 하고 그것을 문서로 정리하는 것은 엄청난 스트레스가 따르는 작업이다. 따라서 결정적인 상황일 때를 제외하고 가장 일상적으로 할 수 있는 것은 일어났던 일을 글로 남기는 것이다. 글쓰기는 단순한 기록에 그치지 않고 내부고발자에게 심리적 안정을 주는 데 도움이 될 수 있다. 화를 풀어주고 자신을 성찰하기에 매우 효과적인 수단으로 활용될 수 있다.

증거를 마련할 목적으로 글쓰기를 할 경우에는 나중에 다시 읽었을 때 쉽고 정확하게 이해할 수 있도록 명확한 표현을 사용해야 한다. 기사처럼 간결하고 명확하게 작성하며, 시간과 장소, 등장인물, 인물별 대화 등을 명시해야 한다. 대화 상황을 기록한다면 소설처럼 쓰지 말고 시나리오처럼 실명, 동작 설명, 대사 등으로 작성하여 최대한 상황이 자세히 묘사될 수 있게 한다. 예를 들어, "교장이 나에게 협박을 했다"라고 기록하기보다는 "ㅇㅇㅇ 교장: (자기 책상에 있던 서류를 던지고 나를 노려보면서) 다시 한 번만 더 ㅇㅇㅇ 학생 편 들면 옷 벗을 각오해야 할 거야"라는 식으로 쓰는 것이 좋다.

하지만 증거를 확보하기 위한 글쓰기는 때론 삶을 너무 팍팍하게 만들어버리기도 한다. 늘 불안하고 초조한 마음으로 글을 쓰다 보면 오히려 화가 되기도 한다. 이럴 때 수필 형식의 글을 쓰면 자신의 경험을 좀 더 객관적으로 바라볼 수 있다. 상황을 객관화하는 글쓰기를 하다 보면 화를 다스릴 수 있고, 가해자를 측은한 시각에서 바라보는 여유(?)까지 생기게 된다.

이상의 지침은 사법적인 판단에 중요한 단서를 제공한다. 차곡차곡 정리한 메모나 문서화된 기록은 '마지막 카드'로 쓰는 것이 좀 더 효과적이다. 치밀하게 준비하되 조용히 진행하는 것이 가치를 높이는 방법이다.

● 자신이 보고 들은 사실만 가지고 제보했다가는 역공을 받을 수 있습니다. 따라서 최대한 증거를 확보할 수 있어야 합니다. 공문 같은 문서자료나 녹취자료, 이메일 등을 최대한 수집한 다음에 제보해야지, 그렇지 않고 섣불리 제보했다가는 조직에서 사실 무근 등으로 몰아갈 수 있습니다. 저 역시 당시 제가 목격했던 사실을 제보했지만, 조직에서는 조사 결과 사실이 아니라고 발표했습니다. '권익위법'과 '공익신고자 보호법'에서는 이 법에 의한 신고일 경우에 비밀누설로 보지 않기 때문에 적극적으로 자료를 확보한 후 제보해야 합니다. 또한 직접 자료가 없다고 하더라도 일기나 비망록 등을 통해 세세하게 기록하는 것이 필요합니다. 구체적인 일시와 장소, 그리고 어떤 상황에서, 당시 자리에 있었던 사람들을 포함해, 누가 어떤 발언 또는 행동을 했는지를 상세하게 기록하는 것이 중요합니다.

__L4 님

● 건설 입찰에서 ㅇㅇ건설의 설계를 높게 평가했습니다. 그런데 며칠 후 ㅇㅇ건설에서는 고맙다면서 1,000만 원 상당의 상품권을 저에게 가지고 왔습니다. ㅇㅇ건설 직원이 찾아온다고 했을 때, 제가 강의를 녹음하기 위해 사용하는 녹음기를 준비하고 있다가 대화를 녹음했습니다. 이것이 확실한 증거가 되었고 이 상품권은 ㅇㅇ건설의 법인카드로 구입했다는 것이 기자들에 의해 확인됐습니다.

__L1 님

● 공익제보 시 증거를 충분히 확보하고 주위 직장 동료들의 증언을 따로 녹음하는 치밀함이 요구됩니다. 동료들 역시 재판 증인으로 출석하게 되면 절대 부인하기 때문에 더욱 그렇습니다. 양심과 정의에서 출발하지만 상대측은 내부고발자를 파렴치한으로 매도하고, 다수의 말에 소수의 정의가 묻히는 경우가 있습니다. 따라서 내부고발 시 사전 녹음을 해놓으면 진실을 밝히는 데 도움이 됩

니다. 매일 일기처럼 하루에 일어나는 모든 것을 메모하고 기록해놓아야 합니다. 그래야 나중에도 명확하게 기억할 수 있고 날짜 개념이 서서 대응하는 데 도움이 됩니다.

__P2 님

● 녹취록, 문서 복사, 사진 등 무슨 수를 써서라도 증거를 확보해야 합니다. 거대한 공룡과 같은 조직과 비교하면 내부고발자는 한없이 약한 개미 같은 작은 존재입니다. 정황상 누가 봐도 내부고발자의 주장이 옳다고 인정할 수 있더라도 조직에서 "그런 적 없다"고 주장하거나, 자료를 사장시키거나, 실상은 이렇다는 식으로 뒤집으면 내부고발자는 어찌할 수 없습니다. 비록 증거 확보 과정이 불법이라 해도 그것이 모든 면에서 상대적으로 약자일 수밖에 없는 내부고발자가 취할 수 있는 최소한의 생존 방패임을 명심해야 합니다. 사건의 자료는 과하다 싶을 정도로 꼼꼼하고 철저하게 매시간 그리고 매일 기록해야 합니다. 반드시 자료와 정황, 그리고 모든 말을 기록하고 저장하고 복사해두어야 합니다. 또한 이를 전혀 눈치 채지 못하게 첩보전처럼 비밀스럽게 진행해야 합니다. 그래야 나중에 조직이 자료를 위조하거나 전혀 엉뚱한 자료를 내놓아도 쉽게 대응할 수 있고, 소송이나 분쟁이 발생했을 때 조직의 생각까지도 꿰뚫을 수 있는 유리한 고지를 점할 수 있습니다.

__L2 님

3' 2 법과 제도를 철저히 조사한다

신고자 보호 및 보상과 관련한 모든 방법을 숙지해 활용한다. 또한 내부고발 전 부당한 해고 사유를 피하기 위해 사측의 취업규칙, 예를 들어 인사평정규정, 징계규정, 임금과 같은 근로조건 등을 모두 포함해 철저히 파악하고, 파일이나 문서로 확보해둘 필요가 있다. 대법원 판례에 따르면 정확한 사실을 토대로 내부고발을 한 경우 조직에서 형사고소를 하더라도 대부분 위법성이 조각되어 신고자는 무혐의 처분을 받는다.

● '공익신고자 보호법'에 따라 지정된 신고처에 공익신고를 하는 경우가 되어야 불이익을 받지 않을 수 있는 것이지 다른 법률에 의한 고소·고발로는 보호를 못 받을 수 있습니다. 일반 국민이 법률적인 지식도 부족한 상태에서 공익제보를 하다 보면 이런저런 실수를 하게 마련인데, 이러다 보니 나중엔 공익제보자가 법률 위반을 했다고 불이익을 받게 됩니다. _S님

3' 3 법률적 조언을 구한다

신고하게 되면 문제가 곧바로 해결될 것이라고 생각하기보다는 법률적 분쟁이 발생해 장기화될 수 있음을 감안해야 한다. 내부고발이 발생하면 조직이나 단체는 변호사를 선임해 법적으로 대응한다. 이것은 신고 사건을 장기화함으로써 내부고발자를 지치게 하는 조직적·체계적 대응으로, 이에 대처하기 위해 미리 조언을 들을 필요가 있다. 실제로 횡령 등을 포함한 중대한 비리가 분명한 일들은 '관련 업무에 대한 미숙한 일 처리'로 간주해 '시정'만을 요구하고, 계고 기간에 시정 조치만 취하면 비리 관련자에 대해 행정적·사법적 책임을 묻지 않는 사례가 많다. 면죄부를 받은 혐의자들은 내부고발자에 대해 명예훼손죄나 직무상 알게 된 비밀누설죄, 통신비밀보호법, 집시법, 노조법, 사립학교법 등 각종 법률을 들어 공익제보자의 말과 행동에 대해 온갖 징계의 구실을 만든다. 공직자라면 성실의 의무, 복종의 의무, 품위유지의 의무, 집단행위의 금지, 정치운동의 금지 위반 등으로 올가미를 씌운다.

이럴 때를 대비해 내부고발자는 사전 준비를 더욱더 철저히 해야 한다. 신고에 가담한 동료의 배신 및 위증에도 대비해야 한다. 조직에서는 신고자를 신고 주동자와 단순 가담자로 분리해 가담자에게 회유 작전을 쓴다. 그렇게 회유된 동료가 경찰, 검찰, 법원, 노동위원회, 권익위에서

각종 위증을 하는 경우가 발생할 수 있다. 그리고 위증의 내용은 상상을 뛰어넘는 수준이 될 수도 있다. 회사 측에서 고용한 변호사가 승소하기 위해서 동료 직원에게 악질적인 위증을 교사하기도 한다. 법원은 증거법 정주의를 따르기 때문에 그러한 위증에 제대로 반박하지 못하면 그것이 사실로 채택되거나 신고자가 파렴치범이라는 인상을 판사에게 줄 수도 있다.

● 제가 공익제보 과정에서 정말로 감사하게 생각하는 것 중 하나는 ○○○ 변호사님이 당시 저를 비밀리에 만나 상담해주신 일입니다. 당시 전교조 조합원이 아닌 저에게 변호사님은 "조합원이 아니어도 상담할 수 있다"라고 말씀해주셨고, 일요일에 아무도 없는 사무실에서 문까지 걸어 잠그고 긴 얘기를 들어주셨습니다. 상담 뒤 변호사님은 이것이 심각한 부정임을 확인해주셨고 업무방해죄나 사기죄에 해당한다고 말씀해주셨습니다. 하지만 저 역시 처벌의 대상이 된다며 이를 신고하거나 세상에 알리는 것을 권하지 않으셨습니다. 그러나 저는 오랜 고민 끝에 내부고발을 결심하게 됐습니다. _P3 님

● 공익제보가 발생하면 조직의 경영진은 반성하지 않고 이를 돌파하기 위해 공익제보자가 허위 사실을 제보했다고 몰아가는 것이 수순입니다. 인사권과 징계권을 근거로 힘없는 직원들까지 동원해 증거를 조작하게끔 만들어놓고, 다음 단계로 신고자를 대상으로 허위 사실을 제보했다고 무고와 명예훼손으로 고소·고발을 합니다. 직원들까지 동원해 각종 위증을 교사합니다. 따라서 공익제보자는 형사상 고소·고발당할 것을 각오하고 대화 내용을 미리미리 녹음해놓으면, 법원에서 회사 측 증인들이 위증을 할 경우 녹취록을 통해 위증임을 반박할 수 있습니다. _Y2 님

● 저는 조직 내에서 품위유지 불량죄로 중징계를 받았습니다. 국가로부터는 법적 보호를 받지 못했습니다. 한국투명성기구나 참여연대와 같은 시민사회단

체로부터 공익제보자로 대우를 받았지만, 국가제도적 차원에서는 공익제보자가 아닌 단순한 비밀누설자로 취급받았을 뿐입니다. — K2 님

3' 4 공익제보 방법을 숙지한다

현행 '권익위법'과 '공익신고자 보호법'을 통해 신고할 경우 보호 및 보상을 받을 수 있다. 그러므로 자신이 하고자 하는 신고가 먼저 해당 법에 의한 신고 대상이 되는지 확인해야 한다. 부패행위에 해당하는지, 아니면 공익침해행위에 해당하는지, 아니면 탈세처럼 이 법들에 의한 신고 대상이 안 되는 경우 어떻게 신고해야 하는지, 이런 부분에 대한 확인이 필요하다. '공익신고자 보호법' 제6조(공익신고)는 누구든지 공익침해행위가 발생했거나 발생할 우려가 있다고 인정하는 경우에는 다음 각 호의 어느 하나에 해당하는 자에게 공익신고를 할 수 있다고 규정한다.

- 공익침해행위를 하는 사람이나 기관・단체・기업 등의 대표자 또는 사용자
- 공익침해행위에 대한 지도・감독・규제 또는 조사 등의 권한을 가진 행정기관이나 감독기관(이하 "조사기관"이라 한다)
- 수사기관
- 위원회
- 그 밖에 공익신고를 하는 것이 공익침해행위의 발생이나 그로 인한 피해의 확대방지에 필요하다고 인정되어 대통령령으로 정하는 자

신고자들은 언론이나 시민단체, 종교단체, 노동조합 등을 통해 제보하는 경우가 많은데, 그럴 경우 사실 여부를 떠나 법적 보호를 받지 못할 수 있다. '권익위법'에서는 권익위에 신고하거나 공직자의 경우 사안에 따라

감사원, 수사기관, 권익위에 신고하도록 규정한다. 이와 함께 피신고자가 소속된 공공기관에 신고하거나 피신고자의 소속 기관·단체 또는 기업 등을 지도·감독하는 공공기관에 신고한 경우에도 법적 보호를 받을 수 있다. '공익신고자 보호법'의 경우 국회의원, 해당 사용자나 대표자에게 신고해도 보호를 한다는 점에서 차이가 있기 때문에 자신이 신고하고자 하는 유형을 잘 확인해야 한다. 국민신문고를 통해 신고할 경우에는 홈페이지(http://www.epeople.go.kr/)에서 회원 가입을 한 후 민원을 신청한다. 회원 가입 후 민원을 신청하면 이력이 저장되어 나중에 이를 참고할 수도 있다.

'공익신고자 보호법' 제8조에 따르면, 공익신고를 하려는 사람은 공익신고자의 이름, 주민등록번호, 주소 및 연락처 등 인적사항, 그리고 공익침해행위를 하는 자, 공익침해행위 내용, 공익신고의 취지와 이유를 명기한 문서를 공익침해행위의 증거 등과 함께 제출해야 한다. 다만 신고서를 제출할 수 없는 특별한 사정이 있는 경우에는 구술로 신고할 수 있다. 이 경우 증거 등을 따로 제출해야 한다. 구술 신고를 받은 자는 신고서에 공익신고자가 말한 사항을 적은 후 공익신고자에게 읽어서 들려주고 공익신고자가 서명하거나 도장을 찍도록 해야 한다. 신고는 서면으로 하며, 증거 자료를 함께 제출할 것을 신고자에게 요구하게 된다. 신고 시 부정행위를 특정하고, 언제 어디서 발생했는지, 관련자가 누구인지, 현재에도 발생하고 있는지, 즉각적인 조치가 필요한지 등의 정보를 제출하는 것이 바람직하다.

부정행위를 알게 된 경우에는 내부적으로 처리할 수 없을 정도로 상황이 악화되기 이전에 지체 없이 신고하는 것이 좋다. 조직 개선 담당관, 감사실 등 신고기관은 다양한 만큼 신고 내용에 맞는 기관을 찾아야 한다. 예컨대 윤리 관련 문제는 윤리담당관에게 신고하는 것이 좋을 것이다.

일부 조직에서는 부정행위에 대해 조직 내부의 해결이 용이하도록 계선상의 관리자에게 최초로 문제를 제기하도록 한다. 어떤 조직은 공식적인 신고처와 별개로 신고 예정자에게 조언 및 상담을 제공하는 사내 옴부즈맨을 지정해 운영하고 있으나, 대부분 조사권이 없어 내부고발자를 효과적으로 지원하기는 어렵다. 간혹 조직은 조직의 문제를 외부가 아닌 내부에서 더욱 건설적인 방법으로 해결할 수 있는 계기를 마련하고자 외부 사업자와 헬프라인(helpline) 서비스 계약을 체결하기도 한다. 이는 직원들이 신고 상담 시 비밀보장을 믿지 않고 신고를 기피하는 문제를 피하기 위한 것이다. 이러한 장치가 있다면 신고 시 이를 이용할 수도 있다.

● '권익위법'에 따르면 공직자는 자신의 직무수행 과정에서 다른 공직자의 부패행위를 알게 되면 법이 규정한 신고기관에 지체 없이 신고해야 한다고 하고 있으므로, 부정행위 사실을 신고하겠다고 마음먹었으면 일단 철저하게 준비한 다음 지체 없이 신고하면 됩니다. 또한 신고 내용 중 일부가 사실이 아닌 것으로 밝혀지더라도, 심지어 사실을 회사 측에서 증거를 조작해 허위 사실로 만든다 하더라도 허위 사실임을 알거나 알 수 있었을 경우가 아니면 보호받습니다. 그러나 '권익위법'상 신고기관에 언론사는 없습니다. 따라서 언론사에 제보할 때에는 신중해야 합니다. 회사 측에서 아무리 증거를 조작해도 조작임을 입증할 수 있는 부분만 제보해야 합니다. 그러나 대부분의 간부들이 부패행위에 참여하고 회사 내에서 이를 모르는 사람이 없더라도 공식적인 문서가 없으면 회사는 이를 부인하고 신고자가 허위 사실을 유포했다는 사유로 신고자를 해고하게 되면 대응하기가 곤란해집니다. 왜냐하면 어느 누구도 법정에 나와서 사실을 밝혀주지 않기 때문이다. 이런 경우 명백한 사실을 이야기했는데도 허위 사실이 될 수도 있습니다. 따라서 '권익위법'상 신고기관에는 신고해도 되나, 언론사에 제보해야 할 경우에는 전문가와 반드시 상의해보는 것이 좋습니다.

— Y2 님

3' 5 전략적 접근이 필요하다

내부고발의 목적이 분명해야 하며, 그 당위성을 증명할 수 있는 명분을 세우는 것이 중요하다. 그리고 그러기 위해 주장하고자 하는 내용에 집중해야 한다. 내부고발자는 대부분 사회정의 구현이라는 뜨거운 마음을 품고 시작하나, 막상 혹독한 현실을 만나면 흔들리기 쉽다. 그러므로 내부고발을 시작하고 진행할 때 그 본래의 목적을 잊으면 안 된다. 진흙탕 같은 싸움이 계속되다 보면 첫 의도를 잊기 쉽고, 방향성을 상실한 대응은 결국 조직의 적극적인 공격과 논리에 휘말릴 수 있다.

따라서 내부고발을 하고자 하는 핵심 사항을 6하 원칙 또는 8하 원칙에 따라 서면으로 명확히 정리해보는 것이 좋다. 글은 간결하고 부패행위의 사실관계를 드러낼 수 있어야 한다. 이렇게 정리해보면 무엇을 위해, 무엇 때문에 신고하는지, 어떤 자료를 준비해야 하는지 등을 좀 더 명확히 할 수 있고, 신고를 접수해 처리하는 조사자가 신고 내용을 확인하는 과정에서 내부고발자의 주장이 좀 더 효과적으로 전달될 수 있다.

내부고발자가 직장 내 업무용 전화나 컴퓨터를 이용해 신고에 활용하면 통화 내역 등 사용 흔적이 남거나 추적될 수 있고, 자기 신분 또한 노출될 가능성이 높아지므로 주의해야 한다. 기업은 정보 보호, 유해사이트 차단 등을 위해 내부 보안 프로그램을 도입해 조직 구성원의 메일이나 문서 유통 경로를 감시하고 있는 경우가 있는데, 이런 경우에는 기업에서 신고 내용 및 접속 내역 등을 추적하고, 결국 신고자가 누구인지 알아낼 수가 있다. 내부고발자의 메일이나 전화가 해킹 또는 도청된다면 신고가 이루어지기도 전에 조직에서 범죄 관련 모든 자료를 파기할 수도 있다. 또한 우연찮게 동료나 타 부서 직원이 신고자의 업무용 컴퓨터를 이용하는 과정에서 신고 문서 등을 보게 될 수도 있다. 허술한 준비는 신고자에게 부메랑으로 되돌아온다. 전략이 노출된다면 신고자가 가진 카드가 오히려 조직이 자료를 조작하고 증거를 인멸하며 입을 맞추는 데 활용될 것이다.

● 그들과의 싸움에서 나름대로 터득한 한 가지 방법은 문제를 제기할 때 절대 100%를 한 번에 공개하지 않는다는 것입니다. 그럴 경우 그들은 우리의 수를 모두 알고 철저히 방어막을 형성하기 때문입니다. 약간의 자료를 남겨두고 공개한 뒤 남겨놓은 자료를 통해 문제가 해결될 때까지 지속적으로 문제를 제기하고 또 하고 하는 것입니다. 사실 이럴 때마다 '내가 지금 무엇을 하는가, 꼭 이렇게 해야 하는가' 하며 되묻곤 하지만, 어쩔 수 없는 방법입니다. 문제가 해결될 때까지 끈질기게 저항하는 모습, 질긴 놈이 이긴다는 말을 항상 생각하며 문제를 제기해나가는 방법을 택해야 합니다. 질겨야 하는 것은 물론, 끝까지 살아남아야 진정 이기는 것이기 때문입니다.

_M 님

● 제 경험을 볼 때 공익적 내부제보자가 제보와 동시에 겪는 고립은 국가기관 혹은 기업이 자신의 권력을 동원해 제보자를 그렇게 만들기 때문이라고 생각됩니다. 그들이 주로 사용하는 방법은 내부제보자를 색출해 대중적으로 공포감을 증대시키고, 이를 통해 당사자의 고립을 초래함으로써 증거 은폐와 제보자에 대한 해고 징계 등을 용이하게 하는 프로세스를 생산하는 것입니다. 따라서 이 프로세스가 작동되지 않게 하기 위해 반드시 끊어야 할 지점이 바로 증거 은폐입니다.

_L5 님

● '공익신고자 보호법' 제2조에서는 "공익신고와 관련해 금품이나 특혜를 요구하거나 부정한 목적으로 신고를 한 경우에는 공익신고로 보호받지 못한다"라고 되어 있습니다. 하지만 꼭 법 조항이 아니더라도 조직에서는 신고자의 공익적 동기를 훼손하려고 신고자가 금품 등 대가를 요구했다는 말을 언론에 흘릴 수 있습니다. 그러므로 신고를 결심했다면 절대로 오해받을 만한 행위를 하면 안 됩니다.

_L6 님

● 아무것도 모르고 마음만 뜨거워 시작했던 일은 결국 고스란히 제가 해결해야 할 과제가 됐습니다. 불의한 것을 보고 편치 않고 정의를 찾고자 갈망했던 마음만큼이나 현실에 대한 지각이 있었다면 조금 더 수월하지 않았을까요? 다시 겪고 싶지 않은 일이지만, 앞으로 인생에 또다시 같은 일이 반복된다면 조금 더 지혜롭게 대처할 수 있을 것 같습니다. _Y3 님

3' 6 언론과의 접촉은 신중해야 한다

'권익위법'에서는 신고기관으로 언론사를 규정하지는 않는다. 따라서 언론사에 제보할 때에는 신중하게 접근해야 한다. 언론에 미리 노출될 경우 공익제보로 인정받지 못할 수도 있고, 조직으로부터 명예훼손 등으로 법적 제재를 받을 수도 있다. 기대했던 효과를 거두기 어렵고, 자칫 내부 공익신고자의 신상과 신고 내용만 공개될 위험 부담이 있다. 힘든 상황에서 순간의 충동으로 기자를 찾는 경우가 많지만, 현실적으로 신고 이후 언론과 협의하는 것이 신고자에게는 훨씬 더 유리하다.

또한 언론 노출 후 조직 내에서 정보 접근이 차단될 수 있으므로, 상황이 신고자에게 불리해질 수 있다. 신고자가 언론에 갖는 순진한 기대감 중에는 모든 제보 내용이 사실 그대로 기사화되리라는 믿음이 있다. 하지만 냉정하게 고민해보면 취재 및 편집권은 언론사에 있고, 언론사가 제보 내용을 반드시 기사로 다뤄야 할 의무 또한 없다. 그리고 소규모 지역 언론은 독자가 지극히 소수여서 영향력도 크지 않아 제보자의 제보 내용이 사실 그대로 잘 보도된다고 하더라도 그 효과는 미미하다.

문제는 제보 내용이 보도되고 안 되고를 떠나 엉뚱한 부분에서 발생할 수 있다. 언론은 기본적으로 취재원인 제보자를 보호해야 하는 최소한의 윤리를 갖고 있지만, 현실에서는 그렇지 않는 경우도 허다하다.

● 조금 아쉬운 부분은 당시 언론에 먼저 유출한 일입니다. 언론에 알려서 공론화한 후에 시민단체와 함께 공동으로 신고했는데, 이보다는 우선 해당 기관에 먼저 신고하고 언론에 제보했으면 입증 자료를 확보하는 데 어려움을 겪지 않았을 것이라는 생각이 듭니다. 언론에 보도되고 나니까 회사가 해당 정보에 대한 접근을 차단해 추가 입증 자료를 수집하느라 많은 어려움을 겪었습니다.

_ K3 님

● 일을 진행하면서 좋은 분들을 많이 만났습니다. 참여연대를 통해 기자님, 노무사님, 변호사님, PD님 등 많은 분께서 정말 대가 없이 도와주셨고 큰 힘이 됐습니다. 그럼에도 우리의 사례에서 제일 처음 접촉한 언론사는 오히려 경영진을 옹호하는 말도 안 되는 일이 벌어졌습니다. 모두의 예상을 뒤엎는 것이었습니다. 경영진은 그 기사가 얼마나 흡족했는지 단체 홈페이지에도 링크시켜 놓을 정도였습니다. 대부분의 사람들은 떡밥을 던지면 언론이 물고 이후의 모든 일은 저절로 진행될 거라고 생각합니다. 그러나 전혀 아닙니다. 처음부터 끝까지 많은 자료를 확보해야 하고 그 취합과 정리도 우리의 몫이었습니다. 그리고 방송과 언론 모두 손해 보는 짓은 안 합니다. 철저히 이익을 위해 움직이고 명확한 사실에 대해서만 반응합니다.

_ A 님

● 저는 내부 공익신고 이후 사측에서 '출판물에 의한 명예훼손 등'으로 형사고소를 당해 관할 경찰서와 검찰청으로 조사를 받으러 다닌 일이 있었습니다. 조사를 받으러 갔을 때 소규모 지역 언론에 제가 제보했던 이메일과 첨부 문서들이 출력되어 사측의 출판물에 의한 명예훼손 증거 자료로 첨부되어 있었던 일이 있었습니다. 모든 소규모 지역 언론에서 제보자와 신고 내용들을 상대방에 공개하지는 않을 것이라 봅니다. 하지만 미래의 신고자들에게 하고 싶은 얘기 중 하나로 소규모 지역 언론은 제보 내용들이 기사로 잘 다뤄지더라도 영향력 등을 고민해볼 때 효과도 크지 않을뿐더러 경우에 따라서는 저와 비슷한 유형의 위험이 발생될 수 있다는 점입니다.

_ I6 님

● 절대로 언론에 대한 검증과 신뢰 없이 중요한 자료를 주거나 함부로 인터

뷰에 응하면 안 됩니다. 조금 늦더라도 먼저 철저히 검증해야 합니다. 내부고발의 심정을 충분히 이해하고, 이 사회에 정의와 진실을 중시하는 사명감이 넘치는 보석 같은 언론인들이 분명 존재합니다. 그들을 찾아내야 합니다. 찾기 어려울 경우에는 믿을 만한 시민단체 등에 자문을 받으시길 바랍니다. _L5 님

● 언론 제보의 경우 기자를 잘못 만나면 결과적으로 제보자가 피해를 입습니다. 기자의 의식이 성숙하지 못하고 믿을 수 없다면 지체 없이 제보를 철회해야 합니다. 또한 제보자가 스스로 자료를 입수하고 보도 내용과 증거를 정리해줘야 하기 때문에 증거 없이 여기저기 말해봐야 소용이 없습니다. 처음부터 될 수 있는 대로 철저히 증거를 모아야 합니다. 문건을 만들다 보면 수차례 수정 · 보완하게 됩니다. 최대한 완성도 있게 문건을 준비한 다음 한 군데에 제보하더라도 믿을 수 있는 곳에 하되 최대한 파급력 있는 방법을 찾아서 하는 것이 효과적입니다. 요즘엔 신뢰할 수 있는 팟캐스트 방송을 활용하는 것도 하나의 방법인 것 같습니다. 상대방의 반응을 예상해 미리 반박 자료를 준비해두는 것이 좋습니다. 몰래 자료들을 빼내고, 자료 가방을 들고 다니며 직접 사람들을 찾아다니고, 여러 언론에 단체 내부의 많은 비리들과 이들의 사실 여부를 입증해주는 방법으로도 제보는 가능합니다. 결국 제가 근무했던 단체의 장은 사임했습니다. 그러나 제보해야 하는 상황이 다시 발생한다면 그땐 형사고발을 먼저 할 것입니다. _L7 님

3' 7 시민단체 등 도움을 줄 수 있는 곳과 긴밀한 관계를 유지한다

회사 내부에 연대할 사람이나 노동조합 등이 있다면 더욱 좋겠지만 대부분은 여의치 않은 경우가 많다. 회사 내부에 연대할 사람이나 노동조합 등이 없다면 시민단체나 각급 노동단체, 공익 법률 활동을 지원하는 변호사단체, 예를 들어 공익인권법재단 '공감'과 같은 단체와 미리 상의하고 도움을 받는 것이 좋다. 이를 통해 신분노출, 각 단계별 대응 방안 등 힘

든 상황마다 실질적인 도움을 받을 수 있을 것이다. 지무상 비밀누설죄에 대해서도 피해 갈 수 있으며, 마음의 각오를 다지고 용기를 얻는 기회가 된다. 관련 법을 숙지하고 있더라도 어떤 방식으로 어떻게 제보하는 것이 적절한지에 관해서는 관련 시민단체와 상의하는 것이 중요하다. 이 경우 상의의 의미도 있지만, 해당 단체로부터 이후 법률적 지원도 받을 수 있고, 언론 보도 등에 대해 협조를 이끌어낼 수도 있기 때문이다.

보통 신고자들은 고발 이후 보복을 받고 나서야 관련 단체를 찾게 된다. 하지만 고발하기 이전에 관련 단체를 찾아서 상의하고 신고하는 것이 신고 내용의 사실 입증 및 신고로 인한 보복을 줄일 수 있다는 점에서 유리하다. 그리고 관련 단체의 경우 보통 변호사들이 있기 때문에 고발 과정에서 발생할 수 있는 위법 여지 등을 최소화할 수 있는 방법에 관해서도 조언을 받을 수 있다.

내부고발자가 스스로를 보호하는 가장 좋은 방법은 숨는 것보다는 제보된 내용을 확실히 증빙하는 것이다. 만일 부정행위를 한 사람이 처벌받지 않고 자리를 지킨다면 내부고발자는 조직 내에서 설 자리를 잃게 된다. 그렇기 때문에 미리 철저하게 준비하고 지원단체와도 충분히 협의해야 한다.

● 공익제보자가 피치 못할 사정으로 신분이 노출될 시 협조단체와 조직적으로 대응해야 하고, 흥분해서 개인적으로 행동하거나 감정적으로 대응하는 것은 결국 본질을 훼손하고 돌이킬 수 없는 상처로 돌아옵니다. 공익제보자 본인이 견딜 수 없는 공격을 받고 있다고 판단될 때에는 일단 함께하는 단체와 상의하고 대처해야 합니다. _P3 님

● 저는 ㅇㅇ과에 소속되어 ㅇㅇㅇ라는 교양 과목을 가르치고 있었는데, 학교

측에서 제일 먼저 가한 탄압은 교과과정심의위원회를 열어 전공과에서 제 담당 과목을 폐강시켜 강의 시수를 줄이고, 그렇게 해서 학생들과 만날 수 있는 기회를 박탈하는 것이었습니다. 이어서 임금 동결, 6개월 조건부 재임용, 승진 탈락, 연구실 폭력, 연판장 파동, 징계 처분 등 이루 형언할 수 없는 차별과 박해를 당했습니다. 그럼에도 제가 파면이나 해임을 피할 수 있었던 것은 지역의 시민사회단체와 굳건히 연대해 투쟁해온 결과가 아닌가 생각됩니다. __J2 님

● 제보 이후를 생각해두는 것이 필요합니다. 기부 단체의 비리는 어제오늘 일이 아닙니다. 이번 보도와 관련해서 "어디에 믿고 후원하면 되는지 제발 판별법 좀 알려달라"는 인터넷 댓글을 보았습니다. 제보도 중요하지만 후속 비리를 예방할 방안을 강구하기 위해 노력하는 것도 필요합니다. 그래서 더더욱 시민단체나 기관이 함께해주는 것이 중요하다고 생각합니다. 제보자로서는 함께 싸워줄 기구가 있다는 자체로도 힘이 될 겁니다. 기관이 함께 싸울 수 있는 제보의 영역과 사안이 보다 확대된다면 시민들이 더 힘을 받아 진실을 말할 수 있을 것 같습니다. __L8 님

● 찾아오는 언론과 조력자(시민단체 등)에게 내용을 잘 전달할 수 있도록 항상 자료 등도 일목요연하게 정리하고 준비해야 합니다. 시대가 변했습니다. 지금은 내부고발자를 돕는 단체인 호루라기재단 등 자문을 받을 수 있는 곳이 있습니다. 정의감에 불타 무턱대고 제보하기에 앞서, 관련 단체를 찾아 문의해 지혜를 구하시기 바랍니다. __L6 님

어떻게 내부고발을 준비하는가에 따라 내부고발자는 조직과의 싸움에서 조금이나마 우위를 점할 수도 상대에게 우위를 완전히 내줄 수도 있다. 내부고발자를 지원하는 단체, 관련 기관 전문가들도 현재 그리고 미래의 내부고발자들에게 마찬가지 조언을 한다.

결행과 보복 단계에서의 자기보호

보호의 효과는 진행 단계의 후반부로 갈수록 떨어진다. 초기에 결행 여부나 방법, 시기 등에 대해 충분히 검토했고, 그 결과 고발할 수밖에 없다고 결론이 나왔다면 그 후에 직면할 보복, 혹은 그것에 의해 파생되는 문제를 예측하고 대비해야 한다.

공익제보자의 피해는 본질적으로 스트레스에 관한 것이다. 스트레스는 매우 복합적이며 다요인적이다. 신체적·정신적·사회적인 부분에서 모두 발생할 수 있으며, 스트레스 원인은 자신을 억압하기도 하고 활동성을 자극하기도 한다. 거기에는 다양한 자원을 동원한 대응의 양상이 나타나며, 그 방법에 따라 결과가 달라지기도 한다. 가해진 스트레스는 그 자체로 영향을 미치기도 하지만, 2차적인 결과에 의해 예기치 않게 발전하고 악화되기도 하며, 또한 사회적 지지를 통해 완화되기도 한다.

우선 보복은 공익제보자의 신체적 영역을 타깃으로 한다. 예를 들어, 직장 배치는 공익제보자의 신체적 자유를 제한한다. 출퇴근의 불편과 어려움을 주는 조치는 가장 빈번하게 사용된다. 방법이 있다면 신체적 구금의 구실을 찾기도 한다. 두 번째는 정신적인 영역으로, 공익제보자에 대해 의리 없는 자, 불평불만자, 무능력자라 하면서 감정적 공격을 가한다. 또한 주변 사람들의 비우호적인 태도를 자극하고 유도하여 정서적 고립을 시도한다. 주변 사람들에 의한 불이익 주기는 공익제보자의 사회적 영역에 대한 공격이다. 이 상황에서 공익제보자는 내면적 욕구를 실현할 수 없어 억압을 느끼게 되고, 그 상황을 부정하고 타개하기 위해 힘에 벅찬 절망적 노력을 자극받게 된다.

보복 조치가 2차적 스트레스로 발전하는 데서 가장 흔히 보이는 현상은 대응 시간이 한없이 길어지면서 공익제보자의 일상이 파괴되는 것이다. 생활을 계획하고 노력하며 반응하는 정상적인 생활 리듬은 일시에 정지되고 예기치 않게 악화된다. 더구나 가족이나 주변에 가해지는 영향으로 결행자의 가족이나 친지와의 관계가 왜곡되고 파괴되면서 스트레스는 급격히 증폭된다.

이러한 상황에서 공익제보자가 어떠한 대응을 할 수 있는가가 또 하나의 변수이다. 적절한 대응을 위해 가장 먼저 필요한 것은 가해지는, 혹은 예측 가능한 스트레스에 대한 충분한 이해이다. 그것을 어떻게 해석하느냐에 따라 스트레스의 의미는 달라진다. 가해지는 보복 조치의 의도와 원리를 이해하고 예측하여 그것에 수동적으로 끌려다니지 않고 정신적 대응 태세를 갖추는 것은 마치 운동 시합에 나가는 선수가 정신적으로 준비하는 것과 같이 중요하다.

피해를 최소화하기 위해서는 공격 조치를 견딜 수 있는 경제적 자원과 정신적 강인함, 사회적 지위와 같은 자원이 필요하다. 공익제보자는 자신의 이런 자원을 평가할 수 있어야 하며 강화할 방법이 있는지 살펴야 한다. 또한 적절한 대응 방법을 강구할 수 있어야 하는데, 가장 빈번하게 사용되는 것은 행정적 보호 조치를 요구하거나 보복에 대해 법적 대응을 하는 것이다. 이러한 방법에도 불구하고 좋은 결과를 얻을 수 없는 가능성도 염두에 두어야 하고 좀 더 적극적인 대응 수단을 최대한 탐색해보아야 한다. 최근 들어 영화, SNS와 같은 효과적인 홍보 수단이 등장해 이런 방법도 대응 수단으로 부각되고 있으므로 적극 검토해볼 필요가 있다.

사회적 지지를 넓히려는 노력은 언제나 중요한 부분인데, 이는 대응력을 강화할뿐더러 정신적 · 사회적 위축을 극복할 수 있도록 돕는다. 사회적 지지는 환경과 문화의 상황에 따라 나타나는 것이지만, 그것을 이끌어내는 데는 역시 자신의 적극적인 실천이 요구되며, 그에 따라 결과도 좌우된다. _신광식

제보의 내용과 목적을 다시 한 번 점검해본다

내부고발에서 중요한 것은 정당성 확보입니다. 이를 위해 제보 내용은 공공의 이익에 관한 것으로서 구체적인 사실에 관한 것이어야 합니다. 공공의 이익을 위한 것이라고 한다면 일부 경제적 보상을 위한다고 하더라도 특별히 문제 되지 않지만, 주된 목적이 자신의 범죄를 '은닉'하거나 경제적 이익 때문이라 한다면 정당성 확보에 어려움이 있습니다. 물론 비위행위에 가담한 사람도 내부고발자가 될 수 있습니다. '권익위법'과 '공익신고자 보호법'에서도 비위행위 가담 제보자에 대해 책임 감면 조항을 두고 있습니다.

증거를 확보하라

내부고발의 목적이 부정부패 근절이라고 해도, 내부고발자로서 보호받기 위해

서라도 제보를 하려는 문제에 대해 증거를 확보하는 것이 필요합니다. 관련 서료를 확보하거나 대화를 녹음하는 방식으로 증거를 수집할 수 있습니다. 이때 유의할 점이 몇 가지가 있는데, 제3자가 당사자의 동의 없이 대화를 녹음하는 것은 법적 제재 대상이라는 점입니다. '통신비밀보호법' 제3조에서 이를 금지하고 있고, 이를 위반하면 처벌을 받을 수 있습니다(제16조). 그러나 대화자에 본인이 포함되어 있다면, 상대방의 동의 없이 녹음을 하더라도 법적 문제는 발생하지 않습니다. 그리고 회사의 문서를 몰래 가지고 오는 것은 절도에 해당할 수 있으므로, 그 대신에 문서를 사진으로 찍어두는 것도 하나의 방법입니다.

명예훼손 또는 모욕이 발생하지 않도록 주의하라

구체적인 사실을 이야기함으로써 상대의 명예를 훼손하면 명예훼손 문제가 발생하고, 사실이 아닌 사회적 평가를 저하시킬 추상적 판단이나 경멸적 감정을 표현하면 모욕의 문제가 발생합니다. 그리고 명예훼손이나 모욕은 모두 불특정 다수인이 알 수 있는 방법으로 이야기해야만 성립합니다. 권익위나 검찰 등에 이야기한 것은 '불특정 다수인이 알 수 있는 상태'가 아니므로 특별히 문제가 되지 않지만, 개인이나 언론사 등에 이야기하는 경우 '명예훼손'이나 '모욕'의 성립 가능성을 염두에 두고 신중히 발언해야 합니다.

모욕은 경멸적 표현을 쓰지 않으면 성립하지 않습니다. 그런데 명예훼손은 구체적인 사실을 이야기함으로써 성립하는데, 내부고발은 조직 내의 비위와 관련된 것이므로 명예훼손 문제가 따라올 수밖에 없습니다. 하지만 그 내용이 공공의 이익에 관한 것이라면 명예훼손에 따른 민·형사상 책임이 발생하지 않습니다. 그러므로 내부고발을 할 때 경멸적인 표현을 쓰지 않음으로써 모욕의 문제가 발생하지 않게 하고, 제보의 내용이 공공의 이익에 관한 것인지를 신중히 판단해 명예훼손 책임이 발생하지 않게 하는 것이 좋습니다.

관련 시민사회단체나 공익제보자 지원단체의 도움을 받는다

경험이 많은 관련 시민사회단체나 공익제보자 지원단체의 도움을 받는 것이 좋습니다. 조언을 받을 수 있고, 힘들 때 자신의 지지 세력이 되어줄 수도 있습니다.

내부고발 기관을 잘 선택하라

'권익위법'이나 '공익신고자 보호법'에서 정하고 있는 비위행위에 대해서는 권익위에 고발을 하면 법이 정한 절차에 따라 제보자로서 지원을 받을 수 있습니다. 따라서 이 법에서 정한 비위에 대해서는 권익위에 제보하는 것이 좋습니다. 그러나 이 법에서 정한 비위가 아닌 비위에 대해서는 정부기구 중 어디에 제보할 것인지, 법률 전문가와 상의해 진행하는 것이 좋습니다.

— 이상희

비밀보장을 요구하라

비밀보장은 공익신고자 보호의 첫걸음이자 가장 중요한 보호수단이며, 공익신고자의 신원이 밝혀지지 않으면 이후 공익신고로 인한 불이익 발생 등을 사전 예방할 수 있으므로 '공익신고자 보호법' 제12조는 누구든지 공익신고자 등의 동의 없이 공익신고자 등임을 미루어 짐작할 수 있는 사실을 다른 사람에게 알려주거나 공개 또는 보도하는 것을 금지하고 있다. 권익위는 확인 결과 공익신고자의 인적사항이나 공익신고자임을 미루어 알 수 있는 사실을 다른 사람에게 알려주거나 공개·보도한 사실이 확인된 경우 징계권자에게 그 사람에 대한 징계 등 필요한 조치를 요구하거나 고발할 수 있다.

증빙자료를 모으자

공익신고자의 신분이 노출되어 징계가 예상되거나 통보받은 경우 관련 증빙자료를 모으자. 예를 들면, 해고 등 불이익 처분이 예상되는 경우 공익신고 관련 서류, 회사의 취업규칙(사규), 근로계약서, 기타 회사가 불이익 처분 사유로 내세운 것이 허위이거나 과장된 것이라는 사실을 입증할 각종 자료를 모으자. 또한 상사의 퇴직 권유 등 면담 시 핸드폰으로 녹음하자. 대화자 간의 녹음은 불법이 아니다.

시민단체의 도움을 받자

개인은 동료들의 차가운 시선과 상사로부터 부당한 대우를 받을 경우 불안과 초조 등 심리적으로 위축되고 '자살'을 생각할 정도로 극단적인 상황에 처하게 된다. 이러한 경우 공익제보 관련 자료를 가지고 시민단체에 찾아가 도움을 요청하자. 혼자의 힘은 미약하지만 시민단체는 항상 공익제보자의 편에서 힘이 되어줄 것이다.

_ 이철재

▌신고 사건 처리 중 피신고자 조사를 진행하다 보면 대부분의 피신고자들이 묻는 것은 자신의 부패행위에 대한 조치나 처벌이 아니다. 본인의 잘못을 순순히 인정하는 피신고자들마저 궁금해하는 것은 다름 아니라 신고자가 누구인가 하는 것이다. 또한 피신고자를 조사해 부패행위를 척결해야 하는 소속 기관마저 때론 신고 내용의 실체 파악과 위반자 처벌보다도 신고자가 누구인지를 물으며 그 신분 확인에 역량을 집중하는 경우도 있다. 이때 조사관으로서 당연히 신고자를 알려줄 수 없음을 관련 법령과 함께 안내하면, 피신고자는 이에 공감하면서도 조사관에게 되묻는다. "진짜 궁금해서 그러는데 그럼 이거 하나만 알려주십시오. 혹시 신고자가 아무개인지 아닌지 그것만 말씀해주세요." 당연히 신고자가 누구인지 알려줄 수 없음을 안내하고 아무개는 절대 아니라고 말할 때도 있지만, 사실 신고자가 그 아무개인 경우도 적지 않다.

대부분의 공익신고는 조직의 내부자에 의해 실행된다. 그 이유는 신고 내용인 부패 정보의 특수성과 희소성 때문이다. 그러한 정보에 접근할 수 있는 사람은 내부에서도 많지 않고 구체적이기 때문에 신고자 추측의 범위를 좁힐 수가 있는 것이다. 그럼에도 신고자의 신분이 소속 기관에 노출되어 불이익을 받게 되는 경우가 발생하는데 그 이유는 무엇일까? 또한 이러한 상황에 대비하기 위해 신고자는 신고하기 전 어떻게 행동해야 할까? 신고자들은 신고 사항에 대한 불만을 오랫동안 갖고 있는 경우가 대부분이며 조직 내부에서 해결 방법을 찾지 못해 권익위에 도움을 요청하게 되는 것이다. 신고 전 손쓸 방법을 찾지 못한 나머지, 주변에 불만을 표출하게 되고, 은연중에 신고 의지를 표명하기도 한다. 그때는 가볍게 흘린 말이었을지라도 신고 후에 신고자를 추측하도록 하는 주요 원인이 될 수 있으므로 가급적 이성적으로 대처하여 이러한 추측의 단서를 만들지 말아야 한다. 모르는 사이에 가장 가까운 옆에서 바라보는 동료가 신고자의 의도를 눈치 채고 있는 경우가 많고, 신고 후에는 그 동료가 피신고자로서 신고자에 대한 진술을 하게 되므로 동료의 호의적인 진술이 신고 결과에 많은 영향을 미치기도 한다. 따라서 신고 유무를 떠나 불만사항에 대한 표출을 자제할 것과 주변 사람들과 원만한 관계를 유지하는 데 많은 노력을 기울일 것을 조언하고 싶다.

한편으로, 권익위에 오기 전에 조직 내부의 힘을 빌려 자체적으로 해결하려 한 경우 신분이 노출될 수 있다. 예를 들어, 감사실에 부패행위를 신고했을 때 조직에서 담당자를 처벌하기보다는 원활한 조직 운영을 위해 원만한 합의와 화해를 이끌어내려고 한다. 그렇기 때문에 신고자는 자연스레 신분이 노출되고 불만사항이 무엇인지까지 공개되는 경우도 빈번하다. 그리고 활발한 노조 활동을 통해 이의를 제기한 경우나 언론을 통해 문제를 공론화한 경우는 신분 보호뿐만 아니라 공익제보로 인정받기 어려울 수도 있다. 언론을 통하게 되면 외부적으로 이슈화되어 문제의 핵심을 제대로 다루지 못할 가능성이 있으며, 신고자의 신분상 비밀이 유지되지 못할 가능성도 있다. 이러한 이유로 현행법에서는 부패행위를 발견한 소속 기관 혹은 기관의 상위 감독기관, 검찰·경찰 등 수사기관이나 감사원, 권익위를 통한 신고만을 인정하고 있다. 이러한 상황들은 사건의 특수성을 가지고 각기 다른 형태로 나타난다. 그렇기 때문에 조사기관은 특정인만이 알 수 있는 정보를 가지고 조사를 진행하기 위해 그 정보를 직접 들이대며 확인하려 하기보다는, 주변을 두드려 해당 정보로 접근하려는 조사 기법을 사용한다. 앞서 설명했듯이 주변을 살펴 핵심으로 접근하기 위해, 정보를 다루는 데 있어 신고자와의 협력이 매우 중요해진다. 그러므로 초면에 조사관이 모든 상황을 이해하는 것이 신고자의 입장에서 유리할 수 있으므로, 신고자는 최대한 객관적이고 자세한 내용을 전달해야 한다. 그러기 위해 신고자는 신고를 준비할 때, 모든 객관적 자료를 모으고 메모하는 습관을 길러 기록에 전념을 다해도 모자라지 않을 것이다.

신고자 조사에서 조사관은 공적인 입장에서 신고자에게든 피신고자에게든 중립적인 위치에서 명확한 사실관계 확인을 지상과제로 하나, 조사관도 사람인지라 조사관과 신고자 간의 첫대면, 첫인상이 서로 간에 상당히 중요하다.

상호 신뢰와 공감대를 형성하지 못한다면 신고 사건의 처리 과정에서 신고자에 대한 완벽한 보호가 이루어지기 어려워진다. 조사관은 그 직무 특성상 신고자를 대할 때는 피신고자 측에서의 반론 가능성을 염두에 두고 문답과 조사를 진행할 수밖에 없다. 때로는 이러한 조사기법이 신고자로서는 피신고자 편을 드는 것으로 느껴지기도 하며, 이 때문에 조사관은 신고자로부터 항의를 받기도 한다. 그러나 이는 조사관이 피신고자를 조사하기 위해 신고 내용을 체계화・논리화하는 과정의 하나이므로, 신고자는 조사관이 피신고자나 참고인을 조사할 때 신고 내용이 사실임을 효과적으로 입증하기 위해 그렇게 하는 것임을 이해하고 조사에 충실히 협력하는 것이 바람직하다. 조사관을 경계하기보다는 있는 사실을 과장 없이 그대로 전달하고, 비록 신고자 신분이지만 일방적으로 이해받으려 하기보다는 조사관을 이해시키려는 노력이 필요하다.

— 박정만

▌다음은 참여연대 공익제보자 10대 행동 수칙의 내용 중 신고의 결정 및 신고 단계에 관한 내용이다.

매일매일 기록을 남긴다

내부고발을 전후해서 자신에 부당하게 가해지는 보복이나 사건에 대해 매일 메모하거나 일기를 써야 한다. 이러한 준비는 조사 과정이나 법정에서 큰 효과를 발휘한다. 특히 부지불식간에 자신이 비리에 연루되어 있음을 확인했다면 그때부터라도 매일 기록을 남기는 것이 매우 중요하다.

주장하고자 하는 내용을 명확히 하라

공익제보를 하고자 하는 핵심 사항을 서면으로 명확히 정리해본다. 글은 간결해야 한다. 제보를 요약하는 이 문서는 당신과 당신의 의사소통 기술에 대한 인상을 당신의 상담자에게 전하게 된다. 상담자는 이 문서에 기초해서 당신에게 몇 가지 질문을 던져보고, 당신에 대한 신뢰성을 시험해볼 수도 있다.

증거를 모으기 위해 최대한 노력한다

자신이 의심하는 것을 증명할 수 있는 기록과 자료를 모은다. 낭비나 부정에 대한 폭로를 계획하는 경우, 이에 관련된 정보에 접근하는 길이 차단될 수 있다. 끝까지 익명으로 남아 있을 계획이라고 하더라도, 모든 기록을 복사해두는 것이 유리하다. 문제가 일단 폭로되면, 그러한 문서는 모두 없어질 수 있기 때문이다. 증거 자료를 확보하는 것은 제보자가 주장하고자 하는 것을 외부에 알리고, 여론을 통한 공론화를 형성하는 가장 유력한 방법이기도 하다.

내부 비리 공개 과정에서 도움을 줄 시민단체, 언론사, 국회 등을 알아본다

부정의 폭로를 도울 수 있는 정치인이나 신문사 또는 관련 시민단체를 면밀히 조사해놓는다. 공익제보자는 법적 권리에 관계없이 자신의 뜻을 많은 시민에게 성공적으로 알릴 수 있을 때 승리할 확률이 높다. 내부 비리 공개로 시민들이 얼마나 많은 이익을 얻게 되는지를 알려주는 것이 중요하다.

전문가의 조언을 구한다

변호사에게 법률적 자문을 얻어보거나 비영리단체들을 통해 공개하는 경우 자신에게 어떤 보복이 일어날 수 있는지 들어본다. 조직의 공격을 성공적으로 방어할 가능성은 얼마나 있는지, 자신의 권리를 지키기 위해 어떤 대가를 치러야 할 것인지, 그리고 폭로를 위해 자신이 준비하고 있는 증거에 어떤 법률적 제약이 있는 것은 아닌지 등을 점검한다.

_ 명광복

▌미국의 정부책임프로젝트(GAP)는 다음과 같이 조언한다.

익명 또는 공개?

결행 전 당신이나 당신의 이슈가 대중에게 공개되기를 원하는지 익명으로 알려지게 되길 원하는지 판단해야만 한다. 이 결정은 당신의 증거의 양과 질, 당신이 신고자였다는 것 등 핵심 사실에 대해 마치 당신이 신고하지 않은 것처럼 행동할 수 있는 능력, 당신이 기꺼이 감당하고자 하는 위험, 견고한 내부 및 외부 보호를 보장받을 수 있는지, 그리고 만약 당신이 익명으로 남을 경우 무엇을 더 알아낼 것이 있는지 등에 달려 있다. 공개하는 것은 내부고발로 인한 보복의 위험을 높이고, 대개는 내부고발자가 어쩔 수 없이 조직을 떠나는 결말로 이어진다. 한편 정보를 얻은 대중의 연대 및 결속이 생존과 변화를 만드는 데 모두 필수적인 것이 될 수 있다. 익명으로 남는 것은 노출로 야기되는 보복을 피할 수 있다. 그러나 비밀로 진행할 경우 위법행위의 효과적 공개는 더욱 어려워진다. 공개적으로 발언하지 않은 사안에 대해 미디어나 정부기관에서 적극적으로 나서기를 기대하기란 어렵다. 아울러 연대를 위한 대중적 기반도 가질 수 없다. 종종 익명은 형편을 살피는 동안에는 최선의 과정이지만, 내부고발의 목적을 달성하는 전략으로는 효과적이지 않을 수 있다.

자신의 고발을 과장하지 않도록 항상 조심하라

당신이 공개적으로 반대해야 한다면, 당신의 신뢰성을 조직의 내부든 외부든 계속 유지하는 것이 중요하다. 당신의 사례를 과장하는 것보다 축소하는 것이 훨씬 더 나은데, 이는 당신의 적들이 아주 작은 과장에도 크게 반응하며 이를 이용해 당신이 신뢰받지 못하게 할 것이기 때문이다. 만약 당신이 과장하거나 예상보다 이른 결론으로 나아간다면, 당신을 믿고 도와줄 사람들로부터도 신뢰를 잃게 될 것이다.

법률 및 기타 전문가 조언을 조기에 구하라

먼저 도움을 요청하라. 절벽 끝으로 밀려날 때까지 기다리지 마라. 당신의 폭로에 대한 평가, 감당해야 할 잠재적 보복, 성공적인 방어의 가능성, 당신의 권리 방어를 위한 적정 비용, 당신이 공개할 것을 계획하는 증거의 어떤 부분에 법적 제한이 존재하는지, 그리고 내부고발에 따른 변화의 전망 등에 대해 해당 영역을 잘 알고 있는 전문가들과 상의하라. 이는 성공과 실패라는 차이를 만들 수 있는 중대한 것이다. 따라서 변호사의 전문성과 능력을 주의 깊게 파악하고, 당신의 작업을 이 잠재적인 파트너에게 맡기기 전에 각자의 권리와 책임도 명확히 하라. 해당 변호사의 능력이 변화를 만들어내고 이익을 창출할 수 있는 것인지 미리 살펴라. 당신의 변호사의 제안 뒤에 존재하는 가치들을 알아야 한다.

세심히 준비된 계획으로 공격을 취하라

공개적으로 하든 익명으로 하든 상관없이 당신이 기존 지위를 팽개치고 공격을 해야만 한다면 이것은 첫 번째 원칙이 된다. 당신 자신만의 전략을 개발해서 당신의 고용주가 당신에게 대응하게 하고 그 반대가 되지 않게 하라. 결과는 이에 달려 있다. 당신의 행동을 진리가 승리할 것이라는 일종의 수동적 기대에만 의존하는 것은 위험할 수 있다. 그러면 당신은 전형적으로 그들의 자원으로 당신을 축소시키려는 조직에 대항해 행동을 취할 것이기 때문에, 일반적으로 소송보다는 게릴라식 법적 싸움을 벌이는 것이 더 효과적일 수 있다. 일단 당신이 이슈 선택을 멈추고 당신의 신뢰도 공격에 대한 방어를 줄인다면 당신은 문제에 봉착할 수 있다. 만약 당신이 고용주와 게임을 하고 이 게임의 움직임에 대응하게 된다면 압도적인 권력과 자원의 불균형은 도저히 극복할 수가 없다. 그러나 당신이 페이스를 잡으면 승산이 높아질 수 있다. 당신은 복잡하고 장기화된 다층의 의사 결정 과정을 가진 거대 관료주의에서는 부재한 어느 정도의 융통성을 갖고 있다. 정보를 힘으로 변화시키기 위한 주도적이고 효과적인 전략을 사용하면 당신은 이러한 성가신 상대편보다 훨씬 더 나은 위치에 설 수 있다.

직업적인 영역 외의 개인적인 네트워킹을 구축하라

우리는 그동안 내부고발자 보호 NGO인 정부책임프로젝트(GAP)에서 지속적으로 지원 활동을 하는 동안 법적 다툼을 추구하는 것이 종종 적절하지 않다는 것을 배웠다. 오직 진실을 위해 광고나 정치 캠페인과 같은 것을 실행해 이기는 것도 필요하다. 정보 공유를 통해 기타 사회와 연대를 형성하는 것은 생존을 위한 초석과 같은 전략이다. 만약 당신이 이것에 성공한다면, 당신의 성공 확률은 높아질 것이다. 필수적인 역학은 고립을 연대로 대체하는 것이다. 만약 고용주의 관료주의가 내부고발자를 소외시킨다면, 내부고발자는 적대적인 환경에서 적들에게 둘러싸이게 된다. 그러나 만약 내부고발자가 자신들의 신뢰를 배신당한 모든 이해관계자와 효과적으로 연계할 수 있다면, 이는 전혀 다른 현실을 가져올 것이다. 고용주가 정보를 제공하고 내부고발자를 둘러쌌으나, 이제 사회가 회사를 둘러쌀 것이다. 즉, 힘의 균형이 바뀌는 것이다.

숫자는 힘이 있으나, 당신은 내부고발자 그룹을 제외하면 내부고발을 결정할 때까지는 조직이나 법 집행부, 입법부, 시민단체 또는 미디어에 익명이든 공개적이든 먼저 그것을 알리지 마라. 그리고 특히 당신이 공개적으로 할 것을 결정했다면, 당신의 공공 서비스 행위에 대한 관심과 일치하는 지지기관을 개발하는 것이 필수적이다. 지지기관을 찾아내는 것은 당신이 직면할 수 있는 소외를 깨뜨릴 뿐만 아니라, 당신의 고용주에게 결정적인 압력을 행사할 수 있게 한다. 만약 고용주의 잘못된 행동이 드러날 경우 당신의 고용주는 미디어, 국회, 법정, 그리고 대중에게 대응하게 될 것이다. 고용주가 당신을 괴롭히는 것이 오히려 사태를 악화시키고 해당 조직이 잘못이 있는 것으로 보이게 만들 것이다. 당신의 지지기관이 정보를 제공받고 당신과 함께 일하게 하면 당신이 공격의 자세를 유지하도록 지지기관이 도울 것이다. 당신의 협력자들의 조언과 지지를 과소평가하지 마라. 당신의 상황이 무르익기 전에 잠재적인 협력자들을 찾고, 가능하면 언제나 중재자들을 통해 일하라.

기록을 상세하게 지속적으로 유지하라

세 가지 방법이 있다. 첫째, 내부고발자로서의 주장을 입증하기 위해, 당신이 공개하고자 하는 불법행위를 철저히 기록하라. 둘째, 당신의 흠잡을 데 없는 성과나 평가 내용을 고용주가 후에 변경하거나 제거하기 전에 철저히 기록해 놓아라. 셋째, 내부고발 후에도 자세한 기록을 남기고 보관함으로써 자신을 보호하라. 불법행위 및 괴롭힘에 대해 당시의 기록을 상세하게 보존하지 않는 것은 향후에 구체적인 정보와 신뢰성이 필수적인 때 치명적일 수 있다. 당시의 기록들은 향후 어떤 조사나 법정 절차 수행에서 당신이 사실을 이해하고 있어야만 하나 기억이 흐릿해졌을 때 매우 중요하다. 잘못된 행위, 은폐, 보복 등을 기록하는 몇 가지 좋은 방법이 있다. 예를 들어, 일기를 써서 보관하라. 이때 날짜나 참여자, 핵심 사실과 함께 모든 중대한 진전 사항을 사실대로 기록하라. 가능한 한 정직하게 기록하고, 추측이나 개인적인 의견 또는 적대감은 담지 말아야 한다. 당신이 우려를 나누었던 사람들의 반응을 포함시켜라. 가장 상세하고 중요한 진행 사항에 대해서는 날짜 증명과 함께 사실관계가 담긴 메모를 준비할 수도 있다. 가장 안전한 방법은 자기 자신에게 우편으로 보낸 우표에 날짜 증명이 있는 개봉하지 않은 편지이다. 비록 이메일 등 전자 송신을 이용하는 것이 용이하다 해도, 이는 갈수록 흔해지는 감시로 인해 자신을 노출시킬 수 있다. 모두 버거운 작업으로 보일 수 있으나, 당신의 직업적 생존을 위해 중요한 일이다. 법적 증거로서 논쟁이 된 사건들의 시점에서 당신이 정직하게 적어놓은 내용이 주는 추가적인 신뢰는 향후 소송에서 이기고 지는 차이를 낳을 수 있다. 중요한 사건이나 진행 과정에 관한 정보를 함께 모아두는 것도 도움이 된다. 물론 이 일기는 항상 사적일 수만은 없을 것이다. 만약 소송이 있다면, 당신의 고용주는 법정 명령으로 이의 열람에 접근할 수 있을 것이다. 따라서 당신 자신을 위해 기록하는 것뿐만 아니라 당신을 반대하는 것에 대한 모든 판단을 위해 기록하는 것이다.

당신의 우려에 대한 어떤 의심도 일으키기 전에 모든 관련 기록을 확보하라
이는 당신이 비록 익명으로 남는다고 해도 은폐 전에 중대한 단계로 나아가기 위해, 문제를 공개하기 전에 해야만 하는 행위이다. 믿을 만한 증거 없이 성공적으로 내부고발을 한다는 것은 지극히 어려울 수 있으므로, 조직의 불법행위 자체에 대한 자료의 수집과 기록이 최선이다. 일단 당신이 잠재적인 내부고발자로서 파악되면 정보의 흐름이 끊길 수 있기 때문에, 되도록 조기에 당신이 필요한 정보를 확보해야 한다. 기록의 사본을 만들고 없애는 것이 가장 명백한 방법인 반면, 이는 또한 가장 위험할 수도 있다. 고용주는 당신이 조직의 재산을 '훔쳤다'고 비판할 것이다. 미국에서 내부고발자들은 민사 재판에서 법적 책임을 지는 판결을 받거나 심지어 절도죄를 선고받기도 했다. 이는 내부고발자가 증거를 범죄를 수사하거나 처벌받게 하기 위해 사용하고자 정부 법 집행기관에 제출했을 때에도 발생했다. 내부고발자는 소유권이 있는 정보나 국가 보안상 기밀을 노출한 것에 대해서도 민·형사상 책임을 져야 하는 상황에 직면한다. 이는 모두 놓치기 쉽고 명확히 하기 어려운 사항들로, 풍부한 법적 조언이 필요한 위험한 영역이다.

그러나 이것이 당신의 결행을 중단시켜서는 안 된다. 당신은 단지 주의 깊고 창의적일 필요가 있다. 예를 들어, 전자 파일은 위장 파일이나 폴더 등에도 기록으로 저장할 수 있다. 핵심 문서의 사본을 '다른 이름의 서류 정리'를 통해 숨길 수도 있다. 그 후에 당신은 제삼자인 조사자들을 위한 조종사로서 역할을 하는 것이다. 최소한 당신은 사건들에 대한 기록에 다음과 같은 방법을 사용할 수 있다. 모든 관련 문서들의 리스트를 기록하라. 이는 외부 조사자들이 어떤 문건을 보아야 하는지에 대한 안내서가 될 수 있다. 만약 고용주가 이 문서들의 존재를 부인한다면, 당신의 위장된 백업 사본들이 은폐를 증명하는 데 결정적일 수 있다.

내부고발의 계획을 당신의 고용주가 아닌 당신의 시간에 당신의 자원으로 하라

직원은 근무시간에 또는 회사나 정부의 장비, 비품으로 '개인 작업'을 행했을 때 징계를 받을 수 있다. 당신의 행위가 문서상 허가나 승인을 받지 않았고 공개적으로 이미 계획된 것이 아니라면, 업무시간에 내부고발 행위에 관여하거나 사무실 시설을 사용하지 마라. 팩스나 기타 공적인 자원을 사용하는 것을 피하라. 당신은 직장의 컴퓨터에 대한 권한이 없고, 이를 통한 이메일이나 메모는 당신이 내부고발을 한 후 곧바로 경영진의 손에 들어갈 수 있다. 또한 '비공인된', 즉 사적인 대화를 위해 사무실 전화를 사용하는 것, 특히 미디어를 사용하는 것에 대해 극도로 주의하라. 외부와 연락이 필요하다면, 쉬는 시간에 자신의 휴대폰을 이용해 이러한 통화를 하라.

그동안 밝히지 못한 사연을 확인하고 그에 대비하라

당신 삶을 '전체 기록'과 함께 지내야 할 것에 대비하라. 어떤 개인적 취약성이나 젊은 시절의 실수도 당신에게 대항해 공개되고 사용될 가능성이 높다. 당신은 항상 상대방이 당신의 비밀스러운 사연을 폭로하는 것을 목표로 중상모략을 준비하고 있을 수 있음을 예상해야 한다. 따라서 이에 대비하라. 우리 모두는 크고 작은 실수나 흠을 가지고 있다. 이런 경우라도 주도적으로 행동하라. 과거의 실수들을 통해 배운 교훈들이 현재 자신의 용기 있는 행위의 동기가 된 것처럼 소개하라. 만약 과거에 당신이 신문의 전면에 실릴 만큼 큰 잘못을 저질렀었다면 내부고발에 대해 다시 고려하거나 적어도 익명으로만 진행하라.

관계 당국과 일할 때 당신의 냉소주의를 드러내지 마라

당신은 자동반사적으로 당신을 조사하거나 보호하도록 할당된 수사관에 대해 의심할 수 있다. 그렇다 해도 이러한 의심을 드러내는 것은 치명적인 실수일 수 있다. 당신의 태도는 우물을 오염시키는 것이 될 수 있다. 즉, 당신을 향해 사람들이 갖고 있는 편견을 정당화 또는 강화시킬 수 있다. 이는 규칙을 집행하는 최전방에 있는 조사관이나 수사관, 그 누구와의 관계에서도 핵심적인 사항이다. 적어도 당신이 좋은 믿음을 갖고 있다는 점을 보여야 당신을 도울 수 있다. 더구나 유죄가 판명될 때까지 수사관이 무죄를 가정하게끔 보이도록 하는 것이 훨씬 정당할 것이다. GAP의 유력한 내부고발 사례 일부는 자신들에 대한 지지나 모든 것을 말하는 것을 원하지 않았던 경우이다. 그러나 이는 도움이 되는 만큼 위험한 관계이다. 당신의 접근은 노력해서 얻은 신뢰를 통해 이루어져야 한다.

_ 탐 디바인

▌영국 내부고발자 보호를 위한 NGO인 '직장과 공적 관심(PCaW)'은 공익에 관한 우려를 제기해야 하는지, 그럴 경우 어떻게 제기해야 하는지에 대해 확실치 않은 직장인들에게 독립적이고 비밀적인 조언을 제공한다. 우리의 조언 경로는 '내부고발자 보호법'과 실행에 풍부한 경험을 지닌 자격을 갖춘 법률가들에 의한 것이다. 우리의 조언은 우려를 제기하는 데 필요한 실질적인 단계들에 집중하고 진정한 우려의 제기는 익명보다 공개적일 때 최선이라고 믿는다. 우리는 내부고발자의 우려가 건설적으로 제기된다면 해당 전문조직이 우려를 신속하고 효과적으로 처리할 수 있을 것이라는 믿음을 바탕으로 일한다. 다음은 우리가 내부고발자들에게 제공하는 조언에 기반을 둔 것이다.

사실 자체가 변호하게 하라

생각되는 우려를 전문적이고 침착하며 사실적인 태도로 전달하라. '누가, 무엇을, 어떻게, 어디에서, 언제'에 관해 생각하라. 만약 당신이 문제를 어떻게 해결할지 안다면, 해결책을 제안하라.

일기를 보관하라

어떤 대화나 핵심 문서에 대해 주의 깊게 모든 기록을 남길 것을 제안한다. 비록 문서화하는 것과 직장으로부터 문서를 가져오는 것은 종종 복잡한 일이지만 말이다. 기록으로 남길 수 있는 정도가 불만족스러울 수도 있지만, 그렇다고 자신의 도를 넘거나 해당 사항을 독단적으로 처리하지 않도록 주의해야 한다. 법이 당신을 보호하지 못할 수도 있지만, 문서화해두는 것은 고용주가 당신을 공격하려 할 때 방어막이 될 수 있다. 하지만 불법 사실에 대한 목격자로서 당신은 당신의 우려를 증명해야만 하는 것은 아니다. 그렇다고 사립탐정처럼 행동함으로써 문제를 지연시키지 않는 것도 중요하다.

밖으로 나가라

만약 당신이 우려를 제기했는데 위험이 제대로 인식되지 않았거나, 문제가 심각하여 당신이 그 문제를 내부에서 꺼낼 수 없다면, 당신은 적절한 규제기관과 접촉할 수 있다. 내부고발 정책은 적절한 외부 선택권들을 제시한다.

조언을 받아라

만약 당신이 어느 단계든 무엇을 할지에 대해 의구심이 생긴다면 당신의 전문적 조직, 연합, 또는 법률가로부터 비밀 조언을 구하라. 당신의 사법 관할 구역 내에 내부고발자를 보호하는 법이 존재하지 않는 경우, 또는 당신을 고용하고 있는 개인들을 신뢰하지 않거나 신뢰할 수 없는 상황이라면 다른 요소들을 고려해야 할 것이다.

익명성, 비밀보장, 또는 개방성?

보통 우리는 내부고발 시 비밀리에 하는 것이 내부고발자를 보복으로부터 보호할 수 있다고 생각한다. 영국의 법은 그들이 내부고발자이며 그 결과로 피해를 당했다는 것을 보여주는 개인들에게 좀 더 적극적으로 보호를 제공한다. 만약 당신이 법에 의지할 수 없거나 당신의 우려를 보고하는 것이 안전하다고 느끼지 않는다면 익명의 경로가 최선의 보호를 제공할 수 있다. 이는 당신이 직업을 유지하고 메시지의 전달자보다 메시지 자체에 시선이 집중되게 하는 방법이다. 조직의 문화에 따라서는 누설자 조사에 대비하는 것이 중요하다. 당신이 익명의 내부고발자이기로 결정한다면 자신에게 다음을 질문해보라.

- 당신은 전체적 그림을 알고 있는가? 당신의 의심이 부적절할 가능성이 있는가? 당신은 부정행위에 대해 결백한 채, 문제를 제기하는 것인가? 익명의 내부고발이 원하는 방식이 아니면 불편할지도 모른다. 위험을 감수하기 전에 그럴 만한 이유가 있는지를 따져본다.
- 부정행위를 어떻게 발견했는가? 당신이 유일한 목격자였는가? 또는 해당 문건들을 당신이 밝혀낼 수 있는가? 과거에 어떤 우려를 제기한 적이 있는가? 만약 당신이 그 우려에 대해 현실적으로 알고 있는 유일한 사람이거나 과거에 이를 제기한 적이 있다면 당신에게 의심의 초점이 맞춰질 가능성이 크기 때문에 익명으로 내부고발을 하는 것은 아무 소용이 없다.
- 적절한 조사기관에 익명 공개를 고려하는가? 일부 고용주나 입법자는 익명 제보는 조사하지 않는다. 이를 미리 확인할 필요가 있다. 문건들 자체가 당신을 변호해주는가? 또는 이들이 당신의 추가적인 설명을 요구하는가?
- 당신이 영원히 익명으로 남기 원하는지, 아니면 관계 당국이 사건을 조사할 때 공개 증언을 할 준비가 되어 있는지를 고려하라.

_ 캐시 제임스

4 3단계: 신고 이후

① 조직과의 싸움임을 기억하라.

② 경제적 곤란에 대비하라.

③ 신분노출에 주의하라.

④ 신고로 인한 부당함에 대해 보호를 요청한다.

⑤ 건강 유지에 힘쓴다.

⑥ 책임지는 자세가 필요하다.

⑦ 미래를 설계한다.

그동안 한국에는 크고 작은 참사가 많이 있었다. 그중 삼풍백화점 붕괴 사건(1995년, 501명 사망, 937명 부상), 성수대교 붕괴 사건(1994년, 32명 사망, 17명 부상), 씨랜드 화재 사건(1999년, 23명 사망, 7명 부상), 그리고 2014년 4월 300명이 넘는 희생자를 낳은 세월호 침몰 사건(2014년 11월 20일 기준 추정 탑승자 476명, 구조 172명, 사망 295명, 실종 9명)에 대해서는 '용기 있는 내부고발'이 있었다면 참사를 막을 수도 있지 않았을까 하는 아쉬움 섞인 지적이 많다. '주저하지 않는 용기'와 구조를 요청하는 외침을 듣고도 외면한 것은 오늘날 우리 사회의 슬픈 자화상이다. 내부고발은 사회를 진화시킬 수 있으며, 국가 발전은 물론 개인 삶의 질 향상에도 기여할 수 있다. 하지만 사람들은 신고 이후 자신이 지게 될 멍에가 두려워 신고를 포기한다. 한편으로 실제 내부고발 결과는 기대했던 것과 다르게 나타날 수도 있다. 기대한 결과로 세상을 변화시키고 자신 또한 안전하게 보호받으려면 신고자는 신고 이후의 행동에도 주의를 기울여야 한다.

4' 1 조직과의 싸움임을 기억하라

조직과 권력자들은 그 자체가 거대한 권력이다. 그러나 이들은 그 권력을 누가 주었으며, 어떻게 써야 하는지에 대한 올바른 판단 대신 잘못된 선택을 하곤 한다. 이것은 부패 발생의 주요 원인으로 꼽힌다. 이런 경우, 저항 행동에 대한 결정은 내적 갈등을 불러일으킨다. 따라서 내부고발자들은 심리적 불안과 감정적인 혼란으로 고민한다. 그러나 이럴 때일수록 침착하고 냉정하게 현실에 맞설 필요가 있다. 우선 내부고발 그 자체가 '개인과 조직 간의 게임'임을 잊지 말아야 한다. 게임에는 승자와 패자가 존재하며, 결과가 도출될 때까지 대립하고 싸우는 과정이 이어진다. 따라서 이러한 현실을 직시하고 대비해야 한다.

개인과 조직 간의 전쟁에서 조직은 패한다 할지라도 경제적 지불이나 책임자 처벌로 대신할 수 있지만, 개인인 내부고발자는 직업과 가족, 지금까지 일구어온 모든 것을 잃을 수도 있다. 부정이 많은 조직일수록 구성원에 대한 통제가 엄격하고 내부고발에 민감하게 반응한다. 이러한 조직이 내가 그동안 몸담은 조직이라 하여 동정이나 연민을 갖는다면 정말 크게 역공을 당할 수도 있다. 조직은 구성원이 조직의 치부를 드러내는 내부고발자가 되는 순간부터 자비를 베풀지 않는다. 조직은 내부고발자를 회유하고 그를 몰아붙일 수 있는 정보를 캐기 위해 그와 가장 가까운 사람부터 접근한다. 이러한 조직은 이익을 극대화하기 위해 구성된 단위라는 점에서, 상상하는 것 이상으로 막강하며 조직 내에 영향력이 미치지 않는 곳이 없다. 이러한 조직을 대상으로 하는 게임에서 내부고발자들은 대중으로부터 지속적인 지지를 이끌어내기 어려우며, 생각지 못한 변수로 인해 정치적으로 악용될 수도 있고, 예상보다 장시간을 요하는 다윗과 골리앗의 싸움에 빠져들 수 있다. 그리고 그 피해는 경제적인 것뿐만 아니라 사회적 · 심리적인 것을 포함하며, 모두 고스란히 내부고발자 개인의 몫으로 남는다.

시행착오를 범하지 않고자 한다면, 내부고발의 1단계인 불법과 비윤리 행위의 인식 단계에서부터 '내부고발로 인한 예상 시나리오'를 면밀하게 짜고, 마지막 내부고발 이후의 단계까지 신중하게 대비해야 한다. 내부고발이란 그만큼 긴 인내가 필요한 과정이다.

• 질긴 놈이 승리하는 게 아니라 즐기는 놈이 승리합니다. 성급하게 캐면 줄기가 끊어지거나 지칩니다. 급할수록 돌아가라는 말처럼 오히려 더 여유를 갖고 대처해야 합니다. 조급하게 굴면 굴수록 좋아하는 사람들은 내게 불이익을 준 자들이라는 사실을 명심해야 합니다. _J3 님

• 중징계 처분은 이미 각오하고 있었고 그래서 감당할 수 있었지만, 이와는 별개로 상사의 퇴직 종용, 빈번한 개인 일정 보고, 부서 회의 참석 금지, 부서 직원과 격리된 공간에 배치, 타 직원들 앞에서의 인격적 모독 등 끊임없이 뒤따르는 보복과 차별로 인간적인 모멸감을 느끼는 것은 견디기 힘든 고통이었습니다. _K3 님

• 내부고발은 고발자의 양심적인 행동이 언론 등을 통해 전해져 사회적 지지를 얻는 경향이 있습니다. 그래서 조직은 이를 경감시키기 위해 내부고발자를 평소 조직의 부적응자로 음해하거나, 사소한 실수 또는 약점을 크게 부각시켜서 고발자의 명예를 최대한 실추시키고 대내외적으로 진실하지 못한 사람으로 만들기 위해 혈안이 됩니다. 그래서 절대로 작은 실수라도 범하지 않도록 자기관리에 철저해야 합니다. 저는 내부고발 후 사무실에서 일한 것을 그날그날 감사팀에서 수거해 당일 조사를 당하는 수모를 겪어야 했습니다. 사소한 잘못이나 실수가 나타나면 조직은 그것을 부풀려서 반드시 재차 징계를 감행합니다. 징계의 목적을 달성하지 못하더라도 이를 통해 내부고발자에게는 스트레스와 인간적 모멸감, 그리고 징계에 대한 두려움이 항상 존재하게 됩니다. _L4 님

• 저는 내부고발 후 감사팀 직원들이 몰려와 야근 시에도 조사를 받아야 한다고 끌려다닌 적이 있습니다. 군수는 마을 이장들과 선동하기 쉬운 주민들을 동원해서 제가 일하는 근무처로 항의 방문하게 함으로써 협박과 신체적 위해를 당하도록 방치했습니다. 또한 해임 후 복직되어 군청에서 멀리 떨어진 한직으로 쫓겨났는데, 업무를 보던 중에도 신원 미상의 사람이 사무실에 들어와 육체적 테러를 가해서 이마를 꿰매고, 제지하는 과정에서 한쪽 팔을 개에게 물려 광견병 치료를 받기도 했습니다. 그러나 조직의 강권으로 경찰서에 신고조차

할 수 없었고, 사건 당일 직원들도 곁에 있었지만 아무도 저를 보호해주지 않았습니다. 직장 내 실시간 감시는 시간이 지날수록 도를 넘어 퇴근 후 집에서도 군청 직원들이 수시로 감시를 하는 통에 여러 차례 집을 옮겨 다녀야 했습니다. 보관 중인 자료와 녹취록 등은 이중으로 은밀하게 보관하고 수시로 옮겼으며, 퇴근 후 귀가할 때에도 일부러 먼 곳으로 몇 번씩 우회해서 갔습니다. 심지어 잠을 잘 때에도 방문에는 문을 여닫으면 유리병이 깨지도록 해놓고 침대 밑에는 항상 몽둥이와 칼을 준비했습니다. 과잉 대응이라고 웃을지 몰라도 아니올시다. 군수는 민간인 업자에게 녹취기를 주고 양심선언 사건과 자신을 험담하는 자들의 증거를 담아 오라고 지시한 적이 있습니다. 그러나 그 녹취를 조작하는 과정에서 실수로 자신과 비서진의 목소리가 같이 들어간 소리를 여러분은 들어본 적이 있습니까? 저로서는 경악 그 자체였습니다. 이것이 내부고발자의 현실입니다. 명심하십시오. 내부고발자가 되는 순간 조직은 두 눈을 부릅뜨고 당신이 잘못하기를 기다리며 지켜봅니다. 한순간 방심으로 자신이 지금까지 지켜오고 이끌어온 것들이 하루아침에 물거품이 되지 않도록 항상 깨어 있어야 합니다.

__13 님

● 내부고발이 장기화되면 모든 면에서 불리해집니다. 특히 내면적으로는 회고(回顧)하는 일이 잦아집니다. 그도 그럴 것이 사건은 전혀 진전되는 것이 없이 계속 더디기만 하고, 답답한 마음과 억울한 심정의 표정과 몸짓은 주위에 금방 전해집니다. 주변에서 볼 때 당당했던 모습은 점점 사라지고, 오히려 이렇게 변해가는 제 모습이 어리석고 불쌍하게 보이고, 다시 반사되어 초라하게 변해가는 자신을 발견하게 됩니다. 모두가 조직을 두둔하는데 혹시 내가 잘못 생각한 건 아닐까, 세상은 변하는 법이고 사법기관도 언론도 다 무시하는데 이 사회의 정서상 이런 것쯤은 범죄나 잘못으로도 여기지 않는 것일까, 괜히 별것도 아닌 것 가지고 나만 설레발친 건 아닐까 하는 생각이 들 수도 있습니다. 이러한 생각은 조직의 보복행위보다 더 무서운 내면의 적입니다. 내가 반드시 이 싸움에서 승리하겠다는 집념이 줄어들수록 이러한 생각은 많아집니다. 어쩔 수 없이 결국에는 이길 수 없는 싸움을 하고 있다는 것을 인정하고 싶어집니다. 그러나 그럴수록 내부고발은 부패와 잘못된 관행에 맞서 침묵하지 않고 동

조하지 못하겠다는 양심의 몸짓이며 맞서 싸우는 저항이라는 확고한 믿음이 더욱 필요합니다. 그래서 내 행동이 옳은 일이고 국가와 국민에게 이익이 된다는 신념과 인간의 양심을 저버릴 수 없다는 나만의 가치관을 지키겠다는 똑심 같은 옹고집이 더욱 절실한 것입니다. __L7 님

4' 2 경제적 곤란에 대비하라

조직을 떠나거나 법정 싸움에 휘말리게 될 경우 경제적인 어려움에 봉착할 수 있다. 소송 등 구제 절차가 몇 년을 갈 수도 있기 때문에 당장 눈앞의 조급함을 버리고 멀리 바라보고 그 기간에 할 수 있는 작은 일이라도 찾는 것이 필요하다. 만일 소송에만 빠져 지내다가는 혹시라도 소송 결과가 나쁘거나 설령 이기더라도 여러 해가 소요되는 동안 경제적으로는 물론이고 정신적으로도 크게 지치고 힘들어질 수 있기 때문에 작은 일이라도 하고자 하는 마음가짐이 필요하다.

● 내부공익신고 이후에도 냉정하게 자신과 가족의 미래를 고민해야 합니다. 지금까지 다수의 내부공익신고자들이 상당 기간 고독한 투쟁을 마다하지 않았습니다. 저 역시 비슷했습니다. __L3 님

● 회사 측에서는, 특히 공공기관이나 규모가 큰 기업에서는 무조건 해고하고 봅니다. 해고하는 이유는 증거를 조작해서 이기면 좋은 것이고 설사 소송에서 진다고 하더라도 앙심을 품고 신고자가 소송하는 동안 경제적인 곤란을 당하게 하려는 것이 목적입니다. 기본적으로 급여가 사라져서 곤란을 겪게 되고, 회사 측에는 자금력을 이용해 각종 소송들을 총동원하면 신고자는 개인적으로 사비를 들여 대응해야 하기 때문에 추가적인 곤란이 발생합니다. 또한 의로운 일을 했음에도 해고되는 것도 억울한데 징계 해고라는 사유로 실업급여도 받

을 수 없게끔 법을 만들어놓았습니다. 신고자의 가정경제를 파탄 나게 만드는 것이 현행 대한민국 법률체계입니다. 특히 자녀까지 키우는 가정이라면 아이들에게까지 막대한 피해를 줄 수가 있습니다. _Y2 님

● 지금은 제보자를 위해 공익침해와 보복행위를 권익위에서 신고받고 보호하는 시스템이 구축되고 법도 많이 강화됐지만, 그때 당시를 돌이켜보면 누구나 저를 외면했고, 심지어 동료들로부터 "너희 가족 다 죽이겠다"라는 협박도 받았고, 배신자, 미친놈으로 간주했습니다. 그 이후로 생활고와 신경과민 증상으로 허덕이고 높은 산에 올라가 자살하려고 몇 번씩 시도했었습니다. _K3 님

● 내부고발에 대한 조직의 가장 뻔한 대응은 소송입니다. 그중 명예훼손은 단골 메뉴로, 내부고발 내용을 악의적으로 변조하거나 고발 내용 중 일부를 들먹여 명예훼손 소송을 무조건 제기합니다. 판결에 따른 조직 내 이익이 미비해도 소송을 통해 고발자의 정신적 고통과 변호사 대응 등의 금전적 피해를 주려는 것이 주목적으로 늘 행해지므로 손해배상 청구 등을 예측하고 반드시 준비해야 합니다. 저는 내부고발 당시 공무원 말단이라 모아둔 돈이 별로 없었습니다. 그래서 아파도 돈이 없어 병원에 갈 수 없을 정도였습니다. 이를 알게 된 공무원노조에서 어느 토요일 저녁 일일찻집을 열어 온정의 손길을 준 적이 있습니다. 그러나 군수가 "쉬는 날이라도 일일찻집에 가지 마라"고 엄포를 놓은 탓에 찾아온 이가 거의 없었고, 찾아온 친한 친구들도 뒷문에서 금일봉을 주고는 미안하다는 말과 함께 도망치듯 가버려 마음이 아팠습니다. _L3 님

4' 3 신분노출에 주의하라

신분 공개에 동의하지 않았다면, 조사가 이루어지는 과정에서도 본인이 신고자임을 시사하는 어떤 암묵적 행위도 하지 않는 것이 좋다. 조직의 배신자 등으로 고발자에 대한 언급이 나오더라도 같이 비난 또는 옹호하기보다는 초연한 태도를 보이는 것이 좋다. 또한 의심을 받지 않더라도

불안할 수 있지만, 그럴수록 당당하게 행동해야 한다. 특히 신고 후 조사관이 문제의 조직에 대해 조사를 착수하게 되면 그 조직에서는 제보자 색출 작업이 시작된다. 보통 이 과정에서 대충 제보자가 파악되지만 제보자는 처음 하는 일이라 놀라고 흥분해서 신분이 노출되는 행동을 하게 된다. 여기에서 '절대 아니다'라는 의견을 피력하는 것이 중요하다. 그러므로 공익제보 전 몇 번의 연습을 통해 의연히 자리를 지키고 버티는 연습을 하는 것이 좋다. 그리고 외부에서 자신과 함께하는 단체 일부만을 제외하고 철저히 비밀로 해야 한다.

● 신분을 보호해달라는 주문을 민원 글에 포함시켜야 합니다. '공익신고자 보호법'에 해당 조문이 있고, 신고자의 신분을 보호하는 것이 원칙인데 실제론 그것이 잘되지 않습니다. 예를 들어, 학교 관리자에게 민원 글의 원문을 보여준다든지, 민원인 이름을 알려주기도 합니다. 그런 일이 절대 없도록 신신당부하고 만약 그런 일이 생기면 책임을 묻겠다고 강하게 얘기해야 합니다. _J3 님

● 공익적 내부제보자가 불이익을 받는 것은 제보한 사실이 공개됨과 동시에 이루어집니다. 대부분 내부제보를 공개적으로 하지 않는다 해도 제보자의 신원이 초기에 밝혀지게 마련입니다. 공공기관이나 기업들이 내부제보자를 색출함과 동시에 각종 꼬투리를 잡아서 징계를 하는 데서부터 불이익이 시작되고 이는 곧 동료들에게 배제시킬 대상자가 누구인지를 공지하는 것과 마찬가지의 효과를 가져옵니다. 그리고 이렇게 배제가 공공연해지면 내부제보자에게 공감하던 동료들도 거리를 두게 되고, 그럼 결국 제보자가 고립되어 견딜 수 없어서 스스로 물러나거나 조직에서 업무 부적응으로 다른 징계의 꼬투리를 잡아 추가 불이익을 줍니다. _L7 님

● 아무리 자신의 행위가 적법한 절차에 따른 공익제보였다 할지라도 이에 대한 보복은 필연적으로 이루어질 겁니다. '갑'이 '을'에게 행할 수 있는 보복 수

단은 무한합니다. '갑'의 편에서 '을'에 대해 공익제보를 했다면 별 문제가 없겠지만, '을'이 공익제보를 할 경우 법적으로 유효한 절차에 따라야 합니다. 그래야 '공익신고자 보호법'에 의해 보호를 받을 수 있습니다. __S 님

● 공익제보자가 피치 못할 사정으로 신분이 노출될 시 협조단체와 조직적 대응을 해야 합니다. 흥분해서 개인적 행동이나 감정적 대응을 하는 것은 본질을 훼손하고, 돌이킬 수 없는 상처로 돌아옵니다. 공익제보자 본인이 견딜 수 없는 공격이 온다고 판단될 때에는 일단 함께하는 협조단체와 상의하면서 대처해야 합니다. __P1 님

● 내부고발자들은 대부분 언론에서 이슈가 되었거나 언론을 통해 양심선언을 한 분들이 많기에 대인기피증이 생길 수 있습니다. 연일 언론에서 사안을 다루거나, 시간이 흘러 잊힐 만하면 소송 결과나 새로운 사안으로 다시 언론 쟁점으로 부각되는 경우가 있는데, 이로 인해 본인이 원치 않아도 신상정보나 얼굴이 일반인에게 노출돼 곤혹스러운 경우가 생길 수 있습니다. __L4 님

4' 4 신고로 인한 부당함에 대해 보호를 요청한다

신고자가 법에 의거해 신고한 뒤 신분상 불이익이나 근무조건상 차별을 받았다면, 권익위에 불이익 처분의 원상회복 등 신분보장 조치와 그 밖에 필요한 조치를 요구하거나 경제적·행정적 불이익에 대해 권익위에 원상회복 또는 시정을 위한 필요한 조치를 요구한 경우, 그리고 법원에 원상회복 등에 관한 소송을 제기하는 경우에 보호법에 따라 신고자가 신고와 관련하여 불이익을 당한 것으로 추정한다. 그러나 문제는 조직에서는 신고를 이유로 해고 등의 불이익을 명시적으로 주는 것이 아니라 별개의 사소한 잘못을 찾아내서, 또는 심한 경우 없는 사실을 만들어내기까지 해서 불이익을 준다는 것이다. 따라서 신고 전후 조직에 그러한 빌미를

제공하지 말아야 한다.

일반적으로 조직에서는 내부고발자에 대해 지각 및 결석, 조퇴와 같은 근태 부분이나 상사 지시 불이행 등을 사유로 들어 징계하려 하기 때문에, 내부고발자는 직무에 충실해야 한다. 내부고발자가 자신의 보호 조치 및 신분 구제를 위해 권익위나 각급 노동위원회, 법원 등에 구제 신청 또는 소송을 제기했을 때도, 조직에서는 내부고발자가 평소 업무 능력이 부족하고 근무성과도 좋지 않았으며 조직 부적응 등으로 보직 해임 및 대기발령 조치를 했고 그 이후에도 나아지지 않아 해고할 수밖에 없었다는 식으로 상황을 몰아간다. 이러한 상황은 주객을 전도시켜 신고자의 신고 사실을 오히려 참고 사항으로 만들어버린다. 그 밖에도 부당해고를 당했다면 신청 기간인 3개월 이내에 권익위 또는 지방노동위원회에 부당해고 구제 신청을 하여 보호를 받는 것이 필요하다.

신고로 조직적 불이익을 받게 되면 입증 자료를 수집해 보호를 요청하되, 격렬하게 항의하다가 발생할 수 있는 불협화음을 신고자의 귀책사유로 삼아 징계 혹은 사법 처리를 하는 경우도 있으므로 이 때문에 불이익을 당하지 않도록 조심한다.

● 저는 ○○○시에서 운영하는 생활폐기물 소각장에서 근무하고 있습니다. 벌써 일 년이 넘었네요. TMS 조작 사건, 양심선언을 한 네 명 중 한 명입니다. 저희가 양심선언을 한 계기는 소각장이 잘못된 구조와 제도로 운영됨에 따라 설비 관리에 어려움이 많다는 것이었습니다. 그 때문에 TMS 조작 사건이 발생했고요. 이러한 사실을 사회에 알려 조금이나마 바뀌었으면 하는 바람이 있었는데, 지금 와서 현실을 보니 변한 건 양심선언을 한 네 명 중 두 명은 회사를 그만두게 되었고, 그때 당시 함께 옆에서 많은 일을 도와주었던 주민지원협의체 위원이자 폐기물 크레인 기사로 근무하던 이○○ 기사님은 어처구니없는 이유로 최근에 해고를 당한 것뿐이었습니다. 이유는 폐기물 크레인 기사로 근

무를 하려면 중급 기능사 이상 등급이 되어야 하는데 안 된다는 겁니다. 엔지니어링협회와 건설기술인협회에 문의해보았는데, 천정 크레인 기능사는 협회에 등록하는 절차조차 없고, 기능사는 등급이 따로 정해진 것이 없으며, 다만 경력 관리만 할 뿐이라는 답변이 왔습니다. 어디서 중급 기능사 등급을 받아야 하는지 어이가 없어서 사측에 따져보았지만, 시청 관계자 지시대로 정리해야 하니까 어쩔 수 없다며 떠넘기고, 시청 관계자는 회사에서 하는 일이라 관여할 수 없고 그런 것을 지시한 적 없다고 발뺌만 하고 있으며, 오히려 회사에 비리를 자꾸 폭로하니 그러는 것 아니냐며 어이없는 소리만 합니다. 이것은 분명 과거에 업체와 시청의 비리를 폭로한 것에 대한 사측의 보복성 해고이며, 양심선언을 한 저 또한 사측 관련 낙하산 직원 몇 명의 모략으로 회사를 다니기 힘들어지고 있습니다.

— L8 님

- 신고 내용이 언론을 통해 보도되자 국회의원 후보 신청한 기관장이 공천이 철회되었다며 보복에 혈안이 되어 공개석상인 간부회의에서 개인적인 분풀이를 부탁하고, 그 부하들은 승진 한번 해보겠다고 마치 조폭처럼 충성을 다짐하는 것도 모자라 완장을 찼다고 선봉에 서서 동료이자 힘없는 근로자에게 보복하기 위해 쓰레기통을 뒤져 증거라고 상부에 보고하고, 창문도 없는 휴게실로 전보 발령을 했으며, 성과평과 최하위 점수를 주는 등 다양한 보복행위를 자행하다가 마지막에는 부당해고라는 극약 처방을 했습니다. 이러한 과정을 겪으면서 저는 인간적인 비애를 느끼고 있습니다. 부당해고를 당한 후 저는 지방노동위원회에 부당해고 취소 신청을 해서 승소했고, 이에 불복한 사용자 측은 중앙노동위원회에 이의 신청을 했고, 여기에서도 저는 당당히 승소했지만, 사용자 측은 여기에도 불복해서 행정소송을 제기해 현재는 행정소송이 중노위와 사용자 간에 진행되고 있습니다.

— H 님

4'5 건강 유지에 힘쓴다

내부고발은 사람을 정신적 · 육체적 · 경제적으로 매우 피폐하게 만든다. 따라서 내부고발자는 건강관리에 유의해야 한다. 고발자가 진실을 말해도 상대방은 거짓으로 해명하고, 결국 고발자는 그 해명을 반박하기 위해 열심히 증거를 모으고 자료를 수집하는 과정이 되풀이되며, 이러한 일로 좌절하게 되는 것이 현실이다. 부정을 저지른 사람은 자신의 삶에서 잃은 것이 없는 반면, 고발자는 모든 것을 잃기 때문에 정상적인 일을 찾지 못하는 경우가 왕왕 생긴다. 결국 육체적 · 정신적으로 피폐해진다. 마치 고발자가 수면위로 올라와 한마디 하려 하면 조직은 머리를 찍어 누르고 고발자는 물속에 잠겨 숨을 못 쉬며 기다리는 것과 같다.

● 공중파 방송에 직접 출연해 고발하고 양심선언까지 하다 수년 전 해고되고 결국 스트레스로 인한 임파선암으로 사망하신 분, 힘겨운 싸움으로 다른 지병을 얻어 생활이 불가능하신 분, 해고되어 무직자로 홀로 조직과 싸우고 계신 분 등, 한 분 한 분 나열하기도 죄송할 만큼 어려운 시간을 이어가고 있습니다. 이처럼 제보 과정에서 내부고발자가 노련하지 못하게 대응할 경우 사회의 따가운 시선과 폭력으로 극단적인 환경으로 내몰릴 수 있습니다. __P2 님

● 사건 관련자들로부터 죽여버리겠다는 소리가 들릴 때도, 그래 죽기밖에 더 하겠느냐라는 심정이었고, 어차피 그들의 조작으로 불명예를 안고 군복을 벗게 되면 억울함 때문에 스스로 나를 죽일 수 있을 건데, 그들에게 죽는 것이 뭐 그리 대수이겠느냐라는 생각을 하게 되면서 싸움에 더 용기가 생겼습니다. 그들은 아주 조직적이고 체계적으로 대응하는데 내가 감정적으로 움직이면 아무것도 해결하지 못하고 질 것이라고 생각되어 치열하게 관련 분야에 대한 공부를 하고, 마음의 안정을 찾아야 전략을 세울 수 있어 운동하고, 음악 듣고, 가족과 산책하고, 주변 동료들과 마음을 나누는 시간을 갖게 됐습니다. __K4 님

● 저는 그나마 공직에 몸담기 직전에 규칙적인 운동과 생활, 그리고 절주 등으로 다소 건강한 신체가 준비되어 있었습니다. 그러나 아무리 신체가 튼튼해도 내부고발에 대한 보복행위는 무척 강한 충격과 장시간의 고통을 수반했습니다. 조직 내 왕따와 실시간 감시, 신체적 위해와 협박 심지어 보복행위가 도를 넘어 사랑하는 가족까지 피해를 입는 등(군청의 압력으로 아버님 건설회사 강제 퇴사, 전 부인 회사에 전화로 압력 행사) 예측하기 어려운 매우 큰 육체적·정신적 고통에 장시간 노출됐습니다. 그 결과 육체적으로는 두 번의 실신과 한 번의 반신불수(뇌출혈), 대상포진, 고도 우울증에 따른 아노미 현상, 단기 기억력 상실 및 심지어 남자로서 수치스러운 임포텐스 등에도 시달렸으며, 정신적으로는 군수의 명령으로 아버님의 직장 해고와 부모님이 평생 살아온 집을 내놓고, 전 부인과 이혼 및 재혼에 따른 아이 양육 문제 등으로 2차적인 내면의 고통과 갈등이 뒤따랐습니다. 따라서 절대 쉽지는 않겠지만 내부고발 이후에는 전보다 더 철저한 자기관리로 정신적 스트레스와 육체적 한계를 극복해야 하며, 그렇지 못하면 찰나의 순간에 자살을 시도하거나 회복하기 힘든 병마를 얻을 수 있습니다. —L6 님

● 내부고발자는 항상 스트레스와 압박감에 시달리고, 억울함과 배신감이 가슴 한곳에 늘 가득 찹니다. 그도 그럴 것이 그동안 몸담고 헌신했던 조직과 정들었던 친구들, 그리고 이웃과 이 광활한 사회로부터 나 홀로 버림받고 있다는 생각이 들기 때문입니다. 이는 마치 시한폭탄처럼 작용하여 언제 터질지 모르게 지금도 째깍째깍 소리를 내고 있습니다. —L5 님

4' 6 책임지는 자세가 필요하다

타인이나 기관에 너무 많이 의지해서는 안 된다. 신문이나 방송 모두 철저히 자기 이익에 따라 움직인다. 따라서 철저하게 냉정을 유지해야 한다. 모든 과정은 결국 내부고발자의 몫이다. 지금까지 다수의 내부고발자들은 상당 기간 고독한 투쟁을 했다. 처음에는 사실과 달리 왜곡·폄하되

는 것을 싫어하고, 그 이후로는 억울하다고 생각하며, 마지막에는 우리 사회에 '내부공익신고 = 불이익'이라는 또 하나의 사례를 보태고 싶지 않아 투쟁한다. 하지만 그런 진정성에도 불구하고 결국은 많은 것을 잃게 되는 만큼, 처음부터 그 모든 책임을 신고자 본인이 진다는 굳은 마음가짐이 필요하다.

● 내부의 문제 제기는 여지없이 해고로 이어집니다. 같은 문제의식을 가졌던 직원들이 잇달아 해고당하거나 자진 사퇴하는 과정을 지켜보면서 마음이 아팠습니다. 진실 대신 월급을 택하면서 태도를 바꾸는 직원들의 배신과 단체장의 인신공격을 견뎌내야 했습니다. 떳떳하지 못한 이들이 상대방을 모함하는 것으로 사건의 본질을 가리고 자신을 방어하는 것은 전형적인 패턴이지만, 막상 관찰자가 아닌 당사자의 입장에서 평정심을 유지하는 일은 만만치 않았습니다. 무엇보다 제보자를 오히려 이용하는 언론사를 조심할 필요가 있습니다. 이제 웬만한 비리는 비리도 아닌 사회적 분위기에서 한낱 내가 속한 직장의 비윤리적 행태를 고발해봐야 크게 달라질 것 없다는 좌절감도 소화해야 합니다. 한마디로 아닌 걸 아니라고 말한 후 용기나 정의감으로 칭찬받기보다는 이렇게 저렇게 얻어맞게 될 때 버텨낼 맷집이 필요합니다. 용기나 정의감은 남들이 주는 평가이지 정작 당사자로서는 그런 인식을 할 겨를이 없습니다. 그보다는 덜 다칠 방도를 찾는 것뿐입니다.

__L5 님

● 직장 동료들로부터 배반자라는 낙인이 찍히기 때문에 사전에 충분한 정신무장이 필요합니다.

__P3 님

● 대부분의 내부고발자들은 조직의 개선 및 사회정의를 위해 이런 일들을 시작할 것입니다. 하지만 일이 진행됨에 따라 남들이 좀 알아주고 이슈화가 되길 원하게 되는 경우가 생깁니다. 그럴 경우 타인의 기대 이하의 반응에 상처받지 않길 바랍니다. 나에게는 중대한 사건이지만 누군가에게는 단 몇 초짜리 심심풀이용 화제입니다. 다들 자신의 삶이 있기에 언제나 사람들의 반응은 기대 이

하일 수밖에 없습니다. 누구도 당사자만큼 관심 가질 사람은 없다는 현실을 받아들여야 합니다. 결과에 많은 기대를 걸다 보면 사건의 본질과 목적이 퇴색될 수 있습니다. _Y4 님

● 우리 사회에서는 공익제보자에 대해 '공익'이라는 의미보다는 '내부의 고발자'라는 의미로 해석해 배신자라고 보는 경향이 더 강합니다. 또 어떤 방식이든 신분이 노출되고 보복 등으로 당사자에게는 치유할 수 없는 상처가 남게 됩니다. 결국 공익을 위해 노력한 인사가 아니라 조직을 배신한 배신자가 되어, 두고두고 상처를 입게 되는 것이지요. _P2 님

● 세상에는 별의별 사람이 다 있습니다. 나를 공격하려는 것은 아닐지라도 나와 다르게 생각하는 사람도 있다는 겁니다. 민주주의 사회에서 모두가 나와 생각이 같을 수 없다는 것을 인정해야 합니다. '정의를 모른단 말인가? 왜 이렇게 말도 안 되는 생각을 하지?' 하며 답답해하거나 미워해서는 안 됩니다. 이럴 때는 동요되거나 상처받지 않도록 적절한 대응 멘트를 준비하는 것도 도움이 됩니다. _L5 님

● 내부고발에는 억울함과 끝없는 고통, 그리고 회복하지 못할 피해와 손해가 따르기도 하지만, 이는 또한 다른 모습으로 이 세상 어딘가에 존재할 수 있는 것입니다. 이는 내부고발 같은 상황을 겪은 분들이 금방 알아채는 것으로, 무언가 당연한 작은 것을 얻기 위해서도 그에 견줄 만한, 그 이상의 많은 것을 잃어야 하는 게 우리의 삶이고 인생입니다. 결코 요행이나 꼼수는 존재하지 않습니다. 받아야 하는 것을 피하거나 거부하려 하지 말고 당당히 받아들여야 합니다. 어떤 이들은 내부고발자가 언론에도 나오고 이슈화되는 것을 보고 영웅적 행동으로 치하하면서 이를 경력처럼 이용해 무언가를 하려 하지만, 절대 그런 유혹과 허망한 덫에 노출되어서는 안 됩니다. 오히려 그 이후는 더 큰 고통과 허탈함이 다가오고 반짝하는 관심에 큰 기대를 걸게 되면 오히려 더 깊은 수렁으로 빠져들게 됨을 명심해야 합니다. _L7 님

● 참으로 유감스러운 일입니다. 제가 제기한 비리 척결에 관한 담론이 왜 이렇게 경색되어가고 있단 말입니까. 나만 옳고 다른 사람은 모두 그르다는 전제에서 시작한 것도 아니고, 사회정의와 평화가 나에 의해서만 이루어질 수 있다고 믿지도 않습니다. 저는 개인적인 야망이나 욕심에서 비리를 고발한 것도 아니고, 대학의 명예를 훼손하기 위한 의도 또한 전혀 없었습니다. 오랫동안 보지 못했던, 그리고 보고 싶었던 어느 후배나 제자들로부터 게시판에서 공박을 당할 때면 비애마저 느끼게 됩니다. 그리고 제 무능함과 부덕함에 부끄러움을 감출 수가 없습니다. 하지만 이러한 비난이 더 나은 미래를 만들기 위해 필연적으로 감당해야 할 부분이라면 기꺼이 감수하려고 합니다. __K5 님

4' 7 미래를 설계한다

내부고발자의 상대는 좁게 보면 비리 신고의 대상인 상급자나 조직의 수장이지만 결국은 조직 전체나 다름없다. 내부고발의 목적을 달성해 비리의 온상이 되는 집단이나 인물이 징계되거나 업무가 개선되었다고 하더라도 조직 전체가 없어지거나 해체되는 일은 없다고 봐도 틀림이 없다. 따라서 조직이 존재하는 한 어떤 식으로든 시간이 얼마나 걸리든 보복을 하고자 하고 궁극적으로는 내부고발자를 제거하기 원한다. 조직 내 부정이나 비리, 잘못된 관행이 문제가 아니라 조직을 배신하고 명예를 실추시키고 손해를 입힌 내부고발자가 문제라고 생각하는 것이다. 내부고발자는 이런 상황에서 결국은 조직을 떠날 것을 결심하게 된다. 내부고발자가 신고자 보호와 상관없이 조직을 떠나게 되는 것이다. 따라서 내부고발자는 미래에 대한 계획도 차분히 세워나가야 한다.

사람은 자신이 가장 비참한 삶을 살고 있다고 생각하거나 주변에서 그렇다고 몰아가는 순간, 자신이 더 이상 존재할 가치가 없다고 자책하는 순간을 맞는다. 결국 고통은 배가되고 비참함은 참담함을 넘어 자신의 소

중한 존재 가치를 상실하게 되어 극단적인 선택을 하게 되는 실수를 저지르게 될 수도 있다. 냉정하게 상황을 따져보면 내부고발은 개인이 홀로 부담하기에는 처음부터 사회 전체를 아우르는 너무 큰 주제나 이슈이다. 진정한 변화는 우리 사회 전체의 몫인데도 개인이 자신의 몸을 던져 변화를 꾀하고 참혹한 고통을 당하게 되는 것이다. 그런 점에서 신고자는 억울하고 분할 수도 있지만, 사회의 구성원으로서 갖는 무한한 책무를 다한 것이라고 생각하고 행복해질 수 있는 방법을 찾아야 한다.

권익위 조사관 김영수 전 소령의 경우는 전사(戰死)에 준하는 국가유공자 훈장인 '보국훈장 삼일장'을 수상했음에도 불구하고, 내부고발로 인해 혹독한 보복을 당했다(≪동아일보≫, 2013.7.13). 그는 3군 통합기지인 계룡대 근무지원과장 시절 9억 4,000만 원의 국고가 낭비된 군납 비리를 폭로해 조직 내 불의와 투쟁한 용기를 인정받아 5년 뒤 그러한 큰 상을 받았다. 그러나 이후 그는 근무평정에서부터 징계를 받고 조직 내 압력을 받아 훈장을 받은 지 넉 달 만인 2011년 6월에 해군을 떠났다. 그는 그러한 불이익을 받게 될 것을 예상했는데도 내부고발을 선택한 것에 대해, 조직 내 암묵적인 거래를 묵인해 범죄자가 되고 싶지 않았고 그런 일로 자신의 청춘을 바꾸고 싶지 않았다고 했다. '군인은 생명을 걸고 일하는데, 생명을 담보로 원칙을 저버리는 군인을 가만 놔두는 나라는 정상이 아니다'라고 생각했다. 그는 당시 군인으로서 실측을 통한 보고서 대신 기존 사고를 참고한 '페이퍼 정비'로 인한 크고 작은 사고를 경험하면서, 비리를 묵인한 뒤 자신에게 돌아올 책임의 무게를 더 무겁게 느꼈다는 것이다.

그는 내부고발자로 사는 고단함을 줄이는 방법으로 역설적이게도, 내부고발에 자신의 생활을 저당 잡히지 말라고 충고한다. 조직의 이익을 위해 일하는 조직 구성원으로서의 자신과 본연의 자신으로서의 삶 간에 균형을 잃지 말라고 말한다. 내부고발로 인한 고단함을 일상의 한 부분으로 받아들이고 가족, 친구, 업무, 취미와 같은 삶의 다른 부분에도 충실하라는 것이다. 이러한 생각은 내부고발에 대한 사고의 전환이 필요함을 의미한다. 그의 말처럼 내부고발을 삶의 일부분으로 받아들이게 되면, 이에 대한 비애감이나 위험이 줄어들 것이며, 신고 이후에 감당해야 하는 현실의 무게도 조금은 가벼워질 것이다.

● 공익제보 이후, 제가 세웠던 모든 인생계획을 바로 잡느라 많은 시간을 허비했습니다. 너무나 사랑했던 분야에서 천직으로 생각했던 직업을 버려야 했고, 그것으로 모든 인생의 방향을 바꾸지 않으면 당장이라도 이 세상에서 사라져버릴 것만 같았습니다. 그리고 주홍글씨가 되어버린 공익제보자라는 타이틀은 아무 데서도 환영받지 못했습니다. 그래서 선택했던 것은 그동안 몸담았던 분야를 바꾸어야겠다는 것이었습니다. 다른 전공을 선택해서 학교를 다시 다니고, 그것으로도 모자라 도망치듯 미국 유학길에 올라 한국에 다시는 돌아오지 않을 방법까지 생각했었습니다. 그러나 지금은 한국에 돌아와서 제가 사랑했던 일에 대한 향수에 빠져 다시 그 일을 할 수 있는 방법을 연구 중입니다. 아직도 방황 중이라는 뜻입니다. 공익제보 이후 현재까지 7년여의 시간이 흘렀습니다. 그동안의 짧지 않은 시간의 방황으로 얻은 것보다 잃은 것이 훨씬 많습니다. 제보할 당시의 열정과 용기만 있다면 이 세상에서 아무것도 두려울 것 없이 어떤 일이라도 헤쳐 나갈 것이라고 생각하지만, 빨리 변하는 세상임에도 공익제보자의 꼬리표는 떨어지지 않는 것이 안타깝습니다. 공익제보를 준비하는 분들이라면, 공익제보가 이 세상을 조금 더 정의롭게 바꾸지만 그것에 대한 인식은 아직 그렇지 못하다는 것을 인지하셨으면 좋겠습니다. 그래서 모든 가능성을 열어두고 차분히 앞날에 대한 계획을 세우는 동시에 진행하시라고 조언해드리고 싶습니다. 왜냐하면 공익제보 이후의 삶은 현실로, 본인과 가족의 생계 문제와 직결되기 때문입니다. 그러면서도 선의가 이러한 현실적인 어려움 때문에 묻혀서는 안 된다고 생각합니다.

— L9 님

● 삶에서 추구하고 생각하는 바가 모두 같을 수는 없습니다. 그러나 나보다 못한 이를 생각하고 그들을 도우려고 하는 마음이 존재하는 한, 내부고발자는 힘든 고통 속에서도 인내할 수 있는 자신만의 강장제를 찾을 수 있을 겁니다. 취미생활이나 자신만의 생활을 시도해보기를 권합니다. _13 번

내부고발자의 자기보호를 위한 마지막 단계는 최악의 극단적 결과를 피하기 위해 필요한 부분이다. 이에 관한 전문가들의 조언을 들어보자.

피해 발생 단계에서의 자기보호

공익제보자가 마지막 단계에서 실천해야 할 것은 자기보호를 위한 노력이다. 최악의 극단적 결과를 막기 위해서이다. 제보 이후 겪는 피해는 주로 분노와 우울, 비애감으로 귀착된다. 신고자가 할 일은 이러한 감정적 찌꺼기의 처리이다. 보복을 당하는 공익제보자는 대부분 자살 충동을 경험한다. 자살 충동은 가해자에게 항의하려는 동기로 발생하기도 하고, 비참한 처지에 빠진 자신에 대한 동정심에서, 고통과 결별하기 위한 동기로서 경험하기도 한다. 이러한 충동에 빠지게 되면 적절한 방법을 제때에 찾기가 어려울지 모른다. 한 가지 분명한 것은, 한때의 자살 충동이나 자살 시도를 경험한 이들도 시간이 흘러서는 새롭게 의욕과 활기를 회복하고 생활하는 경우가 많다는 사실이다. 조직의 보복 조치와 같이 외부에 원인이 있는 경우 그것이 제거되면 자기 내적 문제가 있는 경우에 비해 더욱 쉽게 정상을 회복할 것으로 기대할 수도 있다. 특히 문제를 정상적으로 극복한 이들은 유능감이 증가하고 세상에 대한 이해의 폭이 깊어져 이전보다 원숙한 모습으로 사회생활을 더 활발히 해나가기도 한다.

피해가 극단화될 때 가장 흔히 채택하는 또 다른 대응은 주어진 상황에 적응하는 것이다. 거기에는 부정의 당사자에 대한 부분적 인정, 즉 그들 역시 나약한 인간의 하나로 이해해보려고 하는 노력을 포함해 그들에 의해 지배당하고 있는 정신의 영역을 다른 주제로 돌려보거나 그도 아니라면 그저 잊어버리려는 노력도 포함된다. 상황이 이쯤 되면 이미 몸이 여기저기 아프기 시작하고 신체 기능의 저하나 노화의 진전과 같은 상황이 진행되는 것을 느낀다. 따라서

이 단계에서는 불가피하게 자신의 몸을 돌아보고 병을 살펴야 할 필요를 느낀다. 하지만 문제는 이 단계의 공익제보자들이 제대로 된 자기 돌봄을 수행할 여유를 가지지 못하고 건강문제를 그저 겪을 수밖에 없다는 것이다.

스트레스 과정은 주로 신경정신과 영역이기 때문에 두통, 불면증, 우울 등 정서적 문제가 가장 먼저 나타난다. 짜증, 성마름의 단계를 넘어 가족에게 고통을 강요하기도 한다. 이러한 스트레스는 흔히 위장 질환 등 교감신경의 흥분과 연관된 문제로 나타나고 갑작스러운 실신이나 이와 연관한 사고를 경험하기도 한다. 연구자들은 스트레스가 암과 같은 중질환의 원인이 아닌가 끊임없이 의심한다. 혹은 각종 면역계 질환, 갑상선 질환이나 당뇨 등 성인병의 원인으로도 연구되고 있다. 하지만 수없이 많은 변수가 뒤엉킨 것이어서 그 모든 변수의 종합적 결과인 몸의 문제를 한두 가지 원인으로 연관 지어 설명하는 것은 옳은 방법이 아니다. 문제는 공익제보자들이 자신의 건강이 급속히 악화되고 있음을 느끼고 건강 불안을 경험하면서도 제때 효과적으로 대처하지 못한다는 점이다. 따라서 내 몸에 대한 배려와 계획은 사건의 진행 단계에 처음부터 포함시키고 계획적으로 대처할 필요가 있다.

— 신광식

보호 조치를 신청하자

보통 공익신고자는 해고되거나 동료들의 차가운 시선과 상사의 부당한 대우를 받는 것을 비롯해, 조직의 배신자로 낙인찍히고, 조직 내에서 '왕따'나 '불이익 조치'를 당한다. 하지만 동료들은 이를 묵인하거나 동조하는 것이 현실이다. 나아가 공익신고자 가족에게까지 피해를 주는 조직의 보복행위가 이루어지기도 한다. 부당한 해고를 당한 경우, 그동안 수집한 자료를 바탕으로 권익위에 보호 조치를 신청하거나 지방노동위원회에 부당해고 등 구제 신청을 하자. 여기서 보호 조치나 부당해고 등 구제 신청은 불이익 조치가 발생한 날(불이익 조치가 계속된 경우 그 종료일)로부터 3개월 이내에 신청해야 하며, 만약 신청 기간이 지나 신청한 경우에는 각하 사유에 해당하여 보호나 구제 조치를 받지 못할 수도 있다는 점에 유의하자.

신변보호 조치를 요구하자

공익신고자 등과 그 친족이나 동거인은 공익신고 등을 이유로 생명·신체에 중대한 위해를 입거나 그럴 우려가 명백한 경우 권익위에 신변보호 조치를 요구할 수 있고, 권익위에서는 경찰관서(경찰청, 지방경찰청, 경찰서, 지구대, 파출소, 출장소 등)의 장에게 신변보호 조치를 요청할 수 있다. 권익위의 요청을 받은 경찰관서 장은 권익위와 협의를 거쳐 '특정범죄신고자 등 보호법 시행령' 제7조에 따른 신변안전 조치 등 필요한 조치를 하고, 지체 없이 그 사실을 권익위에 통보해야 한다.

'공익신고자 보호법'상 '특정범죄신고자 등 보호법' 준용 근거

제11조(인적사항의 기재 생략 등) ① 공익신고자 등이나 그 친족 또는 동거인이 공익신고 등을 이유로 피해를 입거나 입을 우려가 있다고 인정할 만한 상당한 이유가 있는 경우에 조사 및 형사절차에서 '특정범죄신고자 등 보호법' 제7조, 제9조부터 제12조까지의 규정을 준용한다.

② 공익신고자 등이나 그 법정대리인은 조사기관 또는 수사기관에 제1항에 따른 조치를 하도록 신청할 수 있다. 이 경우 조사기관 또는 수사기관은 특별한 사유가 없으면 이에 따라야 한다.

_ 이철재

내부 해결의 가능성을 타진하라

외부에 고발하기 전 내부적인 문제 제기나 항의, 부당한 명령의 거부, 문제 개선을 원하는 동료와 합심하기 등의 길이 아직 남아 있을 수 있다. 외부에 고발하는 사례보다 훨씬 더 많은 사안이 이러한 내부적인 문제 제기를 통해 이루어질 수 있기 때문이다. 이러한 선택은 근본적인 해결이 아닌 일시적 미봉책으로 끝날지도 모른다. 하지만 그럴 경우에 마지막으로는 외부에 공익제보를 결행하는 수단이 여전히 남아 있기 때문에 내부적인 해결 노력은 여전히 시도해보아야 할 것이다.

_ 신광식

내부고발자에게 가장 중대한 관심사는 신고자 비밀보장과 신분노출 시 발생할 수 있는 불이익으로부터의 보호 여부로, 이는 곧 조직에서의 생존 문제와 직결된다. 권익위가 기존의 막강한 권한을 가진 수사기관과 감사기관에 비해 조사권이나 활동 영역 등에 많은 제약이 있는데도 존재 가치가 있는 가장 큰 이유는 신고자 보호라는 독특한 기능에 있다. 수사기관과 감사기관이 피신고자와 신고자를 모두 조사할 때는 사실 확인을 위한 대질심문으로 인해 신분노출 위험과 함께 상대방에 의해 비밀누설 및 무고죄로 피소될 가능성을 완전히 배제할 수 없다. 하지만 권익위는 신고자를 뒤에 숨긴 채 신고 내용을 토대로 조사관이 피신고자의 범죄 사실 입증을 위한 증거 자료 수집과 법률 위반행위를 특정한 뒤 권익위의 이름으로 수사기관 등에 신고를 대신하는 기능(이첩)을 수행한다.

실제로 권익위가 이첩한 신고 사건을 처리하는 수사기관 등에서는 사건 해결을 용이하게 하기 위해 신고자의 출석이나 공개를 요구하기도 하지만, 신고자 본인이 동의하지 않는 한 권익위는 신고자를 공개하지 않으며, 수사기관의 추가 자료 요구는 권익위 조사관을 통해서만 가능하다. 이로 인해 신고자는 신고 내용이 허위라는 사실을 알면서도 신고한 경우가 아니라면 '권익위법'에 의한 보호를 통해 철저히 비밀보장, 신분보장, 신변보호 등을 받을 수 있다. '권익위법' 제87조에 따르면 권익위 조사관은 업무처리 중 알게 된 비밀을 누설할 경우 5년 이하의 징역 또는 3,000만 원 이하의 벌금에 처해지므로, 조사관은 실제 신고 사건을 처리함에 있어 신고자 노출 방지를 위해 극도의 주의를 기울이게 된다. 따라서 권익위에 신고를 함으로써 신고자의 신분이 드러나게 되는 경우는 없거나 매우 드물다.

> '권익위법'
> 제30조(비밀누설의 금지) 위원회의 위원, 전문위원 또는 직원이나 그 직에 있었던 자 및 위원회에 파견되거나 위원회의 위촉에 의하여 위원회의 업무를 수행하거나 수행했던 자는 업무처리 중 알게 된 비밀을 누설하여서는 아니 된다.

제87조(업무상 비밀누설죄) 제30조에 위반하여 부패방지 업무처리 중 알게 된 비밀을 누설한 자는 5년 이하의 징역 또는 3천만 원 이하의 벌금에 처한다.

또한 권익위에서 신고자 보호업무를 전담하는 조사관은, 신고 이후 내부고발자나 협조자에게 발생할 수 있는 소속 기관의 색출 행위나 각종 위협과 불이익의 위험에 대해 개인 차원이 아니라 권익위와 공동으로 조직적이고 체계적으로 대응하게 된다. 권익위의 보호 조사관은 내부고발자에게 신고자 보호와 관련된 각종 상담과 정보를 제공하며, 소속 기관의 신고자 색출 행위에 대해 '권익위법' 제64조 및 시행령 제69조에 따라 금지되는 행위임을 안내하여 사전에 내부고발자의 신분이 노출되는 것을 방지하고, 신분이 공개된 경우에는 그 경위를 확인해 관련자에 대해 징계 등 필요한 조치를 요구함으로써 소속 기관이 신고자 보호에 동참하도록 유도한다.

최고의 보호는 내부고발자의 신분에 대한 비밀보장이며, 신분노출이 없다면 추가적인 신분보장이나 신변보호 등은 필요치 않게 된다. 권익위 조사관 입장에서 신고자 보호는 유리잔을 다루는 것과 같다. 깨진 유리잔은 아무리 잘 붙인다 해도 원 상태보다 나아질 수 없기 때문이다. 이를 위해 신고자와 조사관 간의 협력이 절실하다.

권익위가 신고자 보호를 위해 만든 강력한 법적 보호장치 중의 하나가 불이익 추정 규정이다. '권익위법' 제63조에 따르면 신고자는 '권익위법'에 따른 신고를 한 뒤 불이익을 받은 경우 이의 원상회복 등을 위해 권익위에 요구하거나 법원에 소를 제기할 경우 해당 신고와 관련 불이익을 당한 것으로 추정한다. 이에 따라 내부고발자가 소속 기관에서 불이익을 받았다면, 신고자가 자신이 받은 불이익이 신고로 인한 것임을 증명할 필요 없이 소속 기관이 해당 불이익이 신고로 인한 것이 아님을 증명해야 하며, 이를 증명하지 못할 경우 신고로 인해 불이익을 준 것으로 간주된다. 이러한 입증 책임의 전환은 상대적으로 약자일 수밖에 없는 내부고발자의 보호와 권익 신장을 위해 꼭 필요하다.

— 박정만

▌참여연대 공익제보자 10대 행동 수칙의 내용 중 신고 이후의 단계에 관한 내용을 소개한다.

법률적 분쟁이 발생할 수 있음을 감안해야 한다

양심의 호루라기를 불면 문제가 곧 해결될 것이라는 성급한 판단은 금물이다. 내부고발자는 비리를 저지른 조직이나 당사자가 영향력 있는 변호사를 선임하고 법률적 분쟁에서 조직적·체계적 대응에 나선다는 점을 유념해야 한다. 이는 그간의 공익제보자 사례를 통해서도 확인된 바다. 이 때문에 참여연대는 무조건적인 공익제보 권유보다는, 오히려 공익제보를 찬찬히 생각해 신중하게 행동할 것을 권한다. 이러한 방침을 갖게 된 이유는 아무래도 그간의 많은 제보자를 상대하며 제보 후 개인을 덮치는 후폭풍이 그만큼 크다는 것을 알고 있기 때문이다. 그럼에도 불가피하게 공익제보가 필요하다고 본인이 결심하는 경우, 매일매일 기록을 남길 것, 주장하고자 하는 내용을 명확히 정리할 것, 최대한 증거를 확보할 것, 도움을 줄 시민단체·언론사·국회의원 등을 알아볼 것, 전문가의 조언을 구할 것 등 그만큼 치밀하게 준비할 것을 권한다. 내부고발의 안전성, 신뢰성을 최대한 높이라는 것이다.

— 명광복

▌내부고발자의 건전한 태도는 계획을 기민하게 짜는 것만큼이나 중요하다. 내부고발자가 직면하는 지속적이고 부정적인 압력은 이들의 자존감을 훼손하고, 판단을 흐리게 하며, 모든 사건에 대해 피해 망상적으로 행동하게 할 수 있다. 조직은 당신을 보잘 것 없는 사람, 불합리하고 불안정하며 문제가 있는 사람이라고 낙인찍으면서 상황을 악화시킬 수 있다. 이는 당신 인생의 외부에서 경험하게 되는 가장 험악한 모험이 될 수 있다. 여기서 성공하려면 당신은 침착함과 꾸준함을 유지해야 한다. 이와 관련해 다음과 같은 사항을 제안한다.

중심을 잡아라

대부분은 스스로에게 진실하고자 내부고발을 한다. 하지만 익명의 핫라인 정보 제공자들을 제외하면, 대부분 단순한 사건으로 끝나지 않는다. 내부고발은 강렬한 파동이 있는 위험이고, 그것이 무엇인지를 예상할 수 없는 마라톤이다. 이러한 결합은 당신이 전 과정에 걸쳐 스스로에게 진실한 태도를 유지하기 위해 열심히 노력할 필요가 있음을 의미한다. 당신의 마음과 정신이 보복의 오염으로 더렵혀지지 않게 정기적으로 묵상하라. 그리고 중심을 잡아라.

당신의 가치를 인정하고 유머 감각을 유지하라

안정감과 심지어 웃음을 유지하는 것이 필수적이다. 화로 부글거리거나 두려움으로 산만해지는 것은 자기파괴적일 수 있다. 당신은 이미 이러한 사건이 위험한 롤러코스터의 경험이 될 것임을 알고 있다. 그러므로 최종 진행 상황이 어떻게 되든 장기간 스스로를 사건으로부터 분리해서 바라보고, 중심을 잡고, 침착함과 자신감을 갖도록 자신을 훈련시키고 준비하도록 노력하라. 당신이 감수하고 있는 그 실제적인 위험들을 존중하는 한편, 두려움에 대해 웃는 것, 기존 관점을 유지하는 것, 이 모두가 사건에 의해 지배당하지 않는 좋은 방법이다. 스트레스와 두려움은 사람을 매우 고단케 하는 것들일 수 있다. 당신은 최선의 성과를 위해 자신의 모든 에너지를 사용할 필요가 있다. 고통 그리고 두려움과 더불어, 당신 인생을 주도하는 것에 대한 본질적인 진정한 만족 또한 존재한다. 당신이 자신의 가치들을 실현하며 살고 있다는 것을 아는 것에서 오는 자존감을 즐겨라. 이는 많은 내부고발자들에게 거울을 볼 수 있는 것과 같다. 자신에게 진실한 것의 영적 혜택에 초점을 맞춰라. 당신은 당신에게 대항하는 모든 개인적 공격과 이러한 공격을 액면 그대로 믿는 사람들로부터 오는 적개심 간에 균형을 맞추기 위한 기반이 필요할 것이다.

당신의 관점을 유지하라

내부고발의 원인에 지나치게 집착하지 마라. 내부고발은 시간이 지남에 따라 당신의 인생을 소모하고 당신과 당신의 신뢰성을 파괴할 수 있다. 취미 또는 자원봉사 프로젝트 등을 통해 일정한 관점을 유지하라. 그와 동시에 직업적 보복이 당신이 가족을 재정적으로 지원할 능력을 감소시킬 수도 있지만, 이는 당신의 사랑하는 이들에게 더 많은 시간과 에너지, 지지를 줄 수 있는 기회이기도 하다. 이러한 모든 접근 방법을 통해 당신은 보복의 위기를 개인 성장을 위한 유일한 기회로 변화시킬 수도 있을 것이다.

보복과 감시를 예상하라

당신의 태도가 얼마나 건강하든, 당신의 접근 방식이 얼마나 건설적이든, 당신의 최종적인 정당성이 얼마나 완전한 것이든, 특정한 형태의 괴롭힘에 직면하는 것은 내부고발자들에게 예외적이기보다는 필연적인 것이라고 할 수 있다. 심지어 가장 긍정적인 연구들도 내부고발의 승산이 러시안룰렛보다도 낮다는 것을 증명해왔다. 그리고 일부는 내부고발자 중 90% 이상이 보복을 당한다는 사실을 발견했다. 당신이 정부 감시의 대상이라는 사실을 발견하는 것은 매우 당황스러운 일일 것이다. 그러나 그것이 당신이 감당해야 할 영역임은 더 이상 의심의 여지가 없다. 따라서 이러한 것들이 당신을 위협하는 것들이 되지 않게 하라. 아마도 종종 당신의 감시자는 당신이 감시당하는 것을 알고 두려움과 스트레스의 유발로 실수하기를 원할 것이다. 누군가가 자신을 지켜보고 있다는 것을 내부고발자가 알 때, 이러한 우려를 다루는 가장 좋은 방법은 전화나 대부분의 이메일 서비스들과 같이 안전이 보장되지 않은 채널들을 통해 자신의 정보를 제공하는 것에 대해 주의하는 것이다. 물론 기능적으로 자신의 통신 활동을 감시하는 것을 허락하지 않으면서 말이다. 한 가지 효과적인 전술은 양측이 민감한 정보를 나눌 때 통화자를 알 수 없는 휴대폰만 사용하는 것이다. 한편으로 감시를 오히려 당신에게 유용하게 만들어라. 민감한 청취자에게 허위 정보를 전달하거나 전략적인 경고를 보낼 수도 있다. 민감한 정보를 무심코 쉽게 발견할 수 있는 장소에 남기지 않게 주의하라. 즉, 사무실 재활용품이나 쓰레기, 보안이 되지 않는 컴퓨터 파일, 업무 관련 메일 등에 그러한 정보를 남기지 말아야 한다. 감시를 당할 수 있다는 전제하에 활동하고 적절히 주의를 기울인다면, 상대의 그런 노력은 헛된 것으로 그칠 수 있다. 이러한 것들을 전략적으로 멋지게 해낸다면, 감시는 오히려 감시자에게 역효과를 안겨줄 것이다.

개인적 지지 네트워크를 개발하라

앞서 말한 교훈들은 그것이 당신의 내부고발 결과에 당신의 증거의 강력함, 당신의 법적 지원팀의 질, 당신 전략의 기민함, 또는 당신의 협력자들의 힘보다 도 더 중대한 것이 될 수 있음을 보여준다. 효율성의 측면에서 가장 중요한 것은 당신이 지속적인 또는 장래의 증인들과, 협력자들, 그리고 일반 대중에게 언제나 신뢰성을 쌓아가는 것이다. 최고의 상태를 유지하는 당신의 능력은 필수적이나, 중압감과 압력은 당신을 최악의 상태로 몰고 갈 가능성이 더 높다. 그리고 만약 당신이 증인이나 공인으로서 견딘다고 해도, 스트레스는 당신이 사랑하는 사람들을 향한 당신의 행동에 심각한 영향을 미칠 것이다. 이는 당신의 개인적인 힘의 한계에 대한 중대한 테스트이다. 이는 당신이 자기 내부에 있는 개인의 힘을 모두 합한 것보다 더 많은 것을 필요로 하게 될 것이라는 사실을 의미한다. 당신은 당신에 대해 마음을 쓰는 사람들과 당신의 폭로로 혜택을 받게 되는 사람들의 힘을 필요로 할 것이다. 이는 가족, 법률가, 친구, 동료, 협력하는 시민운동가, 정치적 또는 위험 속에서 당신이 의지할 수 있다고 믿고 있는 기타 '천사'들에게서 얻은 신뢰의 관계를 바탕으로 지지 네트워크를 유지할 필요가 있을 것이다. 전문적인 도움은 견고한 투자이다. 미국 GAP과 기타 비영리단체들은 과거 내부고발자들이 도움이 필요한 경우 이들을 지원하는 멘토링 프로그램을 조직해왔다.

내부고발은 인생 최대 또는 최악의 결정 중 하나이다. 이러한 위험과 더불어 최대한 준비하는 것이 중요하다. 눈이 먼 상태에서 날아가는 것은 산과 충돌하려는 것과 마찬가지이다. 당신은 정기적으로 새로운 장애물들에 직면할 것이다. 이러한 일생의 도전은 반복적으로 어려운 시험을 통과해야 한다는 것을 의미한다. 그러나 위의 모든 교훈들은 이들을 사용해 시험을 통과하거나 실패했던 내부고발자들로부터 얻어진 고통스럽고 고무적인 가르침들이다. 위험을 감수하기 전에 당신의 과제를 수행하라. 그리고 이러한 교훈들을 실천하라. 만약 전략적으로 사용된다면, 그 어느 것도 진실보다 강력한 것은 없다는 것을 깨닫게 될 것이다.

— 탐 디바인

많은 내부고발자들이 그들의 우려를 제기함으로써 고난을 당했다는 것을 알지만, 그것이 그저 나쁜 소식만은 아니다. 우리는 지금까지 1만 6,000명 이상의 내부고발자들에게 조언을 했다. 조언을 위해 전화한 그들은 내부고발 여정의 다양한 시점에 있었다. 조직에서 잘못이 행해지는 것을 처음 본 상태일 수도 있고, 그들이 여러 곳에서 이 문제를 이미 오래전에 제기한 상태일 수도 있으며, 그 결과로 피해를 당해서 법적 조언을 구하는 상태일 수도 있다. 2013년, 우리는 그리니치 대학(University of Greenwich)과 함께, 우리가 연락했던 이들이 직면했던 공통적인 경험을 파악하기 위해 통화 자료들을 조사하기로 결정했다. 약 1,000여 통을 분석해본 결과는 다음과 같았다.

- 직장인들의 83%는 적어도 두 번, 보통 내부적으로 고발을 한다.
- 내부고발자들의 15%는 외부적으로 우려를 제기한다.
- 내부고발자들의 74%는 부정행위에 대해 시정된 것이 없다고 말한다.
- 내부고발자들의 60%는 경영진에게서 부정적이든 긍정적이든 응답을 받지 못한다.
- 가장 흔한 응답은 보복 경험이다(징계 또는 강등, 19%).
- 내부고발자들의 15%는 해고된다.
- 상위직 내부고발자들은 해고당할 확률이 상대적으로 높다.
- 신규 고용인들이 내부고발을 할 가능성이 상대적으로 높다(39%가 경력이 2년 미만이었다).

이는 직장에서 문제를 제기하는 것이 소용이 없거나 왜 많은 이들이 그것을 위험하다고 생각하는지에 관한 이유를 보여준다. 가장 놀라운 사실은 해당 경로나 중간 경영진이 우려를 조기에 효과적으로 다루고 내부고발자를 보호하는 기회들을 치명적으로 놓치고 있다는 것이다. 직장인들이 자신의 의견을 말할 때 염려하는 것은 바로 경영진이 이를 듣지 않을 것이라는 점이다.

내부고발자는 더욱더 광범위하게 우려를 제기할 선택권이 있다. 의회의 지역의원을 통하거나 미디어와의 접촉을 포함한다. 내부고발자가 법적 보호를 활용할지를 결정하기 위해, 고용 법원은 공익과 고용주 사이의 균형을 고려할 것이며, 해당 직원이 선택한 방법으로 자신의 우려를 제기한 것이 객관적으로 합리적인지를 또한 고려할 것이다. 이는 종종 길고 상당히 지루한 과정이다.

영국의 '공익신고자 보호법(Public Interest Disclosure Act, 1998)'은 공공, 민간, 자원봉사 부문에서 일하는 직원들에게 종합적인 보호를 제공한다. 보호받는 직원에는 계약자, 하청 계약자, 대리점 직원들도 포함된다. 내부고발은 그 자체로 해당 법의 보호를 유발하지는 않는다. 만약 직원이 자신이 생각하기에 내부고발로 인해 피해나 손해를 당했다면, 보상금을 받기 위해 고용 법원에 소송을 제기할 수 있다. 성공적인 내부고발 청구에서 피해의 한계는 없다 (2013년 불공정해고에 대한 최고 보상액은 7만 4,200파운드였다). 부당해고가 된다면 애로 사항의 중간 경감을 위해 고용 법원에 7일 내에 소송을 제기할 권한을 갖는다. 중간 경감의 원칙하에 고용 법정은 청구인이 전체 공판에서 성공할 가능성이 있다고 파악한다면, 다음을 명령할 수 있다.

- 복직: 해당 고용인은 해고된 적이 없는 것처럼 대우받아야 한다.
- 고용: 해당 고용인은 비록 필수적으로 동일 업무나 동일 고용조건으로 고용될 필요는 없으나 재고용되어야 한다.
- 고용계약의 일시적 지속: 해당 계약이 클레임이 해결될 때까지 지속된다.

해당 법률하에서 직장인들이 부정행위 및 위험에 대해 의견을 말하지 못하게 하는 조항들은 비록 합의동의서 및 기타 형식으로라도 효력이 없다. '공익신고자 보호법'에서 제공하는 권리들에 대해 함구 조항은 직원들에게 혼동을 준다. 미디어 역시 사용자들이 함구 조항을 내부고발자들을 침묵시키기 위한 수단으로 전 분야에 걸쳐 광범위하게 사용한다고 보도한다.

'기업 및 규제 개혁법(Enterprise and Regulatory Reform Act, 2013)'은 '공익신고자 보호법'에 많은 변화를 가져왔다. 고용주들이 내부고발에 대해 고용계약을 위반할 경우에 내부고발자가 어려운 입장에 처하게 되는 문제를 제거하기 위해 공익 테스트를 도입했다. 내부고발자가 '선의'로 행동하고 있음을 증명해야 하는 요구 사항은 '책임'에서 완화되었으며, 이는 만약 한 직원이 '악의'로 우려를 제기한 것으로 밝혀졌다 해도, 여전히 보상을 요구하는 소송에서 성공할 수 있으나 보상액의 수준이 25%까지 줄어들 수 있음을 의미한다.

2013년 11월, 영국에서 내부고발의 미래를 논의하기 위한 전문가 패널이 구성되고 내부고발자위원회의 리포트가 발행되었다. 이 위원회는 보상이 법적 보호의 대체물이 아니며, 내부고발자들이 보수, 승진, 기타 인식체계를 통해 보상을 받는 것이 더욱 바람직하다는 의견을 내놓았다.

법은 단지 절반의 해결책이다. 내부고발을 지지하기 위한 정치적이고 조직적인 의지가 필요하다. 이것이 부족한 곳에서는 최선의 법조차 내부고발자로 하여금 자기 의견을 말하도록 북돋는 데 실패할 수 있다. '직장과 공적 관심(PCaW)'은 내부고발을 투명성을 촉진하는 긍정적인 책임 장치로 홍보하고, 재앙을 피하기 위해 부정행위를 중단하라고 조직들을 향해 끊임없는 캠페인을 진행해왔다. 우리는 시민사회운동을 하고 있으나, 더욱더 필요한 것은 정부의 리더십이다.

— 캐시 제임스

"세상은 살기 위험한 장소이다. 이는 악한 사람들 때문이 아니라 이에 대해 아무것도 하지 않는 사람들 때문이다." 이는 아인슈타인(Albert Einstein)이 사회적 도덕성에 관해 한 말이다. 내부고발자 보호를 위한 영국의 비영리단체인 '직장과 공적 관심(PCaW)'의 사무총장인 캐시 제임스 변호사는 내부고발자에 대한 사회적 태도 변화가 그들의 용기를 북돋고, 분명 많은 변화를 가져왔지만, 여전히 내부고발자들이 불이익에 직면한다는 사실을 부정할 수는 없다고 말한다. 그럼에도 부정을 공개하는 행위는 생명을 구하고, 국가재정이 올바로 쓰이게 하며, 조직의 이미지가 더 훼손되는 것을 방지할 것이다.

내부고발자 보호를 위한 미국의 NGO인 정부책임프로젝트(GAP)의 법률 자문 담당 변호사인 탐 디바인은 내부고발에 대해 당사자가 최선의 판단이자 전적인 집중력과 헌신으로 실행해야 할 결정이라고 했다. 좋든 싫든 내부고발은 말 그대로 당신 인생의 모험이라 할 수 있다는 것이다. 그의 말대로 내부고발자에게 한 가지 확실한 것은 내부고발 후 삶이 결코 이전과 같을 수는 없을 것이라는 점이다. 하지만 사회가 더디기는 하나 한 걸음씩 앞으로 나아가는 과정에서, 내부고발은 우리 사회가 나아갈 방향을 알려줄 것이다.

제 4 장

한국의 보호·보상제도와 사례

1 한국의 보호 · 보상제도

한국에서는 2002년 1월 25일부터 공직사회 부패행위 내부고발자 보호를 핵심으로 하는 '부패방지법'(현 '부패방지 및 국민권익위원회의 설치와 운영에 관한 법률')이 시행되고 있다. 또한 2011년 9월 30일부터는 민간 분야의 공익침해행위 신고자를 보호하기 위한 '공익신고자 보호법'이 시행되고 있다. 이러한 법률은 내부고발자를 보호하는 데 현실적으로 가장 기본적이고 유용한 수단이라는 점에서, 내부고발을 생각한다면 자신의 행위가 법령의 테두리 내에서 어느 정도 보호받을 수 있는지 파악해보는 것이 중요하다. 여기서는 조직 구성원이 조직 내에서 벌어진 불법행위를 신고할 때 이 두 가지 법률이 어떻게, 그리고 얼마나 보호를 제공하는지 알아보며, 이를 위해 각 법률의 핵심 내용을 정리하고 관련 사례도 살펴본다.

2 부패방지 및 국민권익위원회의 설치와 운영에 관한 법률 (권익위법)

2'1 신고자가 보호받기 위한 요건

2'1'1 신고 대상

내부고발자가 법적으로 보호 및 보상을 받기 위해서는 법에서 규정한 신고 대상, 방법과 절차에 따라 신고해야 한다. '권익위법' 제2조 제4호에서는 신고 대상을 부패행위로 규정한다.

> 제2조(정의) 이 법에서 사용하는 용어의 뜻은 다음과 같다.
> 4. "부패행위"란 다음 각 목의 어느 하나에 해당하는 행위를 말한다.
> 가. 공직자가 직무와 관련하여 그 직위 또는 권한을 남용하거나 법령을 위반하여 자기 또는 제3자의 이익을 도모하는 행위
> 나. 공공기관의 예산 사용, 공공기관 재산의 취득·관리·처분 또는 공공기관을 당사자로 하는 계약의 체결 및 그 이행에 있어서 법령에 위반하여 공공기관에 대하여 재산상 손해를 가하는 행위
> 다. 가 목과 나 목에 따른 행위나 그 은폐를 강요, 권고, 제의, 유인하는 행위

2008년 권익위에서 발간한 『부패신고자 보호·보상제도 안내』 책자에서는 예시를 통해 부패행위를 몇 가지로 구분해 소개한다(국민권익위원회, 2008: 11~13).

'권익위법' 제2조 제4호 '가' 목에 해당하는 부패행위 예시

- 직무 유기

불법 하도급 묵인, 불법 건축물 및 용도 변경 사실 묵인, 폐수 무단 방류 적발 후 묵인, 골재 불법 채취 및 불법 매립 등 묵인, 각종 정부 계획 등의 정보 누설, 각종 범칙행위 단속 후 미통보 등

- 직권 남용

인사기록카드 조작, 직원 동원 계량기 조작, 직위 이용 협박 및 금품 갈취 등

- 뇌물 수수

요식업 등 단속, 건축허가 · 준공검사, 세금, 납품, 토지분할 · 농지취득 등 관련 서류 조작, 공장 설립 허가, 관급 공사, 정부지원금 지원, 시설 증축 및 용도 변경, 각종 수의계약 등과 관련한 뇌물 수수 등

- 공문서 허위 작성 및 공금 횡령

자재 구입 대금, 영농자금 · 대출자금 등 각종 정부지원금 , 산업재해 등 각종 보상금, 업무추진비 등과 관련한 허위 공문서 작성 및 공금 횡령 등

'권익위법' 제2조 4호 '나' 목에 해당하는 부패행위 예시

- 각종 보조금 편취

복지시설 운영자가 실제 근무하지 않는 직원의 인건비를 지급한 것처럼 하고, 수용 인원을 늘려 신고하거나 각종 소요 경비를 과다 계상하는 수법으로 보조금을 공공기관에 부당하게 청구하는 행위

- 납품 비리

방위산업체가 국방부에 군수물자를 납품하면서 하도급업체와의 이중 거래명

세서 작성 등을 통해 납품 원가를 조작해 부당 이득을 취하는 행위

- 건강보험 부정 청구

가짜 진료카드를 작성하는 등 위법 · 부당한 방법으로 건강보험관리공단으로부터 의료비를 부정 청구하는 의료기관의 행위

- 기타

회계서류를 위조하는 등 위법 · 부당한 방법으로 공적자금을 지원받는 행위, 정부 또는 지방자치단체로부터 발주받은 건설공사를 시행하면서 설계를 위반하여 부실시공을 하는 건설회사의 행위, 관련 서류를 위조하여 위법 · 부당한 방법으로 벤처기업으로 지정받고 정부로부터 보조금을 수령하는 행위 등

2' 1' 2 신고 주체 및 방법

신고 대상 부패행위를 발견하게 되었을 때 누가 신고하면 법적으로 보호받을 수 있을까? '권익위법' 제55조, 제56조, 제58조에 따르면 누구든지 부패행위를 알게 된 때에는 이를 권익위에 신고할 수 있다. 특히 공직자는 그 직무를 행함에 있어 다른 공직자가 부패행위를 한 사실을 알게 되었거나 부패행위를 강요 또는 제의받은 경우에 지체 없이 이를 수사기관, 감사원 또는 권익위에 신고해야 할 의무가 있다. 피신고자가 소속된 공공기관에 신고하거나 소속된 기관 · 단체 또는 기업 등을 지도 · 감독하는 공공기관에도 신고할 수 있다. 이러한 부패행위를 신고할 때에는 신고자의 인적사항과 신고 취지 및 이유를 기재한 기명의 문서로써 해야 하며, 신고 대상과 부패행위의 증거 등을 함께 제시해야 한다. 다만 신고자가 신고의 내용이 허위라는 사실을 알았거나 알 수 있었음에도 불구하고 신고한 경우에는 보호를 받을 수 없다. 법률에서 '누구든지' 신고할 수 있다고 규정했듯이, 신고 대상에는 내국인뿐만 아니라 외국인도 포함된다. 물

론 이 경우에도 내국인과 같은 보호 및 보상을 받는다. 내부자뿐만 아니라 외부자, 일반 시민 역시 신고의 주체가 될 수 있다.

2.2 신고 처리

권익위가 신고를 접수했을 때 신고 처리 절차 및 방법에 관해서는 '권익위법' 제59조부터 제61조가 자세히 규정한다.

2.2.1 조사기관 이첩 및 처리

권익위는 접수된 신고 사항에 대해 신고자를 상대로 신고자의 인적사항, 신고의 경위 및 취지, 이유와 함께 부패행위에 해당하는지 여부, 신고 내용을 증빙할 수 있는 참고인 또는 증거 자료 등의 확보 여부, 권익위에 신고하기 전 다른 기관에 동일 내용으로 신고·고소·고발 또는 진정 등을 했는지 여부, 신고자가 권익위의 처리 및 조사기관의 감사·수사·조사 과정 등에서 그 신분을 밝히거나 암시하는 것에 동의했는지 여부 등을 확인할 수 있다. 또한 접수된 신고 사항에 대해 조사가 필요한 경우 이를 감사원, 수사기관 및 해당 공공기관의 감독기관(감독기관이 없는 경우에는 당해 공공기관, 이하 '조사기관'이라 함) 중 하나에 이첩해야 한다. 이때 조사기관이 권익위로부터 이첩받은 신고 사항을 다른 기관에 재이첩하는 것은 제한된다. 다만 국가기밀이 포함된 신고 사항에 대해서는 대통령령이 정하는 바에 따라 처리한다. 조사기관은 감사·수사 또는 조사 결과를 권익위에 통보하며, 권익위는 조사기관에 대한 재조사 요구 여부, 제도 개선 필요 여부 결정, 관련자 징계 필요시 해당 기관에 통지, 신고자 등 이해관계인에게 결과 통보 등의 방법으로 조사 결과를 처리한다.

그림 4-1 **부패행위의 신고 접수 및 처리 절차**

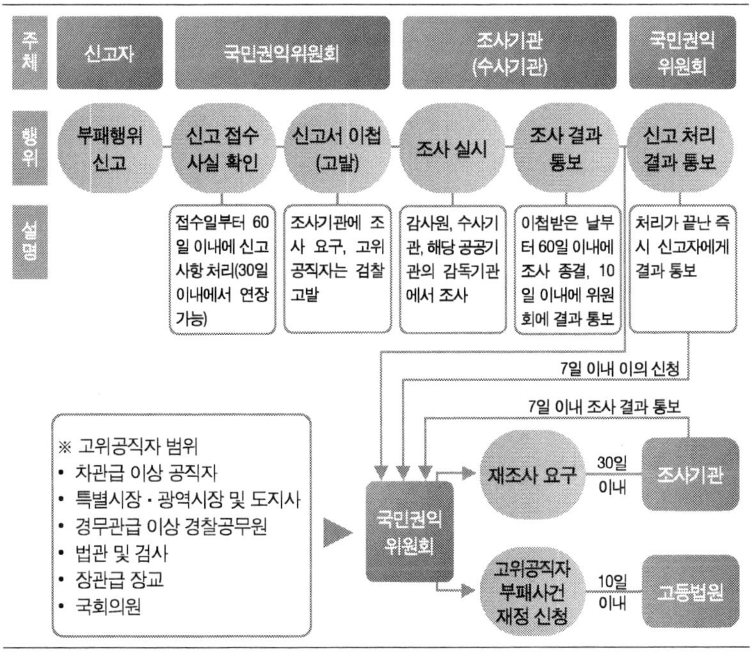

자료: 국민권익위원회(2008: 21).

2' 2' 2 검찰 고발 및 처리 절차

부패행위의 혐의 대상자가 고위공직자(차관급 이상의 공직자, 특별시장 · 광역시장 및 도지사, 경무관급 이상의 경찰공무원, 법관 및 검사, 장관급 장교, 국회의원)로서, 혐의 내용이 형사처벌을 위한 수사 및 공소 제기의 필요성이 있을 때에는 권익위 명의로 검찰에 고발해야 하며, 검찰은 수사 결과를 권익위에 통보해야 한다. 권익위는 검찰이 기소하지 않을 경우, 그 검사 소속의 고등검찰청에 대응하는 고등법원에 그 당부에 관한 재정을 신청할 수 있다. 그림 4-1은 부패행위의 신고 접수 및 처리 절차를 보여준다.

2' 3 보호제도

'권익위법' 제62조부터 제64조는 부패행위 신고자의 보호를 신분보장, 불이익 추정, 신변보호로 나누어 규정한다.

2' 3' 1 신분보장 및 경제적 · 행정적 보장

'권익위법'에 따르면 누구든지 이 법에 의한 신고나 이와 관련한 진술, 그 밖에 자료 제출 등을 한 이유로 소속 기관 · 단체 · 기업 등으로부터 징계 조치 등 어떠한 신분상 불이익이나 근무조건상의 차별도 받지 않는다. 만약 신고를 이유로 신분상 불이익이나 근무조건상 차별을 당했거나 당할 것으로 예상될 때에는 권익위에 해당 불이익 처분의 원상회복 · 전직 · 징계의 보류 등 신분보장 조치와 그 밖에 필요한 조치를 요구할 수 있으며, 신고로 인허가 등의 취소, 계약의 해지 등 경제적 · 행정적 불이익을 당했을 때에는 권익위에 원상회복 또는 시정을 위해 인허가 · 계약 등의 잠정적인 효력 유지 등 필요한 조치를 요구할 수 있다.

권익위는 이러한 요구가 있을 경우 조사에 착수해야 하며, 조사 결과 신고자의 요구 내용이 타당하다고 인정될 때에는 요구자의 소속 기관이나 관계 기관의 장, 또는 요구자가 소속한 단체 · 기업의 장에게 적절한 조치를 요구할 수 있다. 이때 권익위로부터 요구를 받은 소속 기관의 장 등은 정당한 사유가 없는 한 이에 따라야 한다.

공직자인 신고자가 권익위에 전직, 전출 · 전입, 파견근무 등의 인사에 관한 조치를 요구한 경우, 그러한 요구 내용이 타당하다고 인정될 때 권익위는 인사혁신처장 또는 관련 기관의 장에게 필요한 조치를 요구할 수 있다. 이때 인사혁신처장 또는 관련 기관의 장은 이를 우선적으로 고려해야 하며, 그 결과를 권익위에 통보해야 한다. 또한 권익위는 신분상 불이익을 주거나 근무조건상 차별을 한 자에 대해 징계권자에게 징계 요구를 할 수 있고, 1,000만 원 이하의 과태료를 부과할 수 있다. 신분상 불이익을 주거나 근무조건상 차별을 한 자가 권익위로부터 받은 신분보장 조치 요구를 이행하지 않으면 1년 이하의 징역 또는 1,000만 원 이하의 벌금에 처하게 된다.

'권익위법'에 근거해 권익위가 제공했던 신고자의 보호 몇 가지 사례를 항목별로 나누어 제시하면 다음과 같다.•

- 전직 조치 사례

신고자가 ㅇㅇㅇ부 소속 기관의 출장비 유용 사례 등에 관해 신고한 후, 직원의 따돌림 등 정신적 고통 및 신분상의 불이익 처분 가능성이 있다고 주장하면서 인사 교류를 요구했다. 부패방지위원회(현 권익위)는 신고자가 정신적 고통 등으로 소속 기관에서 근무를 계속하기 곤란함을 감안하여 타 기관에 파견근무를 할 수 있도록 조치한 뒤 당시 행정자치부(현 안전행정부)와 협의하여 전직 조치했다.

- 과태료 부과, 징계 요구, 인사자료 통보 사례

ㅇㅇㅇ공사 감사는 내부 직원 2명의 협조를 받아 불법행위를 한 직원 3명을 적발해 업무상 배임혐의 등으로 검찰에 고발했는데, 인사담당 임직원 3명(이사, 인사부장, 인사팀장)이 감사의 조사에 협조한 내부 직원들을 서울의 본사에서 지방의 지사로 각각 하향 전보하자 이에 대한 원상회복 조치를 요구했다. 부패방지위원회는 협조자에게 신분상 불이익을 가한 ㅇㅇㅇ공사 이사에게 과태료 500만 원을 부과하고(징계 요구도 병과해야 하나 공사 규정에 임원에 대한 징계 규정이 없어 병과하지 못하고, 감독기관인 금융감독위원회에 인사자

• 권익원에서 2002년부터 매년 발간하는 백서(2002~2004년 『부패방지백서』, 2005~2007년 『청렴백서』, 2008년 『부패방지백서』, 2009~2011년 『국민권익백서』, 2012년 「국민권익 정책 자료집, 2013년 『국민권익백서』)에서 뽑아 정리한 것이다.

료 통보), 인사부장과 인사팀장에 대해서는 각각 징계권자에게 징계 처분을 요구하는 동시에 250만 원의 과태료를 부과했다. 다만 조사 중 협조자들의 신분이 원상회복되었으므로 별도의 보호 조치를 하지 않았다.

- 인사 교류 요구, 과태료 부과, 징계 요구 사례

신고자는 암 검진 및 여성 건강검진 사업을 수행하는 ○○○시 보건소 공무원들이 생활보호 대상자들을 무료 검진 대상자로 하여 검진해야 하는데도 시 공무원과 그 가족 등을 무료로 검진받게 한 부패행위를 신고했다. 이후 소속 기관에서는 신고자를 하향 전보하고 부당하게 근무평정을 매기는 등 신분상 불이익 처분을 하고 정신적 고통을 가했다. 이에 대해 신고자는 권익위에 신분보장 조치를 요구했고, 정신적 고통을 겪고 있음을 이유로 다른 시·도로 인사 교류를 할 것을 요구했다. 이에 따라 권익위는 ○○○시 보건소장의 신고자에 대한 부당한 근무평정 및 신고자가 겪은 정신적 고통 등을 감안하여 행정자치부에 인사 교류를 요구하고, ○○○시 보건소장에게 500만 원의 과태료를 부과할 것과 징계권자에게 징계 조치를 취할 것을 요구했다.

- 원상회복 사례

신고자는 ○○○주차관리처 직원으로 ○○○주차장에 ○○사 차량이 무단으로 주차하고 월정 주차요금도 납부하지 않는 것을 발견해, 정산소 측의 주차요금 횡령 의혹을 2011년 9월 감사 부서에 신고했다. 이후 신고자는 투병 중임에도 거주지에서 가까운 ○○○주차장에서 멀리 떨어져 있고 근무 상황도 훨씬 열악한 □□□주차장으로 부당하게 전보 조치되었다고 권익위에 원래 근무처로의 원상회복 조치를 요청했다. 이에 따라 권익위는 피신고기관의 관계자에게 신고 사항을 확인하고, 신고자 보호제도를 안내했으며, 관계 부서 인사과에 협조공문을 발송해, 피신고기관은 신고자를 ○○○주차장으로 다시 전보 조치했다.

- 행정적 보복행위로부터 보호 사례

신고자는 지방자치단체가 고가로 레미콘을 구입함으로써 국고를 낭비했다는 사실을 국가청렴위원회(현 권익위)에 신고한 후 관련 지방자치단체로부터 불이익 처분을 당했다는 진정을 제출했다. 진정 내용은, 규석 채광 계획 인가를 받아 규석을 채광해 판매하는데 채광 과정에서 발생하는 부산물인 골재를 판매하고자 했으나 골재채취 허가를 받지 않았다는 이유로 이미 생산한 골재를 반출하지 못하도록 해당 지방자치단체로부터 행정처분을 받았다는 것이었다. 신고자의 광구에서 채광된 규석 부산물의 시료를 채취해 성분을 분석한 결과 채광 부산물 전체가 규석으로 판명되어, 채광 부산물을 반출해 골재로 판매해도 인가 조건에 위배되지 않음을 소관 행정기관에 설명하고 신고자에 대한 불이익 처분을 철회토록 해당 지방자치단체와 협의하여 신고자를 행정적 보복행위로부터 보호했다.

- 과태료 부과, 원상회복 사례 1

신고자 A는 ○○○시 종합운동장 건립 과정에서 설계비가 과다 지출되었다고 신고한 이후, 시 본청에서 동사무소로 하향 전보되어 원상회복 조치를 요구했다. 당시 부패방지위원회는 신분상 불이익 처분자인 지방자치단체장에게 500만 원의 과태료 부과 및 원상회복(인사 조치)을 요구했다. 해당 지방자치단체장의 과태료 부과 처분에 대한 불복으로 재판이 이루어졌고, 그 결과 500만 원의 과태료 부과가 확정되었다. 과태료 확정 판결 이후, 신고자를 본청으로 원상회복 조치했다.

- 과태료 부과, 원상회복 사례 2

신고자 B는 ○○광역시 소방본부 소속 공무원이 특별채용시험에서 허위의 공직경력증명서를 제출하고 임용된 부패행위를 외부기관 등에 진정·신고했다는 이유로 감봉 1월의 징계 처분을 받아 위원회에 원상회복 및 인사 교류를 요구했다. 신고자에게 행한 징계 처분이 보복행위인지를 조사하는 중에 ○○광역시 소청심사위원회에서 신고자에 대한 1개월 감봉 징계 처분을 취소하여 원상회복 조치되었다. 부패방지위원회는 신고자에게 신분상 불이익 처분을 한 소속 기관장에게 과태료 350만 원을 부과했다.

• 과태료 부과, 원상회복 사례 3

신고자 C는 ○○○교육원 직원으로 원장의 이권 개입, 예산의 목적 외 사용 등 행동강령 위반행위를 신고한 후 재계약 거부, 근무조건상 차별, 집단 따돌림 등을 당했다며 권익위에 원상회복 조치를 요구했다. 이에 권익위는 신고자가 ○○○대사관에서 6년여 동안 근무한 경력이 있고, 신고자를 제외한 소속 기관의 다른 직원은 재계약이 완료되었으며, 신고자의 신고 이후 작성된 근무성적 평가를 기준으로 재계약이 거부된 것을 신고로 인한 신분상 불이익으로 보아 ○○○부 장관에게 신고자의 ○○○교육원 채용 및 피신고자에 대한 징계를 요구하고, 피신고자에게 과태료 500만 원을 부과했다. 현재 신고자는 후임 원장과 재계약되어 근무 중으로 원상회복이 확인되었다.

2.3.2 신변의 보호

'권익위법'은 제64조에서 신고자의 신변보호를 규정한다. 이에 따라 신고자는 자신과 친족 또는 동거인의 신변에 불안이 있을 경우 권익위에 신변보호 조치를 요구할 수 있다. 권익위가 신변보호 조치 요구를 받고 신변보호가 필요하다고 인정될 때에는 경찰청장, 관할 지방경찰청장, 관할 경찰서장에게 신변보호 조치를 요구할 수 있다. 권익위로부터 신변보호 조치를 요구받은 경찰청장, 관할 지방경찰청장, 관할 경찰서장은 '특정범죄신고자 등 보호법 시행령' 제7조의 규정에 의한 조치를 취해야 한다. 신변보호 조치는 특정 시설에서의 보호, 신변경호, 참고인·증인으로 출석 또는 귀가 시 동행, 주거에 대한 주기적 순찰, 기타 신변안전에 필요하다고 인정되는 조치 등이다. 신고자가 신고를 이유로 피해를 입거나 입을 우려가 있다면 조사 및 형사 절차에서는 '특정범죄신고자 등 보호법' 제7조(인적사항 기재 생략) 및 제9조(신원관리카드 열람) 내지 제12조(소송 진행 협의 등)의 규정 준용을 규정해 신고자의 신분이 노출되는 것을 최소화하고 있다.

- 신변보호 사례 1

신고자 A는 사회복지재단 이사장의 정부지원금 횡령 의혹을 권익위에 신고했으나, 신고자인 것이 알려지자 관련자들로부터 회유와 협박을 받아왔으며, 소속 기관의 직원들로부터 미행을 당하고 가족이 협박을 당하는 등 심리적 불안감을 느끼고 신체적 위해를 당할 우려가 있다며 보호를 요청했다. 권익위에서 확인한 결과 신고 후 여러 차례에 걸쳐 협박과 위협을 받아왔으며, 직접적인 신변위협 상황이 발생할 개연성이 높아질 것으로 판단되어 보호대상자 거주지역을 관할하는 ㅇㅇㅇ경찰서장에게 신변보호 조치를 의뢰했다.

- 신변보호 사례 2

신고자 B는 예산 낭비 등 3건의 부패사건을 신고한 후, 언론보도 등으로 신고자의 신분이 노출되어 신변상 불안을 호소하며 신변보호 조치를 요구했다. 신고자는 당시 민간인 신분으로 관련 기관으로부터 조직적인 위해를 당할 우려가 있고, 신고 사건이 진행 중인 상황으로 보호의 필요가 있다고 판단되어 권익위는 관할 경찰서에 긴급 신변보호 조치를 요구했다.

- 신변보호 사례 3

신고자 C는 ㅇㅇㅇ부대 공사 등과 관련한 부패행위 신고 사항에 대해 진술이나 기타의 방법 등으로 권익위 조사 확인 과정에서 조력했는데, 그 후 피신고자로부터 폭행을 당하고 지속적으로 자신과 자신의 딸이 협박당하는 등 신변상 위협을 받고 있다고 주장하며 신변보호 조치를 요구했다. 신고 협조자가 피신고자로부터 폭행을 당해 전치 6주의 상해를 입은 사실이 확인되었고, 피신고자의 협박 등으로 정기적인 진료 및 의사 상담이 필요하다는 의사의 진단을 받은 점을 고려하여 협조자와 그 딸에 대해 관할 경찰서장에게 각각 신변보호 조치를 요구했다.

2.3.3 비밀보장

'권익위법' 제64조에서는 권익위 및 신고 사항을 이첩받은 조사기관의 종사자가 신고자의 동의 없이 신분을 밝히거나 암시해서는 안 된다고 규정한다. 권익위는 신고자의 동의 없이 신분이 공개되었을 때에는 경위를 확인해야 하고, 확인 결과 위반 사항이 인정되면 징계권자에게 관련자의 징계를 요청하는 등 필요한 조치를 취할 수 있다. 또한 권익위는 신고자 또는 신고자의 친족 · 동거인의 인적사항 등이 다른 사람에게 알려지거나 공개될 때에는 그 경위를 확인하고, '권익위법'을 위반했다고 인정되면 고발하거나 징계권자에게 관련자의 징계를 요청하는 등 필요한 조치를 취할 수 있다. 또한 신고자가 본인의 동의 없이 신분이 공개되었다고 권익위에 신분 공개 여부 확인을 요구할 경우 권익위는 이를 조사해 처리한다. '권익위법'은 신변의 보호를 통해 신변보호 조치나 조사 및 형사 절차에서 '특정범죄신고자 등 보호법' 규정에 따라 보호되고 있는 부패행위 신고자 등이라는 사정을 알면서 그 인적사항 또는 부패행위 신고자 등임을 미루어 알 수 있는 사실을 다른 사람에게 알려주거나 공개 또는 보도해서는 안 되며, 이 규정을 위반한 자는 3년 이하의 징역 또는 1,000만 원 이하의 벌금에 처하도록 규정한다.

- 비밀보장 사례 1

신고자 A는 주식회사 ○○○의 직원으로 국민신문고에 ○○○부 산하 ○○관리소 직원들의 행동강령 위반을 신고한 후 조사 과정에서 신고자의 신분이 밝혀져 주식회사 ○○○으로부터 해고당하자, 권익위에 신분 공개 경위 및 관련자 징계를 요구했다. 권익위는 위반자들이 요구인의 신분을 알 수 있는 내용을 업무처리와 관련 없는 제3자에게 송부하고 신고 내용을 유출한 행위, 신고 내용을 인쇄하여 요구인의 소속 기업 관련자들이 회의에 참석하여 열람할 수 있게 한 행위 등을 신분 비공개 의무를 위반한 것으로 판단해, 관련자 4명을 징계할 것을 ○○○부에 요구했다.

• 비밀보장 사례 2

신고자 B는 소속 기관의 고충 처리 담당자에게 상사의 허위 출장 지시 및 예산의 부당 집행 등에 대해 상담한 후, 자체 특별감사 과정에서 신분이 공개되어 신분상 불이익과 근무조건상 차별을 받았다고 주장하면서 신분 공개 여부 확인을 요구했다. 신고자에 대한 비밀보장 등의 특별한 보호 조치가 요구되는데도 신고자 비밀보장을 소홀히 한 책임으로 관련 기관에 주의 촉구를 통보했다.

2' 3' 4 기타 보호제도

그 밖에 '권익위법'에 의해 내부고발자를 보호하는 제도로는 다음과 같은 것이 있다. 첫째, 책임 감면이다. 신고를 함으로써 그와 관련된 자신의 범죄가 발견된 경우, 그 신고자에 대해 형을 감경 또는 면제할 수 있으며, 공공기관의 징계 처분에 관해서도 이를 준용해 신고자의 책임을 감면할 수 있다. 또한 '권익위법'에 의거해 신고했을 때에는 다른 법령, 단체협약 또는 취업규칙 등의 관련 규정과 상관없이 직무상 비밀 준수 의무를 위반하지 않은 것으로 본다.

• 책임 감면 사례

신고자는 ○○시 상수도사업본부 수도검침 용역원이 매월 일정액의 금품을 받는 대가로 수도요금을 낮게 부과해줌으로써 공공기관의 예산을 손실시킨 부패행위를 신고한 후 그와 관련된 자신의 범죄 혐의가 드러나자 보호 조치를 요구했다. 권익위는 관할 검찰청에 책임 감면 등의 규정을 근거로 신고자에 대한 보호 조치를 요구했고, 신고자는 기소유예 처분을 받았다.

둘째, 협조자 보호이다. '권익위법' 제65조에서는 신고와 관련해 신고자 외에 진술 또는 그 밖에 자료 제출 등의 방법으로 신고 내용의 감사·

수사 또는 조사에 조력한 자에 대해서도 신분보장, 신변보호, 책임의 감면 등의 규정을 준용해 보호한다고 규정한다.

- 협조자 보호 사례

○○○시 인허가 업무 담당 공무원들에 대한 부패행위 신고와 관련하여 조사에 조력한 협조자는 조사 과정에서 본인과 관련된 범죄 혐의가 드러나 입건되자 형사처벌 및 소속 기관의 징계 처분 등이 예상된다며 보호 조치를 요구했다. 권익위는 관할 경찰서, 검찰청 및 소속 기관에 부패행위 신고자 보호 등의 규정을 근거로 협조자에 대한 보호 조치를 요구했고 이에 불기소 처분되었다.

셋째, 불이익 추정이다. 신고자가 '권익위법'에 의거해 신고한 뒤 권익위에 원상회복 등을 요구하거나 법원에 원상회복 등에 관한 소를 제기할 경우, 법령에서는 신고자가 신고 이후 당한 불이익을 해당 신고와 관련해 당한 것으로 우선 추정할 것을 규정하므로, 이에 대해 피신고기관 등은 그것이 신고와 관련이 없음을 입증해야 한다.

넷째, 피소속 기관 등에 대한 신고자 보호이다. 앞서 소개한 보호 조치들은 피신고자가 소속된 공공기관에 부패행위를 신고한 경우, 피신고자의 소속 기관·단체 또는 기업 등을 지도·감독하는 공공기관에 부패행위를 신고한 경우에도 준용한다. 또한 공직자행동강령 위반행위를 신고한 경우에도 준용한다.

다섯째, 정신적 치료 지원이다. 부패를 신고한 사람은 소속 기관이 신고자를 색출하는 과정에서 불안감에 시달리고, 신고자로 밝혀진 후 일자리를 잃을지 모른다는 생각에 큰 스트레스를 받는다. 동료나 직장 상사들의 집단 따돌림과 주위 사람들이 자신을 조직의 배신자라고 할 때 우울증 등 극심한 정신적 고통을 겪는다. 권익위는 신고자들이 이러한 정신적 고통을 당할 때를 대비해, 신고자들이 무료로 신경정신과 치료를 받을 수 있도록 대한신경정신의학회 의료지원 관련 업무협약을 체결했고(2010년), '부패행위 신고자 등에 대한 의료지원 및 법률구조 지침'을 제정해 시행하고 있다. 이에 따라 권익위가 부패행위 신고자의 정신적 치료 지원 요구를 받아들여 정신과 진료를 위한 의료비 전액을 지원한 바 있다(국민권익위원회, 2013: 56~57).

• 정신적 피해 등 의료지원 사례
신고자는 공직 유관 단체의 국고보조금 횡령 등 부패행위를 권익위에 신고 후, 소속 직원들의 집단 따돌림 및 피신고자 측의 보복성 인사 조치가 이루어지고, 수사기관의 조사 등이 계속되자 체중이 줄어들 정도로 극심한 스트레스 및 불면증 등의 정신적 고통을 호소했다. 이에 따라 권익위는 정신과 상담 및 진료를 무상으로 지원했다.

2' 4 포상 및 보상제도

2' 4' 1 포상 추천 및 포상금 지급

'권익위법' 제68조는 신고에 의해 공공기관에 재산상 이익을 가져오거나 손실을 방지한 경우, 또는 공익의 증진을 가져온 경우 '상훈법' 등의 규정에 따라 포상을 추천할 수 있으며, 대통령령이 정하는 바에 따라 포상금을 지급할 수 있도록 규정한다. 이에 따라 '권익위법 시행령' 제71조에서는 지급 사유를 충족하는 경우 1억 원 이하의 포상금을 지급할 수 있으며, 금품 등을 받아 자진 신고하면 신고 금액의 20% 범위 내에서 2억 원 이하로 지급할 수 있다고 규정한다.

- 포상금 지급 사례 1

신고자는 ○○○대학 약학연구소 연구원으로 근무하면서 의약품 생동성 시험에 참여했는데, 동 연구소에서 시험 데이터를 조작함으로써 약효가 기준에 미달된 불량 의약품을 ○○○기관의 승인을 받아 시중에 유통하고 있으며, 이런 현상이 전 약학계에 성행하고 있어 조사를 요청한다는 내용의 신고를 했다. 이로 인해 동 사건에 연루되었던 전 ○○○기관장 및 관계자 등 23명이 검찰로부터 기소되었고, ○○○기관은 이 사건에 대해 대국민 사과문을 발표하는 등 사회적으로 큰 반향을 일으켰다. 권익위는 해당 부패행위 신고로 관련자 처벌, ○○○기관 고시 개정 등 제도 개선, 국내 생동성 시험 조작 관행이 사라지는 획기적인 계기를 마련한 공로를 인정해 신고자에게 역대 최고 포상금인 5,000만 원을 지급했다.

- 포상금 지급 사례 2

신고자는 리듬체조 분야 전임 지도 업무 담당자들이 2007년부터 2009년 사이에 리듬체조 후보팀 훈련을 하면서 서울 ○○○호텔에서 매년 2회씩 숙박을 하던 중, 업주와 결탁하여 영수증 발급을 통한 객실료 및 식대를 부풀리는 방법으로 약 2,300만 원 이상의 훈련비를 부당하게 편취한 의혹이 있다는 내용을 신고했다. 검찰은 피의자들이 초범이며 이 처분 전 모두 의원면직되었고, 편취한 돈을 간식비, 수영장과 찜질방 입장료 등 선수들을 위해 소비했으며, 개인적으로 사용하지 않은 점을 참작하여 피의자들을 모두 기소유예 처분했다. 권익위는 이 사건이 공공기관에 대해 재산상 손해를 가하는 행위, 즉 부패행위에 대한 신고이고, 본 사건이 언론에 제보되어 사회적 파급효과가 큰 점 등을 고려해 신고자에게 포상금 500만 원을 지급했다.

- 포상금 지급 사례 3

군부대 납품과 관련하여 정상적인 납품 업무 절차를 무시한 비정상적인 방법(납품 정보 사전 유출, 이중 견적서 묵인, 단가 조작, 입찰 정보 사전 유출 등)으로 납품이 이루어져 국방 예산이 낭비되고 있다는 신고 사항에 대해 조사한 결과 사실로 확인되어, 편취 및 뇌물수수 금액 1,742만 원 환수, 거래 업체 대표가 탈루한 세금 3,500만 원 추징, 관련자 12명 사법 처리 및 징계 조치, 군납 계약 업무 관련 지침 개선 등 국가예산 손실 방지와 부패 방지에 기여한 신고자의 공로를 고려해 2,500만 원의 포상금을 지급했다.

- 포상금 지급 사례 4

국립대 직원이 국가기술 자격시험 감독비 관리 업무를 수행하면서 고사장 시험감독관의 수를 부풀리거나 감독비의 일부만을 지급하는 방법으로 편취·횡령하고 있다는 신고 사항에 대해 조사한 결과 사실로 확인되어, 편취 금액 1,384만 원을 회수하고, 피신고자에게는 징역 10월(집행유예 2년)이 선고되었으며, 시험 관리 방식이 개선되는 등 신고자의 공로를 인정해 포상금 500만 원을 지급했다.

- 포상금 지급 사례 5

신고자는 장애인을 고용해 물건을 배송하는 주식회사 ㅇㅇㅇ의 대표이사 등이 고용관계에 있는 장애인의 근무상황을 조작하여 장애인고용공단에서 장애인을 고용한 사업주에게 지급하는 장애인 고용 장려금 약 80만 원 상당을 부당 수령한 의혹이 있다는 내용을 권익위에 신고했다. 이로 인해 편취한 보조금 약 3,600만 원이 환수되고, 피신고자는 법원으로부터 벌금 300만 원의 약식 명령을 선고받았다. 권익위는 신고로 부패행위자가 처벌되었고 신고 내용이 사회적 취약계층 지원사업에 대한 부패행위인 점을 감안해, 포상금 500만 원을 신고자에게 지급했다.

2' 4' 2 보상금 지급

보상금은 신고로 인해 직접적인 공공기관의 수입 회복이나 증대 또는 비용의 절감을 가져오거나 그에 관한 법률관계가 확정되었을 때 신고자의 신청에 의해 지급된다. 신고자에 의한 지급 신청은 공공기관의 수입 회복이나 증대 또는 비용 절감에 관한 법률관계가 확정되었음을 안 날로부터 2년 이내에 해야 한다. 이 경우 보상금은 불이익 처분에 대한 원상회복 등에 소요된 비용을 포함한다. '권익위법 시행령' 제77조, 제78조에서는 보상금 지급 한도액을 20억 원 이하에서 수입 증대 또는 비용 절감액 규모에 따라 환수금액의 4~20%로 하되, 다만 부패행위의 감사·수사 또는 조사 업무에 종사 중이거나 종사했던 공직자가 자기 직무 또는 직무였던 사항과 관련해 신고한 경우에는 보상금을 지급하지 않는다고 규정한다. 또한 공직자가 자기 직무와 관련해 신고한 사항에 대해 감액 또는 지급하지 않을 수 있다고 규정한다.

• 보상금 지급 사례 1

신고자는 ○○○시가 발주한 하수관거 정비공사를 시공하면서 A회사, B회사 등이 가(假)시설물을 설치하지 않았음에도 설계 내용대로 설치한 것처럼 하여 ○○○시로부터 공사 대금 약 50억 원을 교부받아 이를 편취한 의혹이 있다는 내용을 2007년 신고했다. 검찰 수사 결과 피신고자들이 약 44억 7,000여 만 원의 재산상 이득을 편취한 사실을 확인하고 관련자 11명을 배임·사기죄로 기소했고 이들에게는 징역 및 벌금형이 선고되었으며, ○○○시는 2010년도에 편취한 공사 대금 44억 7,000여 만 원과, 2011년도에 감리 업체의 감리 용역비 1억 5,000만 원을 전액 회수했다. 권익위는 이 사건 신고자의 보상금 지급 신청에 대해 환수와 신고의 직접적인 관련성 등을 검토한 결과, 신고자에게 환수액과 추징금 합계 46억여 원을 보상 대상 가액으로 산정한 역대 최고 보상금인 3억 7,103만 원을 지급했다. 2012년 신고로 인한 공사비 감액분 8억 2,500여 만 원 등을 확인하여 신고자에게 추가 보상금 3,390여 만 원을 지급함으로써 총 4억 500만 원의 보상금을 지급했다.

• 보상금 지급 사례 2

신고자는 방위산업체인 ○○○사의 대표이사가 ○○○기관과 잠수함용 주(主)추진 전지 등 각종 전지의 교체 공사 계약을 하면서 실제 노후량보다 4~5배 부풀려 계약하는 방법 등으로 201억 원 상당을 편취한 의혹이 있고, 이와 관련하여 ○○○기관 군무원의 직무 유기 또는 업무상 배임 의혹이 있다는 내용을 신고했다. 검찰은 관련 업체 관계자 3명을 사기 및 횡령 혐의로 기소했다. 이들에게는 징역 및 벌금형이 선고되었으며, ○○○기관은 피신고자로부터 편취 금액과 가산금 등 총 81억여 원을 환수했다. 권익위는 신고자의 보상금 지급 신청에 대해 환수액 중 65억 원을 보상 대상 가액으로 확정해 보상금 4억 4,000여 만 원을 산정했으나, 신고자의 불법행위 가담을 감안해 30%를 감액한 3억 1,233만 원을 지급했다.

- 보상금 지급 사례 3

신고자는 미국에 본사를 두고 있는 ○○○사가 1998년경부터 2009년경까지 ○○○자주포의 주 납품업체로 선정된 ○○○사에 ○○○자주포의 핵심 부품 684대를 공급하면서, 수입 면장, 부가가치세 영수증 등을 조작해 가격을 부풀리는 방법으로 1대당 약 430만 원의 차액을 남겨 25억여 원을 부당 편취한 의혹이 있다는 내용을 신고했다. 이 사건에 대해 검찰은 피신고자 등 2명을 사기 혐의로 기소했고, 법원은 이들 중 1명에게 유죄를 선고했으며, 방위사업청은 부당 이득금, 가산금 등 42억 9,600여 만 원을 환수했다. 권익위는 이 사건 신고자의 보상금 지급 신청에 대해 환수와 신고와의 직접 관련성 등을 검토한 결과 환수액 중 26억여 원을 보상 대상 가액으로 산정해 보상금 2억 6,371만 원을 지급했다.

- 보상금 지급 사례 4

신고자는 ○○공사로부터 ○○○지구에서 배출되는 가연성 폐합성수지 폐기물 처리를 위탁받은 ○○사와 폐기물 운송계약을 맺은 □□사가 적재한 폐기물을 폐기물 재활용센터에 입고하지 않고 당초 폐기물을 상차한 장소에 하차하거나 허위 번호판을 교체해 계근하는 수법 등으로 운반 실적을 과다 계상하여 폐기물 처리 비용을 편취하고 있으며, 현장감독을 담당하고 있는 ○○공사 직원이 이를 묵인해주거나 금품을 수수한 의혹이 있다는 내용을 신고했다. 이 사건에 대해 검찰은 피신고자인 위 업체들 대표를 사기 등 혐의로 기소했고, 법원은 이들에게 징역형을 선고했으며, ○○공사는 피신고자가 공탁한 공탁금 6억여 원을 환입 처리했다. 권익위는 이 사건 신고자의 보상금 지급 신청에 대해 환수와 신고와의 직접적 관련성 등을 검토한 결과, 환수액 6억여 원을 보상 대상 가액으로 산정해 보상금 8,637만 원을 지급했다.

- 보상금 지급 사례 4

신고자는 ○○○부 산하 ○○○공단의 임직원들이 출장 내역을 허위로 기재하여 743만 1,970원의 출장비를 횡령했다고 신고했다. 출장비 횡령액 전액을 환수하여 신고자에게 74만 3,000원의 보상금을 지급했다.

2' 4' 3 보상 대상 가액과 지급 기준

'권익위법' 제77조 및 보상금 지급 결정에서 적용되는 〈별표 1〉은 다음과 같은 보상금 지급 기준을 제시한다.

〈별표 1〉 보상금 지급 기준

구분	보상 대상 가액	지급 기준
1	1억 원 이하	20%
2	1억 원 초과 5억 원 이하	2,000만 원 + 1억 원 초과 금액의 14%
3	5억 원 초과 20억 원 이하	7,600만 원 + 5억 원 초과 금액의 10%
4	20억 원 초과 40억 원 이하	2억 2,600만 원 + 20억 원 초과 금액의 6%
5	40억 원 초과	3억 4,600만 원 + 40억 초과 금액의 4%, 단 지급 한도는 20억 원

3 공익신고자 보호법

3.1 신고자 보호 요건과 사례 예시

3.1.1 신고 대상

공익신고의 대상은 공익침해행위이다. 현행 '공익신고자 보호법'은 공익침해행위를 국민의 건강과 안전, 환경, 소비자의 이익 및 공정한 경쟁을 침해하는 행위로 규정한다. 좀 더 구체적으로는 '공익신고자 보호법'에서 명시한 181개 공익침해 대상 법률에서 징역 등의 벌칙 또는 인허가 취소, 과징금 등의 행정처분을 가져오는 위반행위이다. 공익신고 대상은 '공익신고자 보호법' 〈별표〉(공익침해행위 대상 법률)에서 11개, 동법 시행령 〈별표 1〉(공익침해행위 대상 법률)에서 170개를 명시하고 있다. '공익신고자 보호법'상 공익침해 신고 대상을 예시하면 다음과 같다(국민권익위원회, 2012: 15~17).

- 국민 건강의 침해

- 의료인이 아닌 자가 하는 의료행위나 의료인이 면허된 범위 이외의 의료행위를 하는 무면허 의료행위('의료법' 위반)
- 인체의 건강을 해칠 우려가 있거나 유독·유해물질이 들어 있는 식품 등을 판매하거나 판매할 목적으로 제조·가공·사용·조리·저장·운반 또는 진열하는 행위('식품위생법' 위반)

- 국민 안전의 침해

- 책임감리 등을 불성실하게 수행하거나 건설공사의 안전에 관한 법령을 위반해 하자담보 책임 기간에 교량, 터널, 철도 등의 시설물의 구조상 주요 부분에 중대한 손괴를 야기하여 일반인을 위험하게 하는 행위('건설기술관리법' 위반)

- 석유 판매업자가 등유, 윤활유, 선박용 경유 등을 자동차나 건설기계의 연료로 판매하는 행위('석유 및 석유대체연료사업법' 위반)

• 환경 침해

- 집진 시설 등 대기오염 방지 시설을 설치하지 않고 일산화탄소 등의 대기오염물질을 배출하는 시설을 설치 · 운영하는 행위('대기환경보전법' 위반)
- 생태계의 특별한 보호가 필요한 생태 · 경관보전 지역 안에서 건축물의 신축 · 증축 및 토지의 형질 변경 등으로 자연생태 또는 자연경관을 훼손하는 행위('자연환경보전법' 위반)

• 소비자 이익의 침해

- 사업자가 소비자에게 제공한 물품 등에 소비자의 생명 · 신체 또는 재산에 위해를 끼치거나 끼칠 우려가 있는 중대한 결함이 있는 사실을 알게 된 후에도 그 결함의 내용을 소관 중앙행정기관의 장에게 보고하지 않는 행위('소비자기본법' 위반)
- 양곡 매매업자 등이 양곡의 생산연도 · 품질 등에 관해 소비자를 기만하거나 오인 · 혼동시킬 우려가 있는 거짓 · 과대의 표시 · 광고를 하는 행위('양곡관리법' 위반)

• 공정한 경쟁의 침해

- 시장 지배적 사업자가 상품의 가격이나 용역의 대가를 부당하게 결정 · 유지 또는 변경하는 등 시장 지배적 지위를 남용하는 행위('독점규제 및 공정거래에 관한 법' 위반)
- 원 사업자가 수급 사업자에게 제조 등의 위탁을 하면서 부당한 방법을 이용해 목적물 등과 같거나 유사한 것에 대해 일반적으로 지급되는 대가보다 현저하게 낮은 수준으로 하도급 대금을 결정하거나 하도급을 받도록 강요하는 행위('하도급거래 공정화에 관한 법' 위반)

'공익신고자 보호법' 제6조는 누구든지 공익침해행위가 발생했거나 발생할 우려가 있는 경우 공익침해행위를 하는 사람이나 기관 · 단체 · 기업 등의 대표자 · 사용자(이하 대표자 등), 공익침해행위에 대한 지도 · 감독 · 규제 · 조사 등의 권한을 가진 행정 · 감독기관, 수사기관, 권익위, 국회의원, 공익침해행위와 관련된 법률에 따라 설치된 공사 · 공단 등 공공단체에 공익신고를 할 수 있다고 규정한다. 특히 공직자는 그 직무를 하면서 공익침해행위를 알게 된 때에는 이를 조사기관, 수사기관 또는 권익위에 신고해야 한다. 이러한 공익침해행위를 신고하기 위해서는 신고자의 인적사항과 공익침해행위를 하는 자와 그 내용, 신고 취지 및 이유를 명시한 신고서와 증거를 첨부해 제출해야 한다. '공익신고자 보호법' 제2조에서는 공익신고를 공익침해행위가 발생했거나 발생할 우려가 있다는 사실을 신고, 진정, 제보, 고소, 고발뿐만 아니라 수사의 단서를 제공하는 것이라고 매우 포괄적으로 규정한다. 다만 신고자가 신고의 내용이 거짓이라는 사실을 알았거나 알 수 있었음에도 신고한 경우나 신고와 관련해 금품이나 근로관계상의 특혜를 요구하거나 그 밖에 부정한 목적으로 신고한 경우에는 공익신고로 보지 않는다고 규정한다. '공익신고자 보호법'이 규정하는 공익신고의 다양한 형태, 각각의 의미는 다음과 같다(국민권익위원회, 2012: 15~17).

- 신고: 법률의 규정에 의해 국가 및 지자체 등에 법률관계 또는 사실관계를 서면으로 작성하여 제출하는 행위
- 진정: 국가 및 지자체 등에 사정을 진술하고 어떠한 조치를 취해줄 것을 요구하는 의사를 표시하는 행위
- 고소: 범죄 피해자 등이 수사기관에 범죄 사실을 신고하여 범인의 소추를 구하는 의사를 표시하는 행위

- 고발: 범죄 피해자 이외의 제3자가 수사기관에 범죄 사실을 신고하여 범인의 소추를 구하는 의사를 표시하는 행위
- 제보: 행정기관이나 수사기관 등에 정보를 제공하는 행위
- 수사 단서 제공: 수사기관이 수사를 개시할 수 있는 원인을 제공하는 행위

- '공익신고자 보호법'상 보호 및 보상 사례 예시

수산물 수입업체 대표 B는 수입 금지된 사료용 대구 머리 등 수산물을 식용 대구인 것처럼 허위로 신고해 국내에 수입한 후 전국 백화점, 대형마트 및 음식점 등에 10년간 판매해 수십억 원의 부당 이익을 취했다. 업체 직원 A는 우연히 이러한 사실을 알게 되어 상급자 C에게 상의했으나 별다른 조치가 없자 권익위에 신고했다. A의 신고로 조사가 시작되자 B는 공익신고자로 추정되는 A에게 신고를 취소하라고 협박했으나, A가 이를 거부하자 해고했다. B는 '식품위생법' 위반으로 징역 1년, 추징금 20억 5,000만 원의 처벌을 받았다.

1) A의 신고 내용은 공익침해행위에 해당하는가?

국민의 건강을 침해하는 행위로서 공익침해행위 대상 법률인 '식품위생법' 제94조 벌칙에 해당한다.

2) A는 어디에 신고할 수 있는가?

수입업체 대표 B, 관할 시·군·구청, 식품의약품안전처, 수사기관, 권익위, 국회의원에 신고할 수 있다.

3) 해고당한 A는 어떠한 보호를 받을 수 있는가?

권익위에 공익신고를 이유로 해고되었다고 보호 조치 신청을 할 수 있고, 불이익 조치가 인정될 경우 권익위는 그러한 조치의 취소를 권고한다.

4) A는 보상금이나 구조금을 받을 수 있는가?

법원의 판결로 추징금 20억 5,000만 원이 확정되었으므로 최대 2억 9,000만

원까지의 보상금과 신고로 치료비, 이사비, 임금 손실 등 피해 또는 비용이 발생한 경우 구조금을 지급받을 수 있다.

5) A를 해고한 B는 어떤 처벌을 받게 되는가?
B가 권익위의 보호 조치 결정을 불이행하면 2년 이하 징역 또는 2,000만 원 이하의 벌금이 부과된다.

3' 2 공익신고의 처리

3' 2' 1 신고 내용의 확인 및 이첩

'공익신고자 보호법' 제9조에 따라, 권익위가 공익신고를 받게 되면 공익신고자의 인적사항, 공익신고의 경위 및 취지 등 신고 내용의 특정에 필요한 사항 등을 확인할 수 있으며, 진위 여부 확인을 위해 필요한 범위 내에서 신고자에게 필요한 자료의 제출을 요구할 수 있다. 권익위는 사실 확인을 마친 후에는 바로 해당 조사기관이나 수사기관에 이첩하고, 그 사실을 신고자에게 통보하게 된다.

3' 2' 2 조사기관의 처리

조사기관은 공익신고를 접수하거나 권익위로부터 신고 사항을 이첩받으면 조사에 착수한다. 공익신고를 이첩받은 조사・수사기관은 조사・수사 종료 후 10일 이내에 그 결과를 권익위에 통보하며, 조사 결과 통보 전에도 신고 내용 처리 상황에 대한 자료를 권익위에서 요청하면 그 처리 상황을 권익위에 통보한다. '공익신고자 보호법 시행령' 제6조에서는 대표자 및 국회의원 등의 신고 처리와 관련하여, 공익신고를 받은 대표자 또는 사용자가 그 내용을 확인하고, 필요시 공익침해행위의 제거 및 예방 등을 위한 조치 방안을 마련해 시행할 것을 규정한다. 조치 방안의 마련과 시행을 위해 필요하다면 권익위에 협조를 요청한다. 국회의원과 공공단체는 접수받은 공익신고를 조사기관·수사기관·권익위 중 하나에 송부해야 하며, 대표자 등은 공익신고자가 요구한 경우나 공익침해행위의 제거 및 예방 등을 위해 공익신고자가 동의한 경우 조사기관·수사기관·권익위 중 하나에 신고 사항을 보낼 수 있다.

3.3 보호제도

3.3.1 협조자 보호

'공익신고자 보호법' 제11조에서는 공익신고자와 공익신고에 대한 조사·수사·소송 및 공익신고자 보호 조치에 관련한 조사·소송 등에서 진술·증언하거나 자료를 제공한 사람에 대한 보호를 규정한다. 이들의 친족 또는 동거인이 공익신고를 이유로 피해를 입거나 입을 우려가 있다고 인정할 만한 상당한 이유가 있는 경우에도 조사 및 형사 절차에서 '특정범죄신고자 등 보호법'을 준용해 보호한다.

3.3.2 비밀보장

'공익신고자 보호법' 제12조는 누구든지 공익신고자라는 사정을 알면서 그의 인적사항이나 그가 공익신고자임을 미루어 알 수 있는 사실을 다른 사람에게 알려주거나 공개 또는 보도하지 못하며, 이를 위반 시 3년 이하의 징역 또는 3,000만 원 이하의 벌금에 처한다고 규정한다. 그러나 공익신고자가 동의한 경우에는 그렇게 하지 않는다. 권익위는 누군가가 이러한 비밀보장 의무를 위반하면, 그의 징계권자에게 징계 등 필요한 조치를 요구할 수 있다. 또한 조사 결과 공익침해행위가 발견되기 전에는 피신고자의 인적사항 등을 포함한 신고 내용을 공개하지 않도록 의무화했으며, 위반 시 3년 이하의 징역 또는 3,000만 원 이하의 벌금에 처한다.

3' 3' 3 신변보호

'공익신고자 보호법' 제13조는 공익신고자와 그 친척 또는 동거인은 공익신고를 이유로 생명·신체에 중대한 위해를 입거나 입을 우려가 명백한 경우 권익위에 신변보호 조치를 요구할 수 있다고 규정한다. 이때 권익위는 그것이 필요하다고 인정되면 경찰관서의 장에게 신변보호 조치를 하도록 요청할 수 있다. 경찰관서의 장이 그러한 요청을 받게 되면 권익위와 협의를 거쳐 '특정범죄신고자 등 보호법 시행령' 제7조에 따른 신변안전 조치 중 필요한 조치를 결정하고, 그럴 필요가 없다고 판단될 때는 권익위와 협의하여 신변보호 조치를 해제하게 된다.

• 신변보호 사례

신고자는 허가 없이 수목을 베어내는 입목 채벌 행위를 신고한 후 신분이 노출되어 피신고자로부터 욕설 및 협박 등으로 신변에 위협을 느꼈다. 이에 신고자는 권익위에 신변보호를 요청했고, 권익위의 요청에 따라 관할 경찰관서의 장은 주거지 순찰 강화 등 신변보호 조치를 실시했다.

3' 3' 4 책임 감면

'공익신고자 보호법' 제14조는 공익신고자에 대한 형 및 징계의 감경과 면제, 직무상 비밀 준수 의무 위반의 면제, 손해배상 청구 금지 등을 규정한다. 공익신고자는 공익신고와 관련해 자신의 범죄행위가 발견된 경우에 그 형을 감면 또는 면제받게 된다. 공익신고자의 위법행위가 발견되어 징계를 받게 되는 경우에도 권익위는 징계권자에게 징계 감면을 요구할 수 있고, 징계권자가 징계의 감면 요구를 받으면 이에 따라야 한다. 공익신고 내용에 직무상 비밀이 포함되었더라도 공익신고자가 다른 법령, 단체협약, 취업규칙 등에 따른 직무상 비밀 준수 의무를 위반하지 않은 것으로 간주한다. 단체협약, 고용계약 또는 공급계약 등에 공익신고를 금지하거나 제한하는 규정을 둔 경우 그 규정은 무효이다. 피신고자가 공익신고로 손해를 입었을 때에도 공익신고자에게 손해배상을 청구할 수 없다.

- 책임 감면 사례

쓰레기 소각 시설의 배출 오염 농도를 낮추기 위해 회사 측의 요구에 따라 굴뚝자동감시시스템을 조작했다고 자진 신고한 4명의 신고자에 대해, 권익위는 '대기환경보전법' 위반에 대한 책임 감면을 결정했고, 관할 경찰서는 불기소 처분 의견으로 검찰에 송치했다.

공익신고를 이유로 한 불이익 조치도 금지된다. '공익신고자 보호법' 제14조는 누구든지 공익신고자에게 공익신고를 이유로 어떠한 신분상 · 행정적 · 경제적 불이익 조치를 할 수 없으며, 위반 시 최대 2년 이하의 징역 또는 2,000만 원 이하의 벌금에 처한다고 규정한다. 불이익의 종류로는 파면, 해임, 해고 등 신분 상실, 징계, 정직, 감봉, 강등, 승진 제한 등 부당한 인사 조치, 전보, 전근, 직무 미부여, 직무 재배치 등 본인의 의사에 반하는 인사 조치, 성과평가 또는 동료평가의 차별 및 그에 따른 임금 · 상여금 차별 지급, 교육 · 훈련 등 자기계발 기회 축소, 예산 · 인력 등 가용 자원의 제한 · 제거, 보안정보 · 비밀정보 사용 정지 및 취급 자격 취소 등 근무조건상 차별, 주의 대상자 명단 작성 · 공개, 집단 따돌림, 폭언 · 폭행 등 정신적 · 신체적 손상, 직무에 대한 부당한 감사 · 조사 및 그 결과의 공개, 인허가 취소 등 행정적 불이익, 물품 · 용역계약 해지 등 경제적 불이익을 포함한다.

- 원상회복 사례

열차 부품 파손 사고와 관련한 자료를 외부에 유출했다는 이유로 해임과 정직 처분을 받은 신고자에 대해 권익위가 보호 조치 결정을 하여, 해당 기관은 징계 처분을 취소했고, 처분 취소일까지 이자를 포함한 임금 상당액 일체를 지급하는 등 원상회복을 시켜주었다.

3' 3' 5 공익신고의 방해 및 취소 강요 금지 등

'공익신고자 보호법' 제15조 등은 공익신고자에 대한 불이익 조치 금지, 인사 조치의 우선적 고려, 유리한 법률 우선의 원칙, 보호 조치 등에 대해 규정한다. 먼저 '공익신고자 보호법'에서는 공익신고자에게 공익신고를 이유로 불이익 조치를 취하는 것을 금지한다. 누구든지 공익신고를 하지 못하도록 방해하거나 공익신고자에게 공익신고를 취소하도록 강요할 수 없으며, 위반 시 1년 이하의 징역 또는 1,000만 원 이하의 벌금에 처한다고 규정한다. 공익신고자의 사용자 또는 인사권자는 공익신고자가 전직 또는 전출 · 전입, 파견근무 등 인사에 관한 조치를 요구하는 경우 그 요구 내용이 타당하다고 인정될 때에는 이를 우선적으로 고려해야 한다. 또한 공익신고자의 보호와 관련하여 '공익신고자 보호법'을 우선 적용하되, 다른 법률을 적용하는 것이 유리한 경우에는 그 법률을 적용하도록 규정한다.

3' 3' 6 불이익 추정 원칙

공익신고자는 불이익 추정 원칙도 적용받는다. '공익신고자 보호법'에서는 일정한 사유가 있는 경우가 아니면 공익신고자가 불이익을 받게 될 경우 공익신고를 이유로 그러한 조치를 받은 것으로 추정한다. 이는 공익신고자 등을 알아내려고 하거나 공익신고를 하지 못하도록 방해하거나 공익신고의 취소를 강요한 경우, 공익신고가 있은 후 2년 이내에 공익신고자 등에게 불이익 조치를 한 경우, 불이익 조치 금지 권고를 받고도 불이익 조치를 한 경우를 포함한다.

3' 3' 7 보호 조치 신청

공익신고자가 공익신고를 이유로 불이익 조치를 받은 경우 권익위에 보호 조치를 신청할 수 있다. 다만 신청 기간은 불이익 조치 발생일(계속된 경우 그 종료일)로부터 3개월 이내이다. 다른 법령에 따른 구제 절차를 신청한 경우 이 법에 따른 보호 조치 신청은 할 수 없다. 권익위는 보호 조치 신청인, 불이익 조치자, 참고인, 관계 기관 · 단체 · 기업에 자료 제출, 출석, 진술서 제출 등을 요구할 수 있고, 권익위의 요구 위반 시 3,000만 원 이하의 과태료를 부과할 수 있다. 공익신고자가 보호 조치를 신청 후 결정 · 권고 전까지 직권 · 관계 당사자 신청에 따라 보호 조치 및 손해배상 등에 대해 화해가 가능하다. 여기서 화해조서는 '민사소송법'에 따른 재판상 화해와 동일한 효력을 가진다.

3' 3' 8 보호 조치 결정

'공익신고자 보호법' 제20조는 권익위가 공익신고자로부터 보호신청을 접수한 후, 조사 결과 신청인이 공익신고를 이유로 불이익 조치를 받았다고 인정될 때에는 불이익 조치를 한 자에게 30일 이내의 기간을 정해 보호 조치를 취하도록 요구하는 결정을 해야 하며, 신청인이 공익신고를 이유로 불이익 조치를 받았다고 인정되지 않는 경우에는 보호 조치 요구를 기각하는 결정을 하도록 규정한다. 보호 조치 결정은 ① 원상회복, ② 차별 지급되거나 체불된 보수(이자 포함) 등의 지급, ③ 그 밖에 불이익 조치에 대한 취소 · 금지 등이다. 권익위는 이러한 결정에 더해 불이익 조치자의 징계권자에게 그에 대한 징계를 요구할 수 있다. 권익위의 결정서를 받은 날부터 30일 이내에 행정소송을 제기하지 않으면 보호 조치의 결정이 확정된다. '공익신고자 보호법'은 확정된 보호 조치 결정을 이행하지 않는 자에게 2년 이하의 징역 또는 2,000만 원 이하의 벌금을 부과할 수 있다. 신고로 인한 행정적 · 경제적 불이익이 발생한 경우에 대해서는, 권익위가 30일 이내의 기간을 정해 인허가 또는 계약 등의 효력 유지 등 필요한 보호 조치를 취할 것을 권고한다. 이 밖에 공익신고자는 자신이 공익신고를 이유로 불이익을 받을 우려가 명백할 경우 권익위에 불이익 조치의 금지를 신청할 수 있다. 권익위가 이를 심의해 공익신고를 이유로 불이익을 받게 될 우려가 있다고 인정되면 불이익 조치를 하지 말 것을 사전 권고할 수 있다. 보호 조치 결정, 보호 조치 권고, 불이익 조치자 징계 요구, 불이익 조치 금지 권고를 받은 자는 30일 이내에 조치 결과 등을 권익위에 통보해야 한다.

3' 4 보상 및 구조

3' 4' 1 보상금 지급

국가 · 지자체에 직접적인 수입의 회복 · 증대를 가져오거나 그에 관한 법률관계가 확정된 경우 신고자는 권익위에 보상금을 신청할 수 있다. 보상금 요건이 되는 수입 회복 · 증대 사유는 벌칙 · 통고처분, 몰수, 추징금 부과, 과태료 · 이행강제금 부과, 과징금(인허가 취소 · 정지에 갈음하는 과징금 포함) 부과, 국세 · 지방세 부과, 부담금 · 가산금 부과, 손해배상, 부당 이득 반환 등의 판결 등이다. 신고자는 수입 회복 · 증대에 대한 법률관계가 확정되었음을 안 날부터 2년 또는 확정된 날부터 5년 이내에 보상금 지급을 신청할 수 있다. 이와 관련해 필요한 경우 권익위는 신청인, 참고인, 관계 기관 등에 출석, 진술, 자료 제출 등을 요구할 수 있고, 보상심의위원회 심의 · 의결 등을 거쳐 지급을 결정한다. 보상금의 지급 한도액은 최고 10억 원이며, 개별 공익침해행위로 산정된 보상금이 20만 원 이하일 때에는 지급하지 않는다. 공익침해행위의 조사 및 수사 업무에 종사 중이거나 종사했던 공직자가 그 조사 · 수사 사항과 관련하여 신고했을 때에도 보상금을 지급하지 않는다. 공익침해행위를 신고할 의무자 또는 공익신고자가 직무와 관련하여 신고한 사항에 대해서는 보상금을 감액하거나 지급하지 않을 수 있다.

- 보상금 지급 사례 1

유통기한을 넘긴 탓에 폐기해야 하는 '샥스핀, 날치알, 연어알 등'의 유통기한을 변조해 재포장하는 수법으로 판매한 ㅇㅇ수산 업체를 '국민의 건강 침해행위'로 신고한 사건에서, 권익위는 보상금 1,300만 원을 지급했다.

- 보상금 지급 사례 2

인터넷쇼핑몰 업체들이 침대 등 가구를 중소기업에서 제조했음에도 대기업 가구 업체에서 제조한 것처럼 허위 광고를 함으로써 '소비자의 이익'을 침해한 행위를 신고한 사람에게 900만 원의 보상금을 지급했다.

- 보상금 지급 사례 3

공장에서 기계 부품 세척 과정에서 발생하는 폐수를 하수구로 무단 방류하는 행위를 제보한 환경 분야 공익신고자에게 보상금 272만 원을 지급했다.

- 보상금 지급 사례 4

권익위는 2013년 산업체에서의 방사선 노출 작업 환경 등을 신고한 '국민의 안전' 분야 제보자에게 326만 원의 보상금을 지급했다.

3.4.2 구조금 지급

공익신고자와 그 친족 · 동거인이 공익신고로 피해를 받았거나 비용을 지출한 경우 권익위에 구조금을 신청할 수 있다. 구조금 요건이 되는 피해 및 비용 지출은 육체적 · 정신적 치료 등에 소요된 비용, 전직 · 파견근무 등으로 소요된 이사 비용, 원상회복 관련 쟁송 절차에 소요된 비용, 불이익 조치 기간의 임금 손실액, 그 밖에 중대한 경제적 손해 등이다. 필요한 경우 권익위는 신청인 · 이해관계인을 조사하거나 행정기관 및 관련 단체에 필요 사항을 조회하게 되며, 보상심의위원회 심의 · 의결 등을 거쳐 지급을 결정한다.

3.5 기타

'공익신고자 보호법'에서는 이 밖에 공직자가 공무원법이 금지하는 정치운동 행위를 할 것을 지시받은 경우, 이에 대하여 이의를 제기할 수 있고, 나아가 해당 직무를 거부할 수 있으며, 공익을 목적으로 이를 수사기관에 신고하는 경우 누구든지 그에 대하여 신고를 이유로 불이익 조치를 할 수 없다고 규정한다.

> • 정치운동 등 신고 특례
>
> 제25조의2(정치운동 등 신고의 특례) ① '국가공무원법' 및 '지방공무원법'에 따른 공무원('국가정보원직원법' 제2조에 따른 국가정보원직원을 제외한다. 이하 이 조에서 "국가공무원 등"이라 한다)은 다음 각 호의 어느 하나에 해당하는 행위를 지시받은 경우 대통령령으로 정하는 절차에 따라 이의를 제기할 수 있으며, 시정되지 않을 경우 그 직무의 집행을 거부할 수 있다.
>
> 1. '국가공무원법' 제65조에 따른 정치운동
> 2. '지방공무원법' 제57조에 따른 정치운동

3. '군형법' 제94조 제1항에 따른 정치 관여
② 국가공무원 등이 제1항에 따른 이의제기 절차를 거친 후 시정되지 않을 경우, 오로지 공익을 목적으로 제1항 각 호에 해당하는 행위를 지시받은 사실을 수사기관에 신고하는 경우에는 '형법' 제127조 및 '군형법' 제80조를 적용하지 아니한다.
③ 누구든지 제2항의 신고자에게 그 신고를 이유로 불이익 조치를 하여서는 아니 된다.

제5장

교훈과 과제

1 내부고발이라는 희망

세월호 사건 등 그동안 발생한 여러 참사에서는 자신을 희생하면서 다른 사람을 구하기 위해 나선 사람들이 있었다. 우리는 이들을 '의인'이라 부른다. 사건 발생 후 인명을 구하고 피해를 최소화하는 데 이들의 용기는 참으로 소중했다. 그러나 다른 한편으로 생각해볼 때, 내부고발자가 있었다면 그러한 참사가 아예 일어나지 않을 수도 있지 않았을까?

미국의 9 · 11 테러는 2001년 9월 11일에 벌어진 항공기 납치와 폭탄을 이용한 동시다발 자살공격이었다. 이 사고로 2,800~3,500여 명의 무고한 사람들이 생명을 잃었다. 당시 미국연방수사국 미니애폴리스 지부의 수석법률고문이었던 콜린 롤리는 9 · 11 테러 직전 지부가 테러용의자 자카리아스 무사위(9 · 11 테러 관련 유일한 생존 용의자로 '스무 번째 테러범'이라고도 불린다)를 체포하고자 워싱턴 D.C.의 FBI 본부에 수색영장 발부를 요청했지만 허가받지 못했고 오히려 묵살당했음을 폭로했다. 그 후 다시 미국 상원 법사위 청문회에 증인으로 출석해 자신이 내부고발자가 된 이유와 FBI가 테러를 막지 못한 책임, 그리고 쇄신 방안에 대해 진술했다 (≪프레시안≫, 2002.6.8).

1999년 경기도 화성 씨랜드 수련원 화재 때에도 군청의 담당 ○○○ 계장은 사고가 나기 2년 전 수련원 허가 신청서를 받았으나 가건물 형태의 시설로 화재에 취약해 허가를 내주지 않았다. 그러다가 온갖 종류의 부당한 압력과 협박을 받았다. 그럼에도 그가 허가를 내주지 않자, 군청은 그를 민원계로 전보 발령을 내버린다. 결국 씨랜드 화재 참사가 발생했고 어린이 19명을 포함해 23명이 목숨을 잃었다. ○○○ 계장은 그다음 해인 2000년 명예퇴직을 하여 공직을 떠났다. 당시 아이를 잃은 부모 중에 필드하키 국가대표선수였던 한 어머니는 "누구든지 그곳에 가서 묵을 수 있었던 것이 아닌가? 누구든지 피해자가 될 수 있었던 것이 아닌가?"라고 말하고, 이런 나라에서 더 이상 살 수 없다면서 올림픽 메달 수상으로 받은 훈장을 반납하고 한국을 떠나 뉴질랜드로 이민을 가버렸다.

많은 참사는 내부고발자의 목소리에 좀 더 귀를 기울이고 대책을 세웠더라면 사전에 막을 수 있었던 것들이다. 청해진해운 소속 여객선 세월호 침몰 사건도 그러한 사례의 하나이다. 2014년 1월에 회사 직원은 이미 잦은 사고와 상습적 정원 초과 운항 등에 대해 정부의 조사를 요청하는 고발 민원을 냈던 것으로 밝혀졌다. 그러나 정부는 그러한 신고를 받은 뒤 신고자의 임금 체불 건만 처리했고, 여객선의 규정을 무시한 불법 운행 등에 대해서는 어떤 조처도 하지 않았다. 이 신고자는 "단 한 명의 정부 담당자라도 고발 내용을 세심히 살펴 청해진해운을 들여다봤더라면 세월호 사고는 막을 수도 있었을 것"이라고 말한다.

내부고발은 신고자의 오랜 고민의 결과인 만큼 철저한 조사를 통한 진실 규명이 필요하다. 그리고 재발 방지를 위한 법적 · 제도적 조치도 취해져야 한다. 이와 더불어 그러한 제보를 한 신고자 보호도 중요하다. 내부고발의 궁극적 성공도 신고자의 보호와 함께 신고를 통한 재발 방지에 있다. 미국의 9·11 테러와 관련한 내부고발자인 콜린 롤리는 네 아이의 어머니이자, 여섯 식구의 생계를 혼자 책임지는 집안 유일의 수입원이었다. 더욱이 당시 그녀는 은퇴를 2년 반 남겨놓은 시점에 있었다. 자신이 내부고발을 한 것이 항명으로 받아들여져 파면된다면 퇴직연금이 날아가고 노후가 막막할 판이었다. 그래서 사흘 밤을 꼬박 새우며 고민했다고 한다(≪프레시안≫, 2002.6.8).

내부고발은 사후 적발보다는 사전 예방이 목적이다. 아예 신고할 일이 없는 사회가 되는 것이 최선이겠으나, 그렇지 못한 이상 불법이나 공익침해행위를 예방할 수 있는 최고의 수단은 신고이다. 하지만 현실적으로 고발자는 자신의 신분, 경제적 손실 등의 피해를 감수해야 한다. 그래서 신고자에 대한 철저한 보호는 더욱 필요하고, 경제적 보상 역시 충분해야 한다.

폰스 트롬펜아르(Trompenaars, 2003: 1~2)는 『보행자는 죽었는가?(Did the Pedestrian Die?)』라는 제목의 책에서 다음과 같은 딜레마와 설문조사 결과를 소개한다.

> 당신이 가까운 친구가 운전하는 차를 타고 도로를 달리고 있었는데, 친구가 보행자를 치고 말았다. 제한 속도 60km인 시내구간에서 친구는 80km로 과속을 하고 있었던 것이다. 당시 제한 속도를 위반한 사실을 목격한 사람은 아무도 없었다. 그런데 친구 측 변호사가 만약 법정에서 친구가 60km 속도를 지키면서 운전했다고 증언해주면 친구가 중한 벌을 면할 수 있을 것이라는 언질을 주었다. 자, 이런 상황에서 당신은 어떻게 할 것인가?

폰스 트롬펜아르는 전 세계 기업 CEO 약 1만 5,000명을 대상으로 한 조사에서 이러한 딜레마를 소개한 후 당신이라면 어떻게 할 것인지를 물었다. 조사 결과에 따르면, 법정에서 진실을 증언하겠다는 비율은 "캐나다 96%, 미국 95%, 스위스 94%, 스웨덴 93%, 독일 91%, 영국 90%, 네덜란드 88%, 덴마크 87%, 브라질 72%, 프랑스 68%, 싱가포르 67%, 일본 67%, 태국 63%, 인도 59%, 홍콩 56%, 말레이시아 55%, 중국 48%, 러시아 42%, 베네수엘라 34%, 한국 26%"였다. 한국은 꼴찌를 차지했다(박홍식, 2011). 네 명 중 세 명꼴로 진실의 편에 서기보다는 친구와의 의리를 중시할 것이라고 답변했다는 것이다. 진실보다 사적인 관계를 더 중시하는 한국 사회의 단면을 보여주는 결과이다. 개인이 사회적 규범, 공동체 사회의 이익이나 그에 대한 자신의 책임보다 가까운 친구를 위해 법정에서 판사까지 속이는 거짓 증언을 하겠다면, 내부고발은 더 어렵고, 내부고발자를 조직이나 동료를 배반한 배신자로 볼 가능성은 더 크다.

2013년 12월에 제작된 권익위 청렴연수원 공익신고 다큐멘터리 동영상을 보면 한국인과 미국인의 내부고발을 바라보는 시각 차이를 알 수 있다. 설문에서 먼저 "자기가 속한 조직의 부정이나 비리를 고발해야 한다고 생각하십니까?"라고 물었다. 이에 대해 미국인 100명 중 98명은 그렇다고 답변한 반면, 한국인은 80명이 그렇다고 했다. 이어서 좀 더 구체적인 질문을 했다. "나사를 바꿔치기한 동료를 신고해야 한다고 생각하십니까?"라는 질문에 미국인 100명 중 84명이 당연히 신고해야 한다, 16명이 신고는 지나치다고 한 반면, 한국인은 불과 35명만이 신고해야 한다고 답했다. 2008년 OBS TV에서 시민 200명을 대상으로 부패를 신고하는 것이 올바른 행위인가라고 물었을 때 200명 모두 '그렇다'고 답했다. 그러나 내부고발이 올바른 행위인가라고 재차 물었을 때 55명, 즉 네 명 중 한 명은 '그렇지 않다'고 대답했다. 이와 관련해 카이스트 정재승 교수의 말은 의미하는 바가 많다.

> 내 집단의 이익을 옹호하지 않음으로써 더 큰 집단에 대한 신뢰를 지키려는 노력은 인간 외에 그 어떤 동물 집단에서도 나타나지 않습니다. 이것은 인간만이 할 수 있는 배신입니다. 그런 의미에서 이러한 행동은 배신이 아니라 어찌 보면 지식인의 책무라고 볼 수 있을 것입니다(정재승 외, 2008).

조직의 위신이나 동료와의 인간적 친분 때문에 불법을 보고도 모른 체하고 그냥 넘어갔다면, 시간의 문제일 뿐 결국 사고로 이어지고 무수한 시민의 생명과 건강의 위험, 재산상 손실을 초래할 수 있다. 조직이나 동료를 위한 의리가 결국 사회 전체, 그리고 그 속에서 함께 살아가는 모든 이웃에게 돌이킬 수 없는 배신이 되고 말 것이다. 앞서 말한 적십자사 직원들이 혈액 관리 부실로 감염된 혈액이 유통되어 수혈되고 있다는 충격적 사실을 고발했을 때, 제보자 중 한 직원은 인터뷰에서 "내 가족이 수혈받을 수도 있다고 생각하니 그냥 있을 수 없었습니다"라고 말했다. 또 다른 내부고발 보도에서 한 방송사는 실내 비치용 소화기의 성능에 문제가 있다는 것과 무작위로 점검해본 결과 10대 중 3대가 화재 진압에 쓸 수 없는 것이라고 보도했다. 기업이 단가를 낮추기 위해 값싼 분말을 사용하다보니 불량 소화기가 납품되었던 것으로 밝혀졌다. 그 후 정부가 나서서 다시 검사했고, 불량 소화기를 모두 회수하도록 조치했다. 당시 제보로 소화기 제작 업체는 어려움에 처하고 직원들은 일자리를 잃었을지 모른다. 그러나 만약 내부제보가 없었고 성능에 결함이 있는 소화기가 계속 곳곳에 비치되었다면, 그리고 그런 소화기를 비치한 병원이나 학교, 지하철 등에서 불이라도 났다면, 그 때문에 많은 이들이 생명을 잃었을지도 모른다. 그때는 제보하지 못했음을 후회해도 이미 늦게 될 것이다.

한국 사회에도 내부고발 사례는 많다. 앞서 말한 불량 소화기, 혈액 부실 관리뿐만 아니라, 불량 낙하산 납품, 어린이집에서 원생들에게 먹다 남은 음식으로 만든 일명 꿀꿀이죽을 급식으로 제공한 것이나 아동 학대 행위, '도가니 사건'으로 잘 알려진 인화학교 장애인 학생 성폭력 사건, 업체의 유통기한을 속인 물품 판매, 가짜 참기름 유통, 폐수나 독성물질 무단 방류 등도 내부고발로 밝혀진 사건들이다. 사립 중 · 고등학교 재단의 횡령과 학생들 교육권의 침해, KTX 열차사고, 지하철의 스크린도어 전류 사고 등도 내부제보가 있어 재발 방지 대책을 마련할 수 있었다. 이러한 사례들은 내부자의 고발이 가정, 어린이집, 학교, 지하철 등에서 어떤 변화를 불러올 수 있는지 보여준다. 신고가 없었다면 많은 이들이 지금도 위험에 방치되고 있을 것이다.

왕따가 성행해 어린 학생들의 자살이 늘어났던 시기, 대통령은 '어린이 날' 기념사를 하면서 "우리 어린이들이 왕따에 대해 선생님께, 부모님께 말하는 것이 민주시민의 기본자세다"라고 말한 적이 있다. 잘못을 지적하고 알리는 것은 당연한 것이지만, 사회는 이러한 행위를 가리켜 고자질이라고 가르친다. 내부고발자는 사회의 '빛과 소금'으로, 공익을 실천한 '용감한 시민'이라는 인식 전환이 필요하다. 불법과 부정에 누구든 방관과 묵인에서 벗어나 여기 문제가 있다고 소리칠 수 있고, 그럼에도 외롭지 않고 좀 더 보호받을 때, 그 소리를 듣고 함께 목소리를 낼 수 있을 때 사회는 보다 성숙한 단계로 나아갈 것이다.

2 보호의 노력

각국의 내부고발자를 보호하기 위한 법제 마련은 오래전부터 계속되고 있다. 미국의 '내부고발자 보호법(Whistleblower Protection Act, 1989)'에 이어, 영국에서 '공익신고자 보호법(Public Interest Disclosure Act, 1998)'

이, 뉴질랜드에서는 '제보자 보호법(Protected Disclosures Act, 2000)' 등이 제정되었다. 이 중 영국의 '공익신고자 보호법'은 가장 진전된 제보자 보호법의 하나로 평가받고 있고, 2000년 남아프리카공화국, 2003년 인도의 보호법 제정에도 영향을 미쳤다. 아시아에서는 일본도 기업들에 의해 소비자들이 피해를 당하는 사고를 몇 차례 겪으면서 국민의 생명, 신체, 재산 그 밖의 이익의 보호를 위한 법령의 준수를 목적으로, 제159회 국회에서 '공익통보자 보호법(公益通報者保護法)'을 제정했다.

미국의 내부고발자 보호를 위한 법률 중에 '부정주장법(False Claims Act of 1986)'이 있다. 이 법은 신고자의 역할에 따라 미납 세액 환수금이나 과징금의 최고 30%를 신고자에게 보상금으로 지급하도록 규정해 공익신고자에 대한 보상체계를 확립했다. 이러한 공익신고자 보상제도가 적용된 사례도 있다. 스위스유니온은행(Union Bank of Switzerland: UBS) 자산운용 담당자였던 브래들리 버켄펠트는 전 UBS CEO가 2002년부터 2007년 사이에 은행 업무를 관리·감독하면서 약 200억 달러 상당의 비실명 계좌를 약 2만 명의 미국 납세자를 위해 운용하고, 미국 고객들이 자산을 은닉할 수 있도록 역외 페이퍼컴퍼니를 설립해 이 회사가 자산을 소유한 것처럼 세무신고를 하도록 도와주었다는 사실을 미국 국세청에 제보했다. UBS는 전 세계 50개 이상의 국가에서 8만여 명의 직원이 약 2조 6,000억 달러의 자산을 운용하여, 개인자산 운용 업무(private banking) 분야에서 세계 1위를 차지하고 있는 기업이다. 조사 결과, UBS가 미국 납세자 자산을 숨긴 대가로 매년 약 2억 달러의 수입을 올릴 수 있었다는 것이 밝혀졌다. 미국 국세청은 이 법에 따라 2012년 9월 UBS가 미국 자산가들의 탈세를 도왔다는 물증을 제공한 전 UBS 직원 브래들리 버켄펠드에게 포상금 1억 400만 달러(약 1,170억 원)를 지급했다. 미국에서 지금까지 1,000만 달러(약 105억 원) 이상 규모의 보상금이 지급된 사례는 20여

건이 넘는다.

기업 회계 등 특정 분야에서 발생할 수 있는 불합리함을 내부에서 고발해 바로잡을 수 있게 하려는 노력도 활발하다. 경영자의 도덕적 해이와 외부 견제를 제도적으로 강화하기 위해 미 의회는 2002년 '사베인-옥슬리법(Sarbanes-Oxley Act, 기업회계개혁법)'을 제정했다. 이러한 법 제정은 올림푸스나 엔론 사태 등 기업 회계 부정으로 인해 발생한 주식 폭락으로 투자자들이 수십 억 달러의 손해를 입은 데 따른 것으로, 직원이 상장기업(publicly-traded corporations)의 증권(securities) 관련 연방법이나 증권거래위원회(Securities and Exchange Commission)의 규제 법규 위반행위를 신고한 경우에 대해 법적으로 보호한다. 또한 내부고발자에 대한 사용자의 보복은 범죄행위라는 것, 기업은 내부고발 절차를 만들어야 하고, 법률적 대리인들(attorneys)이 기업의 불법행위를 발견한 경우 신고할 것을 규정했다.

한국은 2001년 '부패방지법'(현 권익위법) 제정으로 공공부문의 내부고발자 보호를 시작한 이래, 2011년 '공익신고자 보호법' 제정으로 내부고발자에 대한 법적 보호의 범위를 민간부문으로 확대하고, 보호 수준도 지속적으로 강화하고 있다. 그러나 적용 범위 등 개선해야 할 점 또한 적지 않다. 한국은 현재 공공부문의 부패행위나 공공·민간부문 공익침해행위를 신고하는 내부자에게 보호를 제공한다. 그런데 미국에서는 '내부고발자 보호법'에 따라, 공직사회 법률 위반 이외에 국민의 건강과 안전에 대한 실질적이고 명백한 위험, 분야별 규제법의 위반, 권한 남용, 재정의 막대한 낭비, 관리상의 심각한 실패, 정부의 정책 결정에 이의를 제기하는 연방 공무원, 검열을 문제 삼는 과학자 등도 보호 대상 신고 항목으로 규정했다. 한국의 '권익위법'은 공공부문의 부패행위를 신고한 경우에만 보호할 뿐이나, 미국은 공직자가 국민을 위해 더욱 광범위한 이슈에 걸쳐 문제점을 지적하고 알리는 노력을 보호한다. 이 점이 한국과 미국 보호 입법상의 가장 큰 차이이다. 미국 의회는 내부고발에 대한 더욱 철저한 보호를 통해 공직자들로 하여금 국민을 위한 것이면 누구든 나설 수 있도록 보장한다. 또한 국민을 속이는 권력, 공직사회가 자신의 이익을 위해 국민의 이익을 소홀히 하는 것, 공직자의 법률 위반 등에 대한 감시를 추구한다.

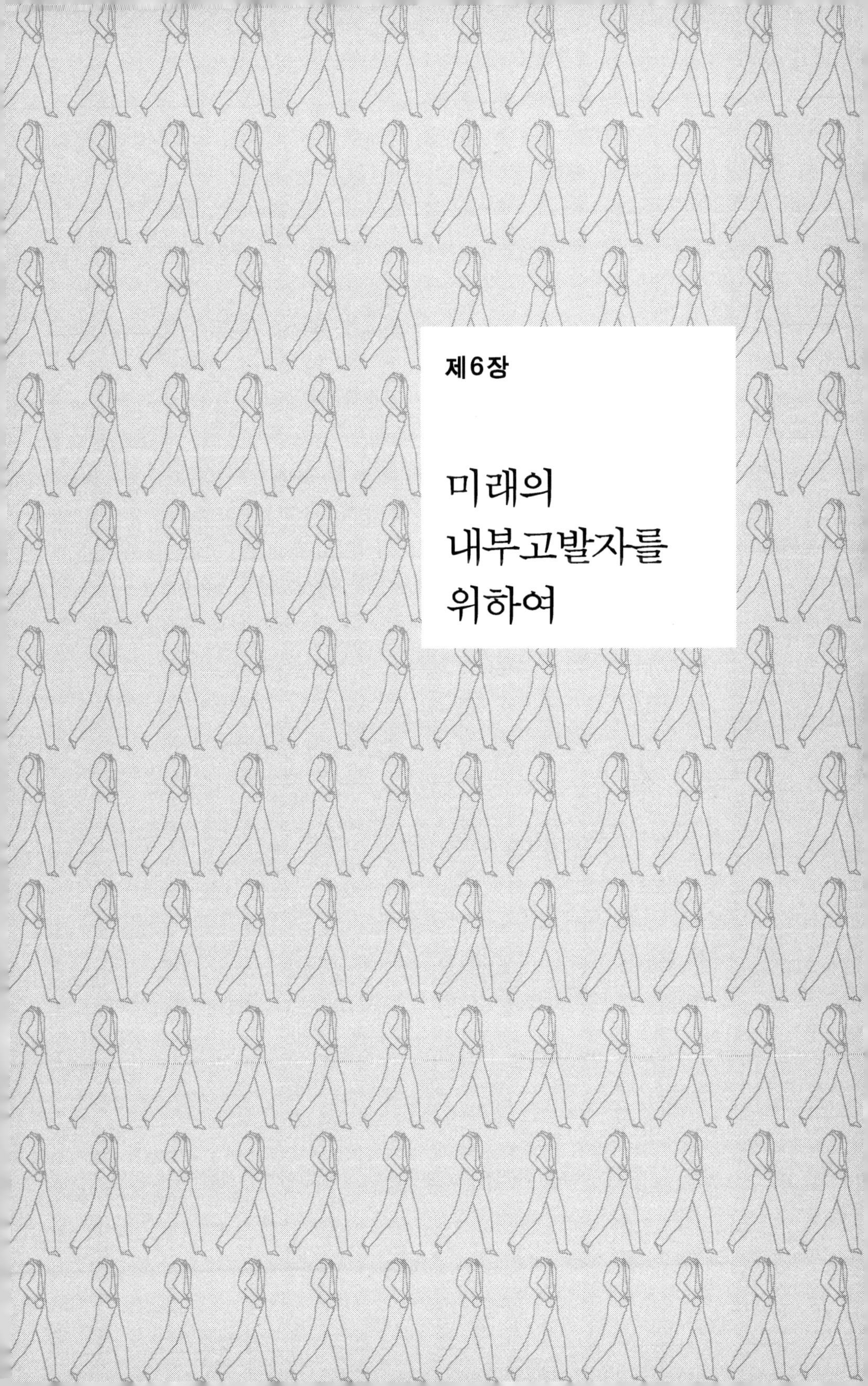

제6장

미래의 내부고발자를 위하여

1 내부고발, 정직과 진실의 역사를 쓰다

내부고발은 국민 또는 고객을 속이고, 경제와 사회질서를 파괴하는 다양한 불법행위를 세상에 폭로함으로써 중단시킨다. 건강한 사회를 위한 가장 아름다운 고발이고 사회의 어두운 면을 들추어 정직과 진실의 역사를 쓰는 행동이다. 미국의 가장 영향력 있는 시사 주간지 ≪타임(Time)≫은 '2002년 올해의 인물(persons of the year)'로 세 사람의 내부고발자를 선정했다. 월드컴의 38억 달러에 달하는 회계 부정을 이사회에 폭로했던 내부감사역 신시아 쿠퍼, 9 · 11 테러 직전 지부의 수사 확대 요청을 본부가 묵살했다고 고발한 전 FBI 요원 콜린 롤리, 엔론의 7억 달러 규모의 회계 부정을 폭로한 전 부회장 셰런 왓킨스가 그들이다. ≪타임≫은 이 내부고발자 세 명을 미국의 미래를 위한 희망이라고 소개하면서 표지 모델로도 실었다.

지난 역사를 돌아보면 내부고발 사례는 무수히 많다. 미국 역사상 최초로 대통령의 하야를 불러온 1972년 워터게이트 사건은 권력자가 국민을 속일 때 내부고발자가 어떤 역할을 할 수 있는지를 보여준 대표적인 사례이다.

1999년에 개봉한 할리우드 영화 〈인사이더(Insider)〉는 한 담배회사 부사장의 공익제보에서 시작된 2,460억 달러(약 259조 2,840억 원)라는 천문학적 배상금이 걸린 담배회사 상대의 소송 실화를 다룬 영화이다. 미국 메이저 담배회사인 '브라운 앤드 윌리엄스'의 제프리 위건드 부사장은 회사가 담배 맛을 더 좋게 하기 위해 제조 과정에서 폐암을 유발할 수 있는 화학물질을 첨가한다는 사실을 알고 생산 중단을 요구했으나 결국 이 때문에 해고된다. 그는 비밀 엄수 약정서에 서명했기에 자신이 회사의 치명적인 비밀을 공개할 경우 그동안 쌓아온 부와 명예를 소송으로 모두 잃을 수도 있다는 것을 알았지만, 결국 자신의 양심을 행동으로 옮기기로 결심한다. 그리고 회사 측의 집요한 회유와 협박에도 불구하고 1996년 방송에 출연해 회사의 부조리를 폭로한다. 이후 50개 주정부에서는 담배회사를 상대로 2,460억 달러의 소송을 제기해서 승소했고, 고발은 세계무역기구(WTO)의 담배규제기본협약 또한 이끌어냈다. 그리고 담뱃갑에 담배의 유해성을 알리는 경고 문구와 사진을 싣게 하는 규정이 마련되는 계기가 되었다.

2006년 세계 최대의 제약회사인 미국 화이자의 영업 담당 직원을 포함한 6명의 내부고발자는 화이자가 미국식품의약국(FDA)으로부터 약효를 인정받지 않은 데다 부작용까지 우려되는 신약을 불법적으로 판촉했고, 계열사인 파마시아가 성장장애 치료제를 심장병과 고혈압 등의 부작용을 숨긴 채 노화방지제로 둔갑시켜 판촉한 사실을 신고했다. 2009년 화이자는 미 법무부와의 유죄 인정 합의와 민사 합의에 따라 총 23억 달러라는 제약업계 사상 최대의 벌금을 물었고, 연방정부는 이를 신고한 내부고발자 여섯 명에게 총 1억 2,000만 달러에 이르는 보상금을 지급했다. 화이자는 직원들의 내부고발로 수십 년간 쌓아온 초일류 기업이라는 이미지에 큰 타격을 입지만, 이를 계기로 투명과 윤리경영을 표방하고 경영 체질 개선에 힘씀으로써, 회사의 지속가능한 성장을 위한 도약의 기회로 삼았다.

2009년 4월 마이클 우드퍼드는 외국인으로는 처음으로 카메라업체로 유명한 올림푸스의 사장으로 임명되었다. 올림푸스는 디지털카메라 외에도 의료용 내시경, 공업용 현미경 등 광범위한 분야의 정밀광학기기를 생산하는 일본의 대기업으로, 1919년 현미경과 체온계를 만드는 회사로 출발한 이래 현재 전 세계에 소화기 내시경 시장의 70% 이상을 점유할 정도로 성장했다. 2010년 회계연도 매출이 8,471억 엔, 순이익이 73억 엔이었고, 종업원 수만 3만 4,000명이었다. 우드퍼드는 기쿠카와 쓰요시 회장에게 과거 기업 매수의 문제점을 따지다가 해임되었고, 기업의 거액 자문료 지불 등에 대한 의혹을 폭로했다. 이후 FBI는 수사에 착수했고, 결국 올림푸스가 그동안 저지른 범죄가 밝혀졌다. 올림푸스는 1990년대 '버블경제'가 붕괴하자 영업 손실을 메우려고 재테크에 열중하다 대규모 유가증권 투자로 손실을 냈다. 주식 · 채권 등 유가증권은 손익이 수시로 변하는데, 매번 장부에 적을 필요는 없지만, 손실이 투자액의 일정 비율을 넘으면 결산 시 계상해야 하고, 이를 숨기는 것은 유가증권 보고서의 허위 기재에 해당한다. 그럼에도 2001년 사장에 취임한 기쿠카와 쓰요시 회장은 허위 기재로 손실을 은폐했다. 그러다가 우드퍼드 사장이 새로 취임하면서, M&A 자문 수수료로 6억 8,700만 달러를 비정상적으로 지급한 것을 알았고, 이 과정에서 총 13억 달러의 자금이 없어진 사실도 확인하게 된다. 올림푸스는 2006년부터 2008년에 걸쳐 일본 건강식품회사 등 비상장 3개사를 734억 엔을 주고 사들였는데, 인수 금액을 실제보다 부풀린 뒤 상당 금액을 빼돌려 과거의 투자 손실을 메우는 데 사용한 사실도 드러났다. 회사는 인수 대상 회사의 가치를 과장하기 위해 인수합병 후 4년간 3개사의 매출이 약 16배로 급성장한다는 장밋빛 전망을 제시했다. 2008년 2월에는 영국 의료기기 회사를 약 2,100억 엔에 사들이면서 자문료를 660억 엔(약 8억 달러)이나 지급했다. 자문료는 인수액의 1~5%라는 것이 업계의 상식이지만 올림푸스는 약 30%를 자문료로 지급했다. 올림푸스는 2009년 5월 회계 조작과 관련한 갈등으로 회계감사 회사를 KPMG에서 갑자기 E&Y로 바꾸었다. 이에 대해 기쿠카와 쓰요시 회장은 "적절한 처리였다"라고 강변했지만, 제3자 위원회가 설치되고 조사에 착수하면서 올림푸스가 지난 2011년 17억 달러(약 1조 8,600억 원)에 달하는 분식회계를 저지른 사실이 드러났다.

미국 7대 기업에 속하는 엔론의 부사장 셰런 왓킨스는 38억 달러에 달하는 분식회계를 통한 회계 부정을 이사회에 폭로했다. 엔론은 그동안 분식회계를 통해 이익을 부풀려오던 회계 부정이 드러나면서, 미국 역사상 최대의 기업 회계 부정 사건으로 기록되며 2001년 파산했다. 정부의 부실한 감독, 회계법인과 투자은행의 방조, 정경유착 등이 결합되어 발생한 엔론 사태는 당시 미국 사회에 큰 충격을 안겼다. 사태가 발생하기 직전 엔론은 15년 사이 1,700%의 성장률을 기록하고 미국과 유럽 지역 에너지 거래의 25%를 독식하고 있었다. '미국인이 가장 근무하고 싶어 하는 회사', '미국에서 가장 혁신적인 기업'에 선정되기도 한 거대 에너지 회사였다. 그런데 엔론의 오너인 케네스 레이와 CEO인 제프리 스킬링 등 중역들은 무리한 사업 확장을 시도했다. 수익이 나지 않는 상황에서도 사업이 확장되는 가운데 엔론의 주식은 치솟았다. 그러나 엔론은 계속 적자를 기록했고, 결국 주가가 떨어지는 것을 막기 위해 분식회계를 시도했고, 금융기관에서 빌린 자금을 장부에 허위로 기록했다. 당시 셰런 왓킨스 부사장은 이러한 회계 부정이 저질러졌음을 발견하고 케네스 레이 회장에게 문제를 지적했지만, 회장은 이를 무시했다. 이후에도 엔론은 페이퍼컴퍼니에 불과했던 특수목적 법인들을 만들고, 수십 개의 파트너십을 형성하면서 광대역통신까지 영역을 확장했으며, 그 밖에 새로운 사업에도 계속 투자했다. 이 과정에서 재무제표를 조작하는 일도 벌어졌다. 결국 한때 자산 규모가 628억 달러에 달하던 엔론은 엄청난 부채를 떠안은 채 파산했다. 2000년 엔론의 매출액은 당초 발표한 1,007억 달러가 아닌 63억 달러에 불과한 것으로 드러났고, 한때 주당 90달러에 달했던 주가는 30센트까지 폭락했다. 이 사건으로 엔론의 최고경영자인 제프리 스킬링은 징역 24년형을 선고받았다. 이후 엔론의 자회사와 회계, 증권을 관리하던 아서 앤더슨을 포함해 2만 9,000명의 직원이 한순간에 실직자가 되고, 그들의 퇴직연금도 완전히 날아갔다. 엔론은 사태를 파악하고도 도산 직전에 500여 명의 임원에게 50만 달러에서 500만 달러에 이르는 성과급 잔치를 벌인 것으로도 밝혀졌다. 이 때문에 미국의 금융권에 대한 신뢰와 에너지 산업 기반이 무너지고, 큰 경제침체를 초래했다. 2002년 미국 의회는 이러한 부정을 막기 위해 '사베인-옥슬리법'을 제정했다. 이를 통해 내부고발자에 대한 사용자의 보복을 금지하고, 기업에서 내부고발 절차를 만들도록 규정했다. 또한 기업 변호사들이 불법행위를 발견했을 경우 의무적으로 신고하도록 만들었다.

일본에서는 2000년 미쓰비시 자동차 직원이 회사가 지난 10년간 제품 결함과 리콜을 조직적으로 은폐해왔음을 폭로했다. 당시 미쓰비시 자동차는 일본 내 4위의 자동차 업체였으나, 폭로 직후 2000년 상반기에만 756억 엔(약 7,606억 원)의 적자를 기록했고 매출도 급감하면서 도산 직전까지 내몰렸다. 이 사건은 일본 정부가 2004년 기업이나 관공서의 공익 제보자를 보호하는 '공익통보자 보호법'을 제정하는 계기가 되기도 했다.

유키지루시 식품은 일본 유제품 시장의 80%를 장악하고, 연간 10조 원의 매출을 올리던 거대 기업이었다. 2002년 거래 업체의 한 직원은 유키지루시 식품이 호주산 쇠고기를 국내산으로 위장해 판매한다는 사실을 발견하고 이를 공개했다. 이 사건으로 유키지루시 식품은 문을 닫았다. 한편 일본 홋카이도를 대표하는 식품업체인 미토호프의 전직 종업원은 2007년 회사가 수년간 쇠고기 크로켓 등의 제품에 돼지고기를 섞어서 판매해온 사실을 폭로했다. 결국 미토호프 사장은 구속되고 회사는 폐업했다. 2008년 5월에는 일본 오사카의 최고급 요정 기업인 센바기쓰조가 쇠고기를 비롯한 식재료의 원산지를 속이고, 먹다 남은 회를 다른 손님의 요리에 재활용해온 사실이 공개되어 자진 폐업하기도 했다.

2 마치며

한국은 지난 반세기 동안 정치적 · 경제적으로 많은 발전을 이루었다. 그 결과 무역규모 1조 달러, 국민소득 2만 달러를 넘어서는 성장을 달성했고, 투명성 지수는 영국보다, 민주주의 지수는 일본보다도 높다. 그러나 여전히 한국 사회에는 소속 조직이나 집단, 자기편의 이익을 위해서라면 거짓 증언이나 진술도 주저하지 않는 풍토가 남아 있다. 더 곤혹스러운 것은 많은 국민이 이를 대수롭지 않게 생각한다는 것이다. 권력과 공직자의 부패, 국민의 건강과 안전, 환경, 소비자의 이익 등 공동체의 이익이 위협받는 상황을 보고도 그러한 사실을 공개하는 것이 자신의 조직 또는 집단의 이익을 가로막거나 방해하는 것이라면 이를 쉽게 묵인하고, 그렇게 하는 것을 도리나 의리쯤으로 생각하는 경우도 적지 않다. 동료나 친구가 법규 위반이나 부도덕한 일을 저지르면 눈감아주거나 함께 덮어주려고 나서는 것을 진정한 용기나 미덕인 양 생각한다. 그러한 '배려'를 받은 사람도 이에 대해 신세를 졌다고 여기고 언제든 갚을 것을 약속한다. 심지어는 국회나 법정에서, 검찰 또는 경찰 조사에서도 친구나 동료, 소속 조직을 위한 거짓말은 마치 그럴 수 있는 양, 때로는 당연히 그렇게 해야 하는 듯이 받아들여진다. 그렇게 하는 것을 크게 잘못된 것이거나 부정한 것으로 생각하지 않고 죄의식도 크지 않다. 젊은 사람들은 학교를 졸업하고 취업해서 사회에 발을 들여놓는 순간, 자기가 소속한 조직이나 자기편의 이익을 국가나 국민 전체의 이익보다 우선시하는 것을 먼저 학습한다. 그러는 가운데 많은 사람은 법을 지키는 것, 양심적 · 도덕적으로 행동하는 것을 '아직 철이 덜 들었다'거나 '뭘 잘 모르는 사람', '사회생활에 적응을 잘 못하는 사람' 정도로 치부한다. 정직했다가는 조직에서 살아남기도 어렵고, 사회생활 자체가 고달플 것이라고 말한다.

한국 사회가 바르게 사는 것을 명예롭게 여기지 않는 사회라고 한다면 지나친 표현일지 모르나, 정직하고 반듯하게 살기가 쉬운 곳이 아님은 사실이다. 사회의 전근대적이고 후진적인 문화 구조와 환경은 개인의 양심, 정직함이나 표현의 자유를 억압하고, 품위 있는 삶과 인간의 존엄을 훼손한다. 사람의 가치는 저평가되고, 삶의 질이 자리 잡을 여지가 줄어드는 것이다.

세계적으로 내부고발자 보호에 관한 책은 지난 10년간 100권도 넘게 출판되었다. 그간 지구촌 사회가 만들어낸 이들의 보호에 대한 절실함의 반증이자, 많은 사람이 이를 뜨거운 이슈로 생각했다는 것을 보여준다고 할 수 있다. 아니면 공동체 사회가 내부고발을 절대 필요로 했음에도 보호에는 실패했기 때문일 수도 있다.

윤중호 시인의 「영목에서」(2005)라는 시에서처럼 누구든 한 평생 사는 동안 한 번쯤은 "칼날 같은 세상의 경계에" 서서 모든 것을 던지고 싶을 때가 있다. 그때쯤 내부고발을 생각할 것이다. 내부고발은 조직이라는 커

튼 뒤에, 또는 카펫 아래에서 은밀하게 일어나는 '숨은 범죄(hidden crime)'를 막는 데 효과적이다. 에드워드 외(Edwards et al., 2012)는 복잡한 사회에서 우리의 건강을 지키기 위해 내부고발이 필요하다고 말한다. 내부고발자란 실제 범죄를 보고 자신이 가진 모든 것을 던져 사회에 희망의 질서를 만들고자 나섰던 사람들이다. 그러나 주목받지 못하고, 오히려 참혹한 피해를 입는다. 법규 위반이 의심되는 사항에 대해 문제를 제기할 수 있는 채널과 기회는 계속해서 증가하고 있으나, 고발에 나섰다가 불이익을 당하는 선한 피해자도 늘고 있다. 진실과 정직으로 자신의 사회적 책임을 다하고자 스스로 위험을 자처했던 사람들이 보호받지 못하는 사회에서는 미래의 희망을 이야기하기 어렵다.

콘(Kohn, 2011: xii)은 자신의 책 서론에서 내부고발이 정부의 어떤 규제나 감독기관보다 법규 위반을 줄이는 데 더 효과가 있다고 했고, 결론에서는 내부고발을 '드림(dream)'이라고 표현한다. 사회는 책임 있는 내부고발자의 존재에 목말라하고, 누군가는 또다시 세상의 희망이 되기를 꿈꾸며 칼날 같은 세상의 경계에 설 것이다. 하지만 그들을 기다리는 것은 극심한 스트레스와 고통의 시간이다. 장진수 전 국무총리 공직윤리지원관실 주무관은 본인의 경험에 대해 이렇게 말했다.

> 사건에 휘말려 재판을 받으며 정말 하루에도 수십 번씩 생각이 오락가락했다. 뒤를 봐주겠다, 평생을 먹고살게 해주겠다, 청와대를 끌어들이면 아무도 당신을 지켜주지 못한다 등등 온갖 회유와 협박이 나를 괴롭혔다. 하지만 목숨을 걸고 폭로를 결심하고 나니 드디어 마음에 평화가 찾아왔다. 그대로는 정말 살 수가 없었다. 아내와 두 딸, 부모님 얼굴을 보고 살 자신이 없었다(박유안, 2014: 25).

이처럼 공직자가 국가나 국민 앞에 사실을 증인하는 데에도 자신의 모든 것을 걸어야 한다. 내부고발자가 받아야 할 것은 고통과 스트레스가 아니라 박수이다. 그럼에도 불구하고 국민을 위해 일해야 할 소명을 부여받은 공직자가 국민을 위해 증언해야 하는 자리에서 진실을 말할지 숨길지를 고민해야 한다면, 그리고 민주국가에서 주권자인 시민 개개인이 사회를 위해 나서는 것에 대해서 불이익을 전제해야 한다면, 이것은 뭔가 잘못되어도 크게 잘못된 것이 분명하다. 따라서 국가가 그들을 충분히 보호하지 못한 경우 그들이 국가에 배상 책임을 물을 수 있는 권리를 부여해야 한다. 그래야 누구든 주권자로서, 그리고 사회 구성원으로서 사회를 지키기 위해 자신의 책임과 의무를 다할 것이다.

반데커초브와 차후리두(Vandekerckhove and Tsahuridu, 2010)는 내부고발을 해야 할 권리와 의무가 정의(justice)와 선행(benevolence) 두 가지에 관한 것으로, 현재 내부고발자에 대한 법적 보호의 주장은 사회적 정의를 다루기 위한 것으로서, 선행의 영역에서의 권리와 의무의 확장에 해당한다고 말한다. 사회적 선을 지키고 피해를 막기 위한 내부고발은 모든 시민이 감당해야 할 의무라고 볼 수 있으나, 입법화하는 것까지는 아직 가능하지 않다는 주장이다. 이러한 상황에서 내부고발자는 자신의 위험을 최소화하기 위해 최선을 다하는 길밖에 없다. 정부는 내부고발자들에게 충분한 보호를 제공할 정책과 절차를 더 마련해야 하고, 래버리(Lavery, 2010)가 말하듯, 그들을 보호하기 위한 행동에 나서야 한다.

내부고발을 하려고 하는가? 법의 손길이 미처 미치지 못하고 보호 시스템이 충분히 작동하지 않는 만큼, 스스로 보호받기 위해서는 오랜 시간 치열하게 준비해야 한다. 대비는 꼼꼼한 것으로 부족하고, 준비와 전략에는 빈틈이 없어야 한다.

참 고 문 헌

국가청렴위원회. 2007.『관아의 오동나무는 나라의 것이다: 역사 속에서 찾은 청렴 이야기』.

국민권익위원회. 2008.「부패신고자 보호·보상제도 안내」.

_____. 2012.「공익신고 처리 및 신고자 보호」.

_____. 2013.「내부고발자보호제도의 이해」.

_____. 2014.「공익신고 접수 및 처리결과 통계」.

≪동아일보≫. 2005.6.2. "WP '펠트 前FBI 부국장이 워터게이트 제보'".

_____. 2013.7.13. "승리하려면… 내부고발자의 조언".

박유안. 2014. "이보다 더 추악할 순 없다: 민간인 불법사찰의 기록『블루게이트』를 펴낸 장진수 전 주무관". ≪월간 참여사회≫, 2014년 7월호, 24~29쪽.

박홍식. 2011.「국가 부패 수준에 대한 특수주의와 투명성의 영향」. ≪한국부패학회보≫, 제16권 4호, 1~24쪽.

박홍식·이지문·장용진. 2013.「내부고발자의 법적 보호, 그 후 10년: 성과와 새로운 도전」. 김병섭·박순애 엮음.『한국사회의 부패: 진단과 처방』, 161~195쪽. 박영사.

성동호 역해. 2008.『新譯 韓非子』. 홍신문화사.

윤중호. 2005.『고향길』. 문학과지성사.

이지문. 2010.「인물로 본 내부고발 역사」. 공익제보자와함께하는모임 주최, 이문옥 감사관 양심선언 20주년 토론회 자료집.

정재승 외. 2008.『배신』. 한겨레출판.

≪프레시안≫. 2002.6.8. "미국을 감동시킨 한 아줌마의 용기: FBI의 9.11 사전대응 비판한 콜린 롤리".

참여연대. 2012.『양심의 호루라기를 부는 사람들 2012』.

_____. 2013.『양심의 호루라기를 부는 사람들 2013』.

호루라기재단. 2013.「내부공익신고자 인권실태조사보고서」.

ACFE. 2014. "2014 Report to the Nations on Occupational Fraud and Abuse." http://www.acfe.com/rttn/docs/2014-report-to-nations.pdf(검색일: 2014.7.29).

Bok, S. 1981. "Blowing the whistle." in J. L. Fleishman, L. Liebman and M. H. Moore (eds.). *Public duties: The Moral Obligations of Government Officials*, pp. 204~

220. Cambridgc, MA: Harvard Univcrsity Press.

Delk, K. L. 2013. "Whistleblowing — Is It Really Worth the Consequences?" *Workplace Health & Safety*, Vol. 61, No. 2, pp. 61~64.

Devine, T., & T. F. Maassarani. 2012. *The Corporate Whistleblower'S Survival Guide: A Handbook for Committing the Truth*. San Francisco, CA: Berrett-Koehler Publishers.

Edwards, B., B. Hugman, M. Tobin and M. Whalen. 2012. "Embedding 'speaking up' into systems for safe healthcare product development and marketing surveillance. *Drug Safety*, Vol. 35, No. 4, pp. 265~271.

Ethnic Resource Center. 2014.7.11. "Ethics decline during mergers, acquisitions and organizational restructuring." http://patsblog.ethics.org/post/91464698918/ethics-decline-during-mergers-acquisitions-and(검색일: 2014.7.10).

Ewing, D. W. 1977. *Freedom Inside the Organization: Bringing Civil Liberties to the Workplace*. New York, NY: Dutton.

Graham, J. W. 1986. "Principled organizational dissent: A theoretical essay." in B. M. Stan and L. L. Cummings(eds.). *Research in Organizational Behavior*, Vol. 8, pp. 1~52. Greenwich, CT: JAI Press.

Hassink, H., M. de Vries and L. Bollen. 2007. "A content analysis of whistleblowing policies of leading european companies." *Journal of Business Ethics*, Vol. 75, No. 1, pp. 25~44.

Hersh, M. A. 2002. "Whistleblowers — Heroes or traitors?: Individual and collective responsibility for ethical behaviour." *Annual Reviews in Control*, Vol. 26, No. 2, pp. 243~262.

Inside Medical Devices. 2014.7.29. "Dodd-Frank Whistleblower Program and the FCPA: What does it mean for your company?" http://www.insidemedicaldevices.com/2014/01/17/dodd-frank-whistleblower-program-and-the-fcpa-what-does-it-mean-for-your-company/(검색일: 2014.7.29).

Johnson, R. A. and R. C. Chope. 2005. "How can a career counselor work with a whistleblower?" *Journal of Career Development*, Vol. 31, No. 4, pp. 251~261.

Kohn, S. M. 2011. *The Whistleblower'S Handbook: A Step-by-step Guide to Doing What'S Right and Protecting Yourself*. Guilford, CT: Lyons Press.

Lavery, L. M. 2010. "The state of ethics in our society: A clear call for action." *International Journal of Disclosure and Governance*, Vol. 7, No. 3. pp. 172~197.

Lewis, D. 2008. "Ten years of public interest disclosure legislation in the UK: Are whistleblowers adequately protected?" *Journal of Business Ethics*, Vol. 82, No. 2, pp. 497~507.

Lovell, A. 2003. "The enduring phenomenon of moral muteness." *Public Integrity*, Vol. 5, No. 3, pp. 187~204.

Maurer, R. 2013. "Whistle-Blower Rule Changes Follow Record Cases in 2012." http://www.shrm.org/hrdisciplines/safetysecurity/articles/pages/(검색일: 2014.7.29).

McDonald, S. and Ahern, K. 2002. "Physical and emotional effects of whistleblowing." *Journal of Psychosocial Nursing and Mental Health Services*, Vol. 40, No. 1, pp. 14~27.

Minkes, J. 2010. "Silent or invisible?" *Criminology & Public Policy*, Vol. 9, No. 3, pp. 467~473.

Moore, L. and E. McAuliffe. 2012. "To report or not to report? Why some nurses are reluctant to whistleblow." *Clinical Gvernance: An Internationl Journal*, Vol. 17, No. 4, pp. 332~342.

Mortgage Finance Gazette. 2014.7.29. "FCA sees a 64 per cent rise in whistle-blowing." http://www.mortgagefinancegazette.com/financial-conduct-authority/fca-sees-a-64-per-cent-rise-in-whistleblowing/(검색일: 2014.7.29).

Olafsson, R. F. and H. L. Johannsdottir. 2004. "Coping with bullying in the workplace: The effect of gender, age and type of bullying." *British Journal of Guidance & Counseling*, Vol. 32, No. 3, pp. 319~333.

Peeples, D. K., P. Stokes and S. Wingfield. 2009. "When the whistle is blown — Legal defenses and practical guidelines for managing reports of organizational misconduct." *Business & Society*, Vol. 48, No. 4, pp. 467~488.

Sainfort, F. and B. C. Booskie. 2000. "Measuring post-decision satisfaction." *Medical Decision Making*, Vol. 20, No. 1, pp. 51~61.

Trompenaars, F. 2003. *Did the Pedestrian Die?: Insights from the World'S Greatest Culture Guru*. Oxford, UK: Capstone.

Vandekerckhove, W. and E. E. Tsahuridu. 2010. "Risky rescues and the duty to blow the whistle." *Journal of Business Ethics*, Vol. 97, No. 3, pp. 365~380.

찾아보기

인물

[ㄱ]

권태교 32

그레이엄, 질(Jill W. Graham) 137

김대중 20

김수환 20

김영삼 20

김영수 34, 58

김용환 28, 58

김이섭 29

김이태 33

김현철 22

김형태 32

[ㄴ]

닉슨, 리처드(Richard Nixon) 85

[ㄷ]

델크, 카일라(Kayla L. Delk) 112

드 브리스, M.(M. de Vries) 110

디바인, 탐(Tom Devine) 11, 88, 95~97, 99, 103, 105, 134, 167, 195, 198

[ㄹ]

롤리, 콜린(Coleen Rowley) 238, 248

루이스, 데이비드(David Lewis) 97

[ㅁ]

마사라니, 태렉(Tarek Maassarani) 11, 88, 95~97, 99, 103, 105

맥도널드, 샐리(Sally McDonald) 107

맹헌백(孟獻伯) 88

명광복 120, 131, 161, 192

민경대 40

민크스, 존(John Minkes) 110

[ㅂ]

박경욱 30

박은선 45

박재운 38

박정만 15, 119, 160, 191

박홍식 58

반데커초브, W.(W. Vandekerckhove) 256

번스타인, 칼(Karl Bernstein) 85

볼렌, L.(L. Bollen) 110

복, 시셀라(Sissela Bok) 128

볼코박, 캐스린(Kathryn Bolkovac) 91

부스키, B. C.(B. C. Booskie) 54

[ㅅ]

세인포트, F(F. Sainfort) 54

신광식 15, 117, 124, 155, 188~189

신춘수 36

심태식 40

[ㅇ]
아언, 캐시(Kathy Ahern) 107
아인슈타인, 알베르트(Albert Einstein) 198
양시경 31
에드워드, B.(B. Edwards) 255
올라손, R. F.(R. F. Olafsson) 49
왓킨스, 셰런 248, 251
우드워드, 밥(Bob Woodward) 85
우드퍼드, 마이클(Micheal Woodford) 250
위건드, 제프리(Jeffrey Wigand) 249
유잉, 데이비드(David Ewing) 111
윤상경 43
윤석양 20
윤중호 254
이문옥 19
이상돈 37
이상희 15, 127, 157
이순신 88
이용석 35
이재일 29
이정구 26
이지문 21, 58
이철재 15, 118, 158, 189
이해관 40

[ㅈ]
장진수 255
정국정 25
정재승 241
정진극 44
정태원 24
제임스, 캐시(Cathy James) 15, 136, 169, 198
조성열 23
조한스도티르, H. L.(H. L. Johannsdottir) 49
존슨, 로버타 안(Roberta Ann Johnson) 126
진웅용 26

[ㅊ]
차후리두, E. E.(E. E. Tsahuridu) 256
초프, 로버트(Robert Chope) 126
최덕수 28

[ㅋ]
콘, 스티븐(Stephen Kohn) 11, 79~80, 101, 255
쿠퍼, 신시아(Cynthia Cooper) 248

[ㅌ]
트롬펜아르, 폰스(Fons Trompenaars) 240

[ㅍ]
펠트, 윌리엄 마크(William Mark Felt) 86

[ㅎ]
하싱크, H.(H. Hassink) 110
한성윤 43
허시, 매리언(Marion Hersh) 90
현준희 22
홍서정 39

용어

[숫자]
4대강 34
9·11 테러 238

[영문]
CIA 85
FBI 85
GAP(Government Accountability Project, 정부책임프로젝트) 11, 130, 132, 161, 195, 198
KTX 36
NGO 57
PCaW(Public Concern at Work, 직장과 공적 관심) 14, 132, 134, 167, 198
PD 수첩 35

[ㄱ]
가족의 고통 104
감사 206
감사 비리 19
감사원 19
강원도 교육청 45
강원외국어고등학교 45
건강 223
건강 상실 107
건강 유지 180
건설교통부 31
검찰 159
검찰 고발 207
경제적 곤란 174
경제적 불이익 230
경제적 손실 104
경제적 지원 68
경제적·행정적 불이익 177
경제정의실천시민연합(경실련) 24
경찰 159
고등법원 31
고발 42, 72, 131, 206
고백 73
고성군청 26
고소 206
고용관계 74
고용조건상 불이익 75
고위공직자 207
고충 처리 121
공개투표 21
공공선 18
공금 횡령 204
공명선거실천시민운동협의회(공선협) 21, 59
공무상 비밀누설죄 20
공문서 허위 작성 204
공익 72, 111
공익신고 41
공익신고자 42
공익신고자 보호법 37, 41, 48, 74, 98, 137, 144~145, 202, 223, 225, 227~235, 245
공익신고자 보호법(Public Interest Disclosure Act, 1998) 98, 197, 243
공익제보 116, 249
공익제보자 116
공익제보자와 함께하는 모임 58

공익침해행위 41, 111, 223
공익통보자 보호법(公益通報者保護法) 244, 252
공정거래위원회 41
공정한 경쟁 223
공직자 18
과태료 209
관료주의 163
관리점검 47
괴롭힘 49
교사 채용 비리 45
교원소청심사위원회 33
교육부 26
구속 20
구제역 38
구조금 75, 226
국가청렴위원회 30, 88
국군보안사령부(보안사) 20
국민권익위원회(권익위) 6, 36, 58, 88, 119, 122~123, 145, 156~157, 177~178, 188~191, 205~209, 214, 216~217, 225, 227~229, 232~235
국민신문고 145
국방부 20
국정감사 34, 45
국제공인부정조사관협회(ACFE) 47
국토해양부 34
국회의원 145
군 부재자투표 21
권한 남용 78
근무조건상 차별 129
금융행위감독청(FCA) 47
기록 138, 159
기무사 21
기밀 유출 137
기소유예 22
기업 및 규제 개혁법(Enterprise and Regulatory Reform Act, 2013) 197
기자회견 73

[ㄴ]

납품 비리 34, 204
내부감사 47
내부고발 9, 53, 90, 128, 248
내부고발자 9, 18, 72
내부고발자(The Whistleblowers, 영화) 91
내부고발자 보호 110
내부고발자 보호법(Whistleblower Protection Act, 1989) 243, 245
내부고발자 보호법(Whistleblower Protection Enhancement Act, 2012) 78, 99
내부고발자 보호제도 110
내부공익신고 182
내부제보 47
내부 해결 124, 189
노동위원회 25
노동조합 144
녹취 138
녹화 138
뇌물 36
뇌물 수수 204

[ㄷ]

대기 발령 38

대기환경보전법 42
대리투표 21
대법원 20, 22~23, 26, 31, 42, 66, 141
대운하 33
대한신경정신의학회 217
대한적십자사 28
동기 97, 98
딥 스로트(deep throat) 85

[ㄹ]
로비 36, 43

[ㅁ]
면책 137
명예훼손 25, 90, 101
무고 90, 101, 190
무단이탈 61
미국 연방공무원법 11
미쓰비시 자동차 252
민간인 사찰 20
민원 145
민주사회를 위한 변호사 모임(민변) 22
민주주의 지수 253
밀라노 프로젝트 30

[ㅂ]
방송통신위원회 41
배신 56
배신자 112
백악관 85
벌금 209
범죄행위 9
법규 위반 72, 113
법적 보호 74, 99
변호사 68, 114
보복 12, 47, 91
보상 68, 119~120
보상금 219
보조금 편취 204
보호 256
복종 111
부당한 결정 78
부당해고 44, 188
부도덕한 일 72
부실시공 24
부정 18, 110
부정주장법(False Claims Act of 1986) 244
부정직한 일 106
부정 청구 205
부정행위 40
부패 47, 111
부패방지 및 국민권익위원회의 설치와 운영에 관한 법률(권익위법) 48, 74, 77~78, 129, 137, 144, 149, 190~191, 202~205, 207, 212, 214~217, 245
부패방지법 67, 119, 202, 245
부패방지위원회 27
부패행위 78, 118
분식회계 251
불법 9, 18, 47, 113
불법행위 35
불이익 조치 41
불이익 추정 216
블랙리스트 76
비리 23

비밀누설 137
비밀보장 119, 157
비위 45
비윤리 47
비윤리적 행위 9, 110, 113
비자금 30

[ㅅ]
사립학교 비리 26
사회적 책임(CSR) 110
삼풍백화점 170
색출 행위 191
생계의 곤란 106
사베인-옥슬리법(Sarbanes-Oxley Act) 245, 252
서울시 교육청 26
선거 부정 61
성수대교 170
세계 7대 경관 전화투표 40
세월호 170
소비자의 이익 223
소청심사위원회 106
손해배상 21, 104
송도테크노파크 37
수사 206
수사기관 159
수서청소년수련원 23
수의계약 34
스위스유니온은행(UBS) 244
스트레스 49, 188
시민단체 42, 157
시정 122
신고 39, 56, 206
신고 대상 203
신고 의무 119
신고자 56
신고자 보호 216
신변보호 189
신분 128
신분노출 112, 190
신분보장 68, 190
신분상 불이익 56, 129
신의성실 98
신체적 문제 107
씨랜드 170

[ㅇ]
아고라 33
아름다운재단 66
안전 223
알 권리 20
양심 18, 111
양심선언 27, 34, 173
언론 28, 92, 123, 149
업무추진비 30
엔론 251
여당 지지 정신교육 21
역상적 커뮤니케이션 88
연루 69
영외투표 65
예방 240
온정주의 119
올림푸스 250
워싱턴포스트 85
워터게이트 사건 85, 248
원상회복 37, 177

유엔 반부패협약(UNCAC) 110
유키지루시 식품 252
육체적 · 정신적 고통 181
윤리교육 52
의료지원 75, 217
의리 57, 117
의인 238
이첩 206
익명 82
인사 교류 209
인사상 불이익 27, 118
인사이더(Insider, 영화) 249
인사혁신처장 208
인천신공항 24
입시 부정 45
입증 책임 136~137

[ㅈ]
재단 비리 32
재원 낭비 78
적발 240
전국공무원노동조합 119
전국공무원직장협의회총연합 119
전국교직원노동조합 33
전국내부고발자센터(National Whistleblower Center) 11
전근 118
전직 209
정보공개 138
정서적 문제 107
정신적 · 신체적 고통 107
정신적 치료 지원 216
정신적 피해 217
정직 37
정책이나 관리상의 심각한 실패 78
정치운동 235
정치적 중립 61
제보 42, 116, 225
제보자 33, 39, 175
제보자 보호법(Protected Disclosures Act, 2000) 244
제주국제자유도시개발센터(JDC) 31
조사 206
조사관 159
조사기관 206
종교단체 144
종교수업 강제 39
중앙노동위원회 43
증거 96, 161
증권거래위원회(SEC) 47
증언 73
지리니문화사업단 46
지라니합창단 46
지방노동위원회 38
지식경제부 37
직권 남용 204
직무상 비밀 101
직무 유기 204
직업 상실 102
직업안전보건국(OSHA) 48
진술 73
진실성 91
진정 206, 225
집단 따돌림 24
징계 요구 209
징계위원회 33

[ㅊ]
차별 100
참여연대 23, 143
책임 감면 155, 215
철도공사 36
철도노동조합 36
청렴연수원 58, 241
청문회 73
충성 111
충주소각장 42
충주클린에너지파크 42
측정기 조작 42
침묵 80, 137

[ㅋ]
퀴템(Qui tam) 100

[ㅌ]
타임 248
탈세 144
투명성 지수 253
특정범죄신고자 등 보호법 189

[ㅍ]
파면 20, 104, 118
평화유지군 91
포상 119, 217
포상금 217
폭로 73
표현의 자유 111

[ㅎ]
한겨레신문 19
한국건설기술연구원 29, 33
한국공익신고지원센터 59
한국기독교교회협의회 20
한국보건복지정보개발원 43
한국투명성기구 143
한비자 88
합리적인 믿음 98, 101
핫라인 82
해고 26, 118
해군 34
해외부패방지법(FCPA) 47
해임 27, 31
행정법원 31
행정소송 37, 42
허위 제출 44
헌병대 34
헬프라인(helpline) 146
혈액 관리 부실 28, 242
협조자 보호 215
형사고발 104
호루라기재단 59
화이자 249
환경 223
회계 부정 251
횡령 24, 29

부 록

관련 기관 및 단체

국민권익위원회

부패행위 및 공익침해행위 신고자를 보호하는 국가기관이다. 공직사회 부패행위, 민간 기업이나 단체 등의 법규 위반 신고를 접수하고, 신고로 보복을 당한 신고자의 보호 및 보상 업무를 맡고 있다.

주소	(120-705) 서울 서대문구 통일로 87 국민권익위원회 부패·공익침해 신고센터 (339-012) 세종특별자치시 도움5로 20 국민권익위원회
전화	신고 전화 02-360-3551, 전화 상담 (국번 없이) 1398 모든 신고는 기명 문서로 해야 하므로 전화로 상담은 가능하나 신고는 할 수 없다
홈페이지	http://www.acrc.go.kr (신고 가능)

서울특별시 공익제보센터

공익신고를 접수하고 신고자가 불이익을 받는 경우 보호를 제공하는 서울시 공식 부서이다. 공익신고란 어린이집 보육료 부당 청구, 건설공사 불법 하도급 등 시민의 건강과 안전, 소비자의 이익과 공정한 경쟁을 침해하는 행위, 공직자의 부패행위 등에 대한 것으로, 시민 제보로 재정 수입이 회복되거나 늘어났을 때에는 심의를 통해 최고 10억 원(부패 신고는 20억 원)까지 보상금을 지급하고, 제보자의 신변은 철저히 보호한다. 2013년 8월 '공익제보 보호 및 지원에 관한 조례'를 제정했고, 시 조직 내에 전담 공익제보센터를 설치했으며, 시민단체들과 법규 위반행위 상담 업무 협약을 체결하여 신고자 지원 업무를 수행한다.

주소	(100-744) 서울시청 서소문청사 5동 6층 조사담당관실
전화	02-2133-4800 (팩스) 02-2133-1306, 1307 공익침해행위 제보 및 신고는 국번 없이 120
홈페이지	http://eungdapso.seoul.go.kr/Community/Center_01.jsp

참여연대 공익제보지원센터

1994년 창립 시 내부비리고발자지원센터라는 참여연대 사업부서의 하나로 출범했다. 1996년 1월 9일 참여연대 맑은사회만들기본부 산하의 공익제보지원단으로 명칭을 바꾸고, 양심선언 및 공익제보를 지원하는 활동을 지속적으로 전개했다. 현재는 공익제보지원센터로 확대・개편되었다. 주요 사업 실적으로 내부고발자 보호법안 최초 입법청원, 공익제보자보호조항 포함한 종합적 부패방지법안 입법청원, 공익제보 지원 단체들과 서울시 공익제보 지원 조례 제정 운동 전개 등을 통해 '부패방지법'(현 '부패방지 및 국민권익위원회의 설치와 운영에 관한 법률')과 서울특별시 공익제보 지원 조례 제정을 이끌어내는 데 주도적인 역할을 했다. 또한 직접적인 법률 지원과 변론을 통해 공익제보자를 구제하는 데 앞장서 왔으며, 매년 '올해의 의인상'을 시상하고 '공익제보자의 밤'을 개최하고 있다.

주소	(110-043) 서울시 종로구 자하문로 9길 16 참여연대 공익제보지원센터
전화	02-723-5302
홈페이지	http://www.peoplepower21.org/Whistleblower (이메일) tsc@pspd.org

호루라기재단

2011년에 설립되어, 부정과 비리를 고발하는 공익제보자의 권익보호 활동을 하고 있으며, 공익제보 지원 단체들과 연대하여 서울시 공익제보 지원 조례 제정을 이끌어내는 데 기여했다. 또 참여연대, 한국투명성기구와 함께 서울시와의 업무 협약을 체결하여 '공익제보 상담 창구'를 운영하고 있다. '올해의 호루라기상' 시상 및 '호루라기를 부는 날' 행사를 개최하고 있으며, 직접적인 법률 지원 활동을 하고 있다. 국가인권위원회 민간 협력 지원 사업으로 내부공익신고자 인권실태 조사 보고서를 발간했으며, 국민권익위원회 지원 사업으로 지방자치단체 대상 공익제보 조례 제정 운동을 전개하고 있다.

주소	(150-810) 서울시 영등포구 양평로 14길 4 환희빌딩 402호
전화	02-2068-6930
홈페이지	www.horuragi.or.kr (이메일) horuragif@gmail.com

한국투명성기구

1999년 8월 반부패 활동을 통한 정의로운 사회 건설을 목적으로 설립된 단체로, '투명사회상'을 제정해 운영한다. 내부고발자를 비롯해 매년 반부패와 투명사회에 기여한 사람을 선정해 시상한다.

주소	(110-761) 서울 종로구 새문안로 42 피어선 빌딩 1006호
전화	02-717-6211
홈페이지	http://ti.or.kr (이메일) ti@ti.or.kr

사단법인 한국공익신고지원센터

2014년 공익신고를 했던 사람들이 모여 만든 단체로, 공익신고 지원과 활성화를 통해 맑고 정의로운 사회의 실현을 추구한다. 부패 및 공익침해행위 신고 접수, 신고자 보호, 시민 교육 등을 한다.

주소	(150-810) 서울시 영등포구 양평로 14길 4 환희빌딩 402호
전화	02-2068-6963
홈페이지	www.insiders.kr (이메일) allgreenkorea@hanmail.net

지 은 이

박흥식 ／ 朴興植, Heungsik Park　1991년 미국 Florida International University(FIU)에서 행정학 박사학위를 받은 뒤, 1994년부터 참여연대 내부비리고발자지원센터(현 공익제보지원센터)에서 부소장, 소장, 자문위원 등으로 활동했다. 현재 중앙대학교 공공인재학부 교수 및 사회과학대학 학장으로 재직 중이다. 연구 분야는 내부고발, 정부마케팅, 정보행동, 행정서비스 소비자행동 등이며, 내부고발 관련 국제학술지 논문 4편, 국내 학술지 논문 32편, 학술대회 발표 논문 국제 7편, 국내 17편, 세미나 주제 발표 3편, 내부고발 연구과제 수행 6건, 정책 제안 검토 8건, 언론 기고 3건 등이 있다. 저서로는 『내부고발의 논리』(나남, 1999), 『세상을 밝히는 힘, 공익제보』(편저, 사계절, 2002) 등이 있으며, 최근 학술지에 발표한 논문으로 "The Influence of an Observer's Value Orientation and Personality Type on Attitudes Toward Whistleblowing"(Journal of Business Ethics, 2014)이 있다. hspark@cau.ac.kr

이지문 ／ 李智文, Jimoon Lee　육군 중위로 복무 중이던 1992년에 군 부재자투표 부정을 고발했다. 이후 연세대학교에서 정치학 박사학위(한국 민주주의의 질적 고양을 위한 추첨제 도입방안 연구, 2011)를 받았으며, 현재 연세대학교 국가관리연구원 연구교수, 호루라기재단 상임이사, 한국공익신고지원센터 소장으로 활동하고 있다. 연구 분야는 내부고발, 부패, NGO, 참여민주주의 등이다. 『공익의 호루라기, 내부고발』(행정DB, 2003), 『추첨민주주의 이론과 실제』(이담북스, 2012) 등의 저서와 『민주주의 구하기』(글항아리, 2014) 등의 역서가 있다. 최근 발표한 논문으로 「내부고발 운동의 평가와 향후 발전 방안 모색」(≪한국부패학회보≫, 2012), "The Changes in Social Networks and Quality of Life after Blowing the Whistle"(the 28th International Congress of Applied Psychology 발표, 2014)가 있다. allgreenkorea@hanmail.net

이재일 ／ 李載溢, Jaeil Lee　국책연구기관의 연구원으로 재직 중이던 당시 기관의 출장비 횡령 사실을 고발했다. 미국 University of Illinois at Chicago(UIC)에서 금융공학 석사학위를 받았으며, 연구 분야는 시회책임투자(Socially Responsible Investing: SRI), 부패방지의 경제적 효과, 내부고발 등이다. 저서로는 『New iPad』(공저, 길벗, 2012), 『iBooks Author』(공저, 코드미디어, 2001) 등이 있으며, 최근 연구로 "Bullying, Social Support, and Satisfaction with the Decision to Blow the Whistle"(the 28th International Congress of Applied Psychology 발표, 2014)가 있다. misshanyang@naver.com

한울아카데미 1756

내부고발자, 그 의로운 도전

성취, 시련, 그리고 자기보호의 길

지은이 **박흥식 · 이지문 · 이재일** | 펴낸이 **김종수** | 펴낸곳 **한울엠플러스(주)**

초판 1쇄 발행 **2014년 12월 30일** | 초판 2쇄 발행 **2019년 11월 26일**

주소 **10881 경기도 파주시 광인사길 153 한울시소빌딩 3층** | 전화 **031-955-0655** | 팩스 **031-955-0656**

홈페이지 **www.hanulmplus.kr** | 등록번호 **제406-2015-000143호**

Printed in Korea.

ISBN 978-89-460-6829-2 93330

* 책값은 겉표지에 표시되어 있습니다.